CHRISTOPH WÖHRLE

STADT IM RAUSCH

MEINE SUCHE NACH DEM GLÜCK IN LAS VEGAS

1. Auflage 2015
© 2015 DuMont Reiseverlag, Ostfildern
Alle Rechte vorbehalten
Gestaltung: Herburg Weiland, München
Titelfoto: Marcel Schwickerath
Fotos Innenteil: Florian Büttner, S. 14, 34, 60, 92, 114, 144, 158, 170, 202, 218;
Marcel Schwickerath, S. 76, 104; Peter Wöhrle, S. 46, 130, 188
Umschlagkarte: Gerald Konopik, DuMont Reisekartografie
Printed in Spain
ISBN 978-3-7701-8273-2

www.dumontreise.de

Inhalt

Einleitung ... 9

Kapitel 1	Poker um halb acht	15
Kapitel 2	Kämpf um dein Leben	35
Kapitel 3	Eigene Versuche am Spieltisch	47
Kapitel 4	Raus aus der Glitzerstadt	61
Kapitel 5	Nachts unter Spielern	77
Kapitel 6	Steaks and Strippers	93
Kapitel 7	Herzinfarkt am Grill	105
Kapitel 8	Mein Kater im Himmel	115
Kapitel 9	Studieren in Las Vegas und warum Dr. Blaze doch kein Arzt werden wird	131
Kapitel 10	Der Glücklichmacher	145
Kapitel 11	Liebe statt Spieltipps	159
Kapitel 12	Die Tunnelmenschen von Las Vegas	171
Kapitel 13	Komm, ich verzaubere dich	189
Kapitel 14	Es kann nur einen geben	203
Kapitel 15	Wie der Tod nach Vegas kam	219

Nachwort: Glück(sforschung) ... 232
Literatur- und Quellenverzeichnis ... 237

»Es gibt Sehnsüchte, die nicht altern. Sie werden höchstens einmal, von Zeit zu Zeit, unmodern – und dann wieder, von Zeit zu Zeit, modern. Zu diesen ewig jungen Uralten gehört das Glück. Die großen Religionsstifter und Philosophen versorgten die Menschen oft mit einer Geborgenheit im Glück, die nie lange hielt, sondern mehr und mehr durch armselige Interpretationen ersetzt wurde. Momentane Glücks- und Seligkeitspartikelchen gibt es genug. Der Mensch muss lernen, bescheidener zu werden.«

LUDWIG MARCUSE, DEUTSCHER PHILOSOPH
(1894–1971)

Einleitung

Es war im Sommer 1999, als eine Liebe begann. Die Liebe zur Stadt des ewigen Rausches. Damals hatte ich noch keine Vorahnung, dass diese Beziehung zu einem unerhörten Ort gerade ihren Anfang nehmen würde.

Ich besuchte meinen amerikanischen Gastbruder, bei dessen Familie ich zwei Jahre vorher im Rahmen eines Schüleraustauschs für einen Monat untergebracht war. Albuquerque, New Mexico, eine ganz normale kleine Großstadt im amerikanischen Westen, mittlerweile bekannt geworden durch die Fernsehserie »Breaking Bad« des US-Fernsehsenders AMC Networks, in der die Menschen ob ihrer Drogensucht ranzig und abgefuckt sind. Meine Erinnerungen an Albuquerque kreisen dagegen um herzliche Menschen und das beste mexikanische Essen in den Vereinigten Staaten. Ich muss nichts verschweigen: Wir haben damals kein Crystal Meth genommen, hätten nicht einmal gewusst, was sich hinter diesem Ausdruck verbirgt.

Wir sahen uns nach zwei Jahren endlich wieder, Christopher und ich, ich hatte mein Abi gerade in der Tasche und wollte vor dem Beginn des Zivildienstes noch ein Stück Welt bereisen. Um ehrlich zu sein: Es war mein erster großer Trip, den ich allein machte. Ich wollte das ganz große Abenteuer. Ich wollte Freiheit.

Ein Roadtrip lag vor uns. Das Ziel war Los Angeles, die Stadt am Pazifik, sie wirkte auf uns wie eine Verheißung. Wir wollten den Walk of Fame in Hollywood beschreiten, die Bonzenhäuser der Stars in Beverly Hills ansehen, in den Universal Film Studios mit dem weißen Hai schwimmen, in Disneyland Achterbahn fahren und einfach mal mit den ganz normalen Verrückten am unvergleichlichen Venice Beach chillen.

Unsere Route war geplant: Über den Grand Canyon und Las Vegas nach Kalifornien. Endlose Wüstenlandschaften flogen auf den Highways an uns vorbei, dazu tönte das neue Album der Red Hot Chili Peppers aus den Lautsprechern. Ich genoss diese Art Auto zu fahren, wie sie vielleicht nur in den Staaten möglich ist: Tempomat einstellen und immer geradeaus, keine Raserei wie auf Deutschlands Autobahnen, kein Drängeln, keine Lichthupe von hinten, stattdessen sorgsam überwachte Speedlimits auf einem Asphalt ohne Schlaglöcher und eine Natur, die eintönig und atemberaubend zugleich sein kann. Christophers Eltern warnten uns vor den Klapperschlangen, falls wir einmal unterwegs am Straßenrand anhalten sollten, um uns zu erleichtern.

Den Blick auf den Grand Canyon muss man einmal im Leben staunend erlebt haben. Enge und Weite, Höhe und Tiefe, Länge und Breite – unsere Maße verlieren ihre Gültigkeit bei diesem Naturwunder. Wir blieben nicht lange, aber es war besonders, ja, es passte zu unseren Plänen. Arme ausstrecken, zusehen, wie das Abendlicht den Stein in allen Farben erstrahlen ließ – auch dieser Ort stand für unsere Freiheit.

Und dann Las Vegas. Wir ritten kurz nach Mitternacht in die Stadt des Rausches ein. Zum ersten Mal sah ich die vielen blinkenden Lichter, die Neonreklamen und Leuchtschriften. Fast hätten wir die Einfahrt zu unserem Hotel nicht gefunden, bei all dem Pomp fürs Auge.

Am nächsten Tag gingen wir das erste Mal den Strip auf und ab, die große Hauptstraße – ihr richtiger Name ist Las Vegas Boulevard –, an der sich ein Hotel-Casino ans andere reiht. Wir sahen den Vulkan vor dem Mirage, der Feuer spie, als sei er der Pinatubo. Wir sahen die Gondoliere, wie sie ihre Bötlein durch die Kanäle des Venetian steuerten. Und das Märchenschloss Excalibur mit seinen Türmchen und Erkern.

Es kam mir vor, als ließe sich all das nicht so einfach verarbeiten, als bräuchte man ein Leben lang, um diesen Ort zu verstehen. Abends stromerten wir durch die Casinos, sahen wenige glückli-

EINLEITUNG

che Gewinner jubeln und viele, viele meist stoische Verlierer. Selbst spielen durften wir ja noch nicht, weil wir unter einundzwanzig waren. Auch die ausschweifenden Trinkgelage blieben uns verwehrt. Und doch ergriff mich nach dem ersten Tag in Las Vegas das Gefühl, in einen Rausch gefallen zu sein.

Drei Tage dauerte es, bis aus dem angenehmen Rausch ein zwickender Koller wurde. Plötzlich hatten Christopher und ich dieses Bling-Bling über, waren gelangweilt von der Reizüberflutung. Es war wie das böse Erwachen am Tag nach einer sündigen Party. Wir mussten jetzt weiter und fuhren am nächsten Morgen nach Kalifornien, wo wir eine gute Zeit hatten ...

Genau zehn Jahre später, im Sommer 2009, – ich war inzwischen Journalist geworden –, beauftragte mich ein deutsches Männermagazin, nach Las Vegas zu reisen, um über die Poker-Weltmeisterschaft zu berichten. Sie heißt in den Staaten World Series of Poker, WSOP. Ich musste nicht lange überlegen. Als ich diesmal nach Vegas kam, merkte ich schnell, dass ich noch lange brauchen würde, um diesen Ort richtig zu fühlen, einzuordnen, zu verstehen. Ich beschloss, mir diese Zeit zu geben. So wurde die Stadt zu meiner Amour fou. Jedes Mal, wenn ich dort hinkomme – und es sind jetzt schon gut zwanzig Reisen nach Vegas – befällt mich zuerst der Rausch und dann nach ein paar Tagen wieder der Koller.

Die Stadt fasziniert mich, aber sie stößt mich nach einer Weile wieder ab, denn in Vegas herrscht nie Normalzustand, normal ist woanders. Dennoch kann ich mich ihres Reizes nicht erwehren, immer wieder muss ich in die Arme dieser Geliebten zurück, und ich habe inzwischen viel durchgemacht mit dieser Geliebten. Angefangen hat es mit meiner Reise in die Welt des Pokersports und den ersten Kontakten mit dem Zocken und mit Zockern. Aber ich fand es schade, dass Las Vegas weltweit kaum mit etwas anderem assoziiert wird als mit dem Glücksspiel.

Meine These: Las Vegas ist mehr als ein großer Roulettekessel, der sich ständig dreht. Die Stadt ist nicht nur ein extremes kulturelles und gesellschaftliches Abbild der Vereinigten Staaten; ihre Erkundung hielt mir auch selbst den Spiegel vor. Was muss man tun, um gewinnen zu können – im Glücksspiel wie im Spiel, das sich Leben nennt? Und was kann man tun, wenn man schon verloren hat? Vegas gibt auf beide Fragen Antworten, wenn man sie dort sucht.

So komme ich, neben den Menschen, von denen ich erzähle, immer wieder auf die wissenschaftlichen Formeln und Ergebnisse der Glücksforscher zu sprechen sowie auf die Einfälle der großen Philosophen zur Suche nach dem Glück.

Selbst die Kunst kommt an dem Thema Glück nicht vorbei. Vielleicht gibt es sie sogar nur, um Glück erfahrbar zu machen, um es zu verewigen. In den Werken manch eines großen Schriftstellers spielt das Thema Glück eine bedeutende Rolle. Fjodor Dostojewskij schreibt in »Die Dämonen«: »Der Mensch ist unglücklich, weil er nicht weiß, dass er glücklich ist.« Wie bei seinem russischen Landsmann Leo Tolstoi ist bei Dostojewskij die Glückssuche ein Lebensthema. Ich zitiere aus zwei der größten literarischen Werke zum Thema Glück im Spiel und im Leben: »Der Spieler« von Dostojewskij und »Spiel im Morgengrauen« von Arthur Schnitzler.

Dostojewskijs Protagonist in »Der Spieler«, der Hauslehrer Alexej Iwanowitsch, rennt durch das Zufallsglück beim Roulette fast in sein Verderben. Wenn die Roulettekugel über die Nummernfächer klappert, klopft er beim Schicksal an die Türe. Bis in den Freitod treibt sein Verlust Leutnant Wilhelm Kasda, die Hauptfigur in Schnitzlers Erzählung. Er schießt sich eine Kugel in den Kopf, um seine Ehre zu retten, da er beim Black Jack bei einem Spielkumpanen fünf Jahresgehälter Schulden gemacht hat. In beiden Werken spielt neben dem Glück im Spiel das Glück in

EINLEITUNG

der Liebe eine Rolle, und in beiden Werken tendieren die Liebesbeziehungen dazu, eine klassische Amour fou zu sein oder zu werden. Die Liebe bleibt unerfüllt.

Und auch wir Journalisten können etwas zur Auseinandersetzung mit dem Thema beitragen, wenn wir die richtigen Fragen stellen und die würdigen Menschen porträtieren.

Doch neben der Suche nach Glück oder einer Antwort auf die Frage ›Was ist Glück?‹, neben Nightlife und Chill-out bieten Las Vegas und die Umgebung der Stadt tatsächlich noch so viel mehr. Quasi das Heilmittel gegen den Las-Vegas-Koller findet man in der Natur ringsum: Sie lässt einen still stehen und mit gesenkter Kinnlade verharren, etwa beim Lake Mead, im Death Valley, dem Valley of Fire und dem Grand Canyon, den man von Vegas gut per Bus, Mietwagen oder Hubschrauber erreichen kann.

Nicht zuletzt sind es aber die Menschen, die mich faszinierten und weiter faszinieren. Sie haben meine Reisen wertvoller gemacht, und sie sind mir in meinem Inneren immer noch Gefährten, auch wenn ich die meisten von ihnen wohl nicht wiedersehen werde. Ich habe viele spannende Protagonisten getroffen, alle auf der Suche nach ihrem eigenen Glück. Von den boxenden Zockern bis hin zu den abgezockten Boxern. Vom Nachtclubkönig bis zu den Tunnelmenschen.

Was ich während meiner vielen Reisen erlebt habe, verdichtet sich in diesem Buch zu einer Geschichte, zu einer intensiven Reise in die Vereingten Staaten und einer Beschäftigung mit dem Wesen der Menschen im Südwesten.

Ich möchte Sie mitnehmen in eine Stadt, von der manche sagen, sie hätte keine Seele. Ich glaube, das stimmt nicht. Und so sehr ich Vegas manches Mal gehasst habe, die Stadt im Rausch lässt mich nicht mehr los.

Kapitel

1

Poker um halb acht

»*Ob es ihm gefällt oder nicht, der Charakter eines Menschen wird am Pokertisch bloßgelegt.*«
ANTHONY HOLDEN, BRITISCHER SCHRIFTSTELLER

Es zirpt, als zirpten tausend Grillen. Steven van Zadelhoff lässt seine Chips durch die Finger gleiten. Tausende Spieler an den zweihundertvierundneunzig anderen Pokertischen tun es ihm gleich, daher dieser Sound, der den Raum wie ein unaufhörliches Hintergrundrauschen durchströmt. Ansonsten herrscht Stille, es ist eine fast feierliche Atmosphäre im Messesaal mit Namen Amazon. Grillenzirpen und Amazonas, das passt gut zusammen.

Ich bin selbst einmal vom brasilianischen Manaus in den Urwald gefahren, habe dort drei Tage verbracht, bin tags mit einem Führer umhergestreift und habe nachts in einer Hängematte geschlafen, gespannt von Baumstamm zu Baumstamm. Am Amazonas ist es immer still und niemals leise. Das trifft auch auf diesen Messeraum zu.

Ich stehe ganz dicht am Spieltisch und schaue, was hier passiert, bin etwas aufgeregt. Mein erstes Pokerturnier.

Der dreißigjährige holländische Pokerprofi Steven van Zadelhoff trägt Sonnenbrille, keiner soll in seinem Gesicht etwas lesen können. Mit am Tisch sitzen ein Mann mit Cowboyhut, ein dicker Unternehmer, drei junge Kerle mit Baseball-Caps, ein Langhaariger mit AC/DC-Shirt, ein Indianer und einer mit einem weiß-roten Karohemd, Typ Maschinenbaustudent.

Jetzt kommt es zum Showdown, die Karten werden gezeigt. »Also los«, raunt Steven in die Runde, dreht zwei Könige um und lächelt. Bestes Blatt, Spiel gewonnen.

Las Vegas im Juli. Die ganze Stadt atmet Poker. Der glitzernde Wahnsinn in der Wüste von Nevada huldigt Pik, Karo, Herz und Kreuz. Ich bin da, um über das Turnier zu schreiben. Schon im Taxi vom Flughafen ins Zentrum fragte mich der Fahrer: »Kommen Sie wegen Poker nach Las Vegas?«

Im Hotelzimmer liegt das »Las Vegas Magazine« auf dem Tisch. Der Titel auf dem Cover: »No Limit to the Action«. Es zeigt einen Mann mit Basecap, der ganze Bündel von Geldscheinen vor sich liegen hat, die aussehen wie Backsteine, mit denen man Wände hochziehen kann.

Ich bin hier der Chronist eines Spiels, das Millionäre macht. Irgendwie löst das Ganze eine feierliche Stimmung in mir aus. Werde ich hier vielleicht gerade Teil einer ganz großen Sache?

Im Hotel Rio, das nachts in Rot, Violett und Rosa erstrahlt, gastiert die World Series of Poker (WSOP), das größte Pokerturnier auf dem Erdball, die Weltmeisterschaft. Von Mai bis November werden rund sechzig Turniere ausgespielt; am wichtigsten, dem Main Event, nehmen diesmal fast siebentausend Spieler teil.

Gespielt wird die Variante Texas Hold'em, bei der jeder Spieler zwei Karten erhält, weitere fünf werden nacheinander aufgedeckt. Gewonnen hat das stärkste Blatt aus fünf dieser sieben Karten.

Jeder Teilnehmer muss zehntausend Dollar Startgeld einzahlen. Es gibt auch ein Turnier für Journalisten, nur zum Spaß und ohne Geldeinsatz, damit sie die Regeln lernen und sich nicht durch das Turnier stümpern müssen. Ich nehme nicht teil, irgendwie traue ich mich noch nicht recht. Glücksspiele habe ich bislang immer gemieden; ich behalte gerne die Kontrolle über mein Geld.

»Hier zu spielen ist der Traum eines jeden ernsthaften Spielers«, sagt Steven. Der Gewinner bekommt das Bracelet, ein Armband aus Silber und Gold, die höchste Auszeichnung für Pokerspieler.

Letztes Jahr betrug das Preisgeld für diesen ersten Platz über neun Millionen US-Dollar. Dieses Jahr wird der Gewinn noch höher ausfallen. Vermögen werden hier gemacht, Legenden geboren oder fortgeschrieben. Und Steven van Zadelhoff will eine dieser Legenden werden. Er ist nicht gekommen, um Lehrgeld zu bezahlen.

Über das Turnier zu schreiben, bringt leider nicht so viel Geld ein. Irgendwie bin ich plötzlich schlapp vom Flug, verliere zwischendurch die rechte Lust am Thema Poker. Ich habe enorme Stimmungsschwankungen und traue dieser Stadt nicht, an die ich nun mal keine so guten Erinnerungen habe.

Andererseits: Jetzt bin ich hier. Ich schicke meine Augen über die Spieltische und suche nach Spielerinnen. Es gibt nur wenige.

Denn Poker ist immer noch ein Männersport, zumindest bei den Live-Turnieren sind nur rund fünf Prozent der Teilnehmer weiblich. Und wenn sie spielen, sind sie oft eher die hübschen Accessoires, so wie Shannon Elisabeth, die glutäugige Austauschschülerin im Film »American Pie«.

Durch Online-Poker ist der Sport nach der Jahrtausendwende explodiert. Millionen Zocker weltweit versuchen sich jeden Tag an dem Spiel – Männer, Frauen, Kinder, Greise. Das Spiel verheißt das große Geld, den einen Glückstag, der alles verändert.

Steven sitzt in der Lounge und trinkt eine Diet Coke. Er trägt Bart, Glatze, dazu sportliche Klamotten und Römersandalen, er sieht fast aus wie ein Einsiedler. Seine blaugrauen Augen fixieren die Wand, wenn er spricht, und krallen sich in ihrer Raufaserstruktur fest. »Zocken und spielen hat immer zu meinem Leben gehört«, sagt er. Wir sind sehr verschieden, denke ich mir.

Steven gilt in der Szene als eines der größten Talente weltweit. In den Niederlanden hat er einen Wirtschaftsstudiengang abgeschlossen. Zum Pokern kam er 2001 durch einen Freund.

Dieses Jahr ist er zum vierten Mal bei der WSOP dabei. Steven steht auf, hüpft hibbelig auf der Stelle, er hat heute acht Stunden am Pokertisch gesessen. Es war ein guter Tag.

Früher trainierte Steven den Free Fight, eine Mischung aus Kickboxen, Ringen und anderen Kampfsportarten. Ein weiteres Hobby damals: mit Aktien spielen. Er schaffte es, das Vermögen seiner Eltern auf zweihunderttausend Euro zu verdoppelt; aber nach einem halben Jahr war alles wieder verloren.

2004 gewann Steven fünfundzwanzigtausend Dollar bei einem Online-Turnier und nannte sich fortan Profi. Wenn das Pokern heute seine Aktien darstellt, dann ist bei Steven seit Jahren Hausse. Er hat ein gutes Pokerhändchen: »Meine größten Gewinne waren bis heute einmal neunzigtausend und einmal vierundneunzigtausend Dollar.« Viele noch höhere Gewinne werden folgen.

Über Preisgelder redet er aber ungern, seit sich das niederländische Finanzamt auch für Einnahmen aus dem Glücksspiel interessiert. Folglich trägt er sein Geld nicht zur Bank, aber es sei an einem sicheren Ort, sagt er grinsend.

Später wird Steven nach Malta ziehen, um dem Finanzamt endgültig zu entkommen. Ich werde ihn noch häufiger treffen; auch wenn er nur hier zu Anfang des Buches auftaucht, war er mir immer ein geschätzter Gesprächspartner während meiner Reisen zur WSOP. Er war schließlich der Erste, den ich zum Thema Poker interviewt habe, und irgendwie schweißt uns das zusammen.

»Was macht einen guten Spieler aus?«, frage ich.

»Charakterliche und psychische Stärke, Geduld und eine Prise Glück«, sagt Steven.

Mal gewinne man zweihunderttausend Dollar auf einen Schlag, dann sei ein halbes Jahr Flaute.

Wichtig sei vor allem, den *read* drauf zu haben. Dabei geht es darum, den Gegner abzuchecken, zu ›lesen‹, wie er tickt. Was verrät sein Gesicht, was verraten die Hände? Deshalb die vielen Sonnenbrillen an den Pokertischen. Verbergen und verschatten ist alles. Man spielt nicht nur die eigenen Karten, sondern imaginär auch die des Gegners. »Durch die Augen des Gegenübers schauen«, nennt es Steven, und es klingt für mich nach Hokuspokus.

Ich wäre ein lausiger Pokerspieler, das wird mir spätestens jetzt klar. Denn meine Nervosität könnte ich bei guten Karten ebenso wenig verheimlichen wie bei schlechten. Mein Bluff wäre durchschaubar, meine Hände würden zittern, ich würde schwitzen, da bin ich mir sicher.

Es gibt viele Tricks, um vermeintliche Teilnahmslosigkeit und Coolness vorzutäuschen: Chips zählen, um zu zeigen, dass man bald erhöhen will, was die anderen aus der Reserve locken soll, selbst höher zu bieten. Getränke bestellen, um zu zeigen, dass man noch lange sitzen wird. Am Pokertisch gibt es keine Freundschaften, da wird sich belauert wie in einem Rudel Hyänen, das um ein Stück Aas kämpft.

Steven spielt für das Team von Everest Poker, einem Online-Anbieter aus Europa. Everest ist in diesem Jahr Hauptsponsor des Turniers und zahlt seinen Spielern die Startgebühr – dafür machen die Profis die Marke bekannter. Von seinen Gewinnen muss Steven nichts an den Sponsor abgeben. Immerhin sind das bei guten Spielern locker fünfzig- bis hunderttausend Dollar pro

Monat, allein mit dem Online-Poker. Aber das schwankt, wie gesagt.

»Der van Zadelhoff gehört zur Elite«, sagt mir ein Pokerjournalist, als ich auf Stimmenfang bin.

»Was zeichnet ihn aus?«, will ich wissen.

»Dass du bei ihm nie weißt, was er als Nächstes machen wird. Und dass er wirklich kalte Augen hat.«

Früher war der Kollege selbst ein Zocker und hat dabei wenig Glück gehabt. Er schreibt für eine deutsche Zeitung und will nicht, dass ich seinen Namen notiere, schließlich hat Poker immer noch einen schlechten Ruf, als ginge es dabei nur um mafiöse Hinterzimmerpartien und Spielsucht.

»Pass bloß auf beim Thema Spielsucht«, schreit mir der Kollege hinterher, als ich weggehe.

Neben den großen Pokerturnieren gibt es noch das Cashgame, bei dem viele Spieler das meiste Geld verdienen. Beim Cashgame bleibt jeder so lange am Tisch, wie er lustig ist. »Live-Turniere sind dann eher für den Spaßfaktor«, so Steven.

Im Klartext: Beim Cashgame gibt es mehr Idioten, die man ausnehmen kann. Einen Riesengewinn hat Steven van Zadelhoff auf diese Weise vor einer Woche hier in Vegas schon gemacht.

»Ich gehe doch nicht mehr für dreitausend Euro brutto im Monat arbeiten.«

»Du hast Probleme!«, sage ich.

»Probier's aus. Es ist nicht einfach. Aber es kommt Geld rein.« Steven blinzelt.

»Kennen Sie's oder können Sie's?«, antworte ich. Den Satz hat ein Bekannter neulich zu mir gesagt, und er passt fast immer.

Steven findet mich einfältig, glaube ich.

Da sitzt er schon wieder am Tisch; drei der Mitspieler sind bereits rausgeflogen, weil alle Chips verspielt sind.

Der Cowboy grunzt, gerade hat er ein Spiel gewonnen. Zwanzig bis dreißig Spiele macht ein Tisch pro Stunde. Steven schnipst die Chips fingerfertig auf die Tischplatte, er erhöht den Einsatz um fünfhundert, verliert aber gegen das Blatt des AC/DC-Fans. Ich frage mich, ob man als Pokerspieler wohl einfacher bei Frauen landet. Steven wird das später verneinen.

Neues Spiel, alle lugen verstohlen auf ihre zwei Karten, lüpfen sie kaum zwei Zentimeter vom Tisch hoch. Anspannung in den Gesichtern. Zwei Tage vorher hat ein Verlierer einem Dealer die Hand gebrochen. Der Dealer ist der Kartenausteiler des Casinos.

»Die Franzosen sind die schlimmsten«, sagt Steven.

»Warum?«

»Weil sie ihre Wut nicht kontrollieren!«

Oft seien Spieler aggressiv, schrien herum oder schlügen mit beiden Fäusten auf den Tisch. Manche Spieler nehmen Koks, um ihre Risikobereitschaft und die Müdigkeit zu bekämpfen, andere Tranquilizer wie Valium oder Tavor, um emotionslos rüberzukommen.

Beliebt ist es auch, neben dem Spiel Musik mit dem MP3-Player zu hören, um sich abzulenken und zu signalisieren: Ich kann alles gleichzeitig. Steven macht seine Gegner mürbe, indem er sie ständig anquatscht.

»Na, du hast aber viel Geld«, krächzt er in Richtung des Indianers, als der setzt.

Dazwischen schreibt er Handynachrichten, geht auf Facebook und twittert. Die große weite Welt soll wissen, wie's bei ihm läuft.

Schon im 16. Jahrhundert gab es in Persien ein Kartenspiel namens As Nas, in dem Poker vielleicht eine seiner Wurzeln hat. Sicher ist, dass das deutsche Spiel Poch (von: pochen = prahlen) ein Vorläufer ist. Über Frankreich gelangte das Spiel nach New Orleans, wurde dort 1829 erstmals in der Literatur erwähnt. Das amerikanische Pokerspiel hatte zuerst zwanzig, dann ab dem Sezessionskrieg zweiundfünfzig Karten und wurde immer weiterentwickelt, und es bildeten sich verschiedene Varianten aus. Vor allem im wilden Westen war das Spiel wohlstgelitten, obwohl es lange Zeit als reines Glücksspiel galt, bei dem Betrüger ihre Mitspieler um ihr Geld brachten.

Ab den Fünfzigerjahren des vergangenen Jahrhunderts wurde die Variante Texas Hold'em immer beliebter, sie gilt heute als Königsspiel des Pokers, auch wenn andere Varianten anspruchsvoller sind. Seinen anrüchigen Ruf legte das Spiel erst allmählich mit Beginn der WSOP 1970 ab. Durch die Verbreitung des Online-Pokers wurde es zum Massensport.

Die Regeln von Texas Hold'em sind nicht übermäßig kompliziert. Sogar ich verstehe sie nach mehrmaligem Durchlesen. Von zweiundfünfzig Spielkarten werden an jeden Spieler zwei Karten verdeckt ausgeteilt, und es folgt die erste von insgesamt vier Setzrunden.

In den nächsten drei Runden werden insgesamt fünf weitere Karten in der Mitte des Tisches für alle sichtbar aufgedeckt, die sogenannten Gemeinschaftskarten, sie heißen *community cards*.

Zuerst drei Karten *(flop)* und es folgt die zweite Setzrunde. Dann kommt eine weitere einzelne Karte *(turn)* offen dazu, gefolgt von der dritten Setzrunde. Die letzte offene Karte *(river)* leitet die vierte Setzrunde ein.

Die Spieler können der Reihe nach in jeder Runde schieben *(check,* nur wenn in der Runde noch kein anderer Spieler gesetzt hat), mitgehen *(call),* setzen *(bet),* erhöhen *(raise)* oder aussteigen *(fold).*

Am Ende folgt der Showdown, bei dem jeder verbliebene Spieler seine Hand zeigt.

Das beste Blatt aus der Kombination der zwei eigenen Karten des Spielers und den fünf offenen Karten in der Mitte gewinnt das Spiel und damit alle Chips aus dem Pot.

Sind bis auf einen alle Spieler ausgestiegen, wird das Blatt nicht aufgedeckt und der verbliebene Spieler gewinnt.

So einfach es klingt – richtig gut zu spielen ist nur durch hartes

Training und natürlich auch Talent zu schaffen. Es gibt wenige gute Spieler, die Masse macht Mist.

Steven hat die Sonnenbrille für einen Moment auf seine Stirn geschoben. Er hat einige wichtige Spiele gewonnen. Die Chips stehen vor ihm, zu Türmen gebaut wie eine kleine Skyline. Das Verhältnis zu Geld ändere sich, sagt er.

»Es kommt und geht, das ist ein lustiger Prozess. Man verliert manchmal das Gefühl für die Bedeutung hoher Beträge, weil man sie einfach so verzockt.«

In Sekunden können Tausende Dollar futsch sein.

Jetzt erhöht Steven um zweitausendvierhundert Dollar, keiner in der Runde geht mit. Steven gewinnt und muss seine Karten nicht zeigen, weil sonst niemand mehr im Spiel ist. Ein guter Bluff? Nur er weiß es.

Steven mag keine Poser, die mit ihrem Erfolg prahlen. Er selbst gönnt sich kaum Luxus. Die Ausnahme: Er hat sich kürzlich eine Ray-Ban-Sonnenbrille für sein Pokerface gekauft, aber das läuft ja unter Berufskleidung.

Er fährt einen Peugeot 505, Baujahr 1985, vom Vater geerbt, siebenhundertzwanzigtausend Kilometer hat der Wagen runter.

»Ich möchte bald ein eigenes Haus bauen«, sagt er.

Seine Freundin Lianne ist da schon glamouröser, sie genießt das Geld, hat hundertfünfzig Paar Schuhe im Schrank, die Insignien weiblichen Wohlstands.

Die Tische bei der WSOP leeren sich für einen Moment, es ist Essens- und Pinkelpause. Draußen flanieren Frauen im Bikini; Hostessen, die Spieler und Besucher ein wenig aufreizen sollen. Dazu gibt es Burger und fettige Pizza. Was Amerika eben so zu bieten hat. Ich bin erst einmal bedient, bei so vielen Eindrücken, weiß nicht so recht, wie ich diese Reportage angehen soll. Was ist eigentlich mein Thema, meine These, meine Haltung zu all dem?

Steven bringt seinen Salat mit Huhn aus der Pause mit, isst am Pokertisch, kniet auf seinem Stuhl, schiebt sich die Fleischstücke gierig in den Mund und erntet dafür unleidige Blicke der Mitspieler, was ihm schnuppe ist.

Zwischen den Tischreihen bieten Physiotherapeutinnen Massagen für die Spieler an; zwei Dollar pro Minute kostet das. Steven winkt ab, so etwas braucht er nicht, er ist ein harter Hund.

Und dann ist es da, das Blatt der Blätter für Steven. Er bekommt die Karo-Dame auf die Hand, und auf dem Tisch liegen der Karo-König, die Karo-Zehn und die Karo-Acht. Es fehlt also nur noch eine Karo-Karte für die perfekte Kartenkombination. Steven setzt fünfhundert, der AC/DC-Rocker erhöht auf eintausendfünfhundert. Ob er auch etwas hat? Steven geht mit. Als Nächstes deckt der Dealer eine Karo-Neun auf, das heißt Steven hat einen Flush aus Karo-Karten.

Er darf jetzt keine Arroganz ausstrahlen. Um vorzutäuschen, er sei sich unsicher, checkt er, das heißt er erhöht nicht, sondern schiebt. Steven weiß: Auch der Gegner muss gute Karten haben, aber der Holländer vertraut seiner Hand.

Die nächste Karte wird aufgedeckt: Pik-Fünf. Steven schiebt noch mal, erhöht nicht, der andere erhöht um zweitausend, Steven erhöht um sechstausendsechshundert Dollar, der andere geht mit.

Dann der Showdown: Der Rocker hat nur einen Drilling. Pech für ihn, die Runde geht an Steven.

»Es ist auch Mathematik, man errechnet Wahrscheinlichkeiten«, klärt der mich später auf.

Naturwissenschaftler sind oft gute Spieler. Wer kann was haben, wenn bestimmte Karten aufgedeckt sind? Kann man dann noch das Verhalten der anderen richtig ›lesen‹, steigen die Gewinnchancen. »Manchmal weißt du, was du tun musst, aber nicht warum«, sagt Steven lakonisch. Die Zahlenspiele paaren sich mit Instinkt.

Zweimal in seiner Karriere hatte Steven sogar einen Royal Flush, das höchstmögliche Blatt, auf das andere Spieler oft ein Leben lang vergeblich warten. Das sind Ass, König, Dame, Bube und die Zehn in einer Farbe. Es hat zwar auch eine Menge mit Glück zu tun, aber dennoch muss man Poker als Geschicklichkeitsspiel verstehen.

Es ist spätabends, kurz vor zwölf. Ich mache einen Spaziergang. Auf dem Strip strahlen die bunten Lichter wieder wie auf einer Kirmesmeile. Der falsche Eiffelturm sieht wie eine Rakete aus, die gleich mit Feuerschwall durchstarten wird. Die Gondeln fahren wieder durch die Kanäle von Klein-Venedig, vor dem Hotel Mirage speit der Vulkan seine Lava.

Vegas ist wie ein Hechtsprung in tausend Unterhaltungen gleichzeitig, die Inkarnation der Erlebnisgesellschaft, der Tod für die Langeweile. Man sieht zu allen Tages- und Nachtzeiten beeindruckte Gesichter ob dieser Mischung aus Schinkenstraße und Monte Carlo.

Am Bordsteinrand sitzt ein Obdachloser mit einem selbst beschriebenen Stück Pappe: »Warum lügen? Ich will ein Bier.« Neben ihm verteilen mexikanische Einwanderer Werbeflyer für Nachtclubs und heiße Ladys.

Auch das Hotel Flamingo strahlt in Neon. Mittlerweile ist das Haus etwas in die Jahre gekommen, aber es lebt von seiner Tradition. Der legendäre Bugsy Siegel eröffnete das Hotel 1946 mit Geldern der Mafia. Es war das erste große Hotel am Ort. Die Paten hatten bei der Entwicklung der Geschichte von Las Vegas als Stadt des ungebremsten Glücksspiels enormen Einfluss.

1931 hatte das Parlament von Nevada zwecks Anhebung der Steuereinnahmen das Glücksspiel legalisiert. Nach dem Zweiten Weltkrieg entwickelte sich das junge Las Vegas dann über die Jahrzehnte zur Spielerstadt. Heute leben dort, den Speckgürtel mitgerechnet, rund 1,3 Millionen Menschen; jeden Monat ziehen im Durchschnitt weitere fünftausend zu. Rund vierzig Millionen Touristen besuchen die Stadt jedes Jahr.

Ein Viertel des Umsatzes machen die großen Glücksspielkonzerne in den Casinos, drei Viertel mit Eintrittskarten für Shows und dem Verkauf von Souvenirs und Luxusartikeln in den Shops.

Shows und Unterhaltung haben in der Wüstenstadt eine lange Geschichte. Elvis Presley, Frank Sinatra, Sammy Davis Jr., Dean Martin, Johnny Cash, Elton John, Céline Dion, Rod Steward, Shania Twain, Britney Spears – sie alle hatten oder haben in Las Vegas ihre großen Auftritte. Für die meisten Besucher steht neben täglichem Zocken in den Casinos mindestens eine Show auf dem Urlaubskalender.

Wegen der unkomplizierten Eheschließungsgesetzgebung kommt für manche noch die Hochzeit in einer der unzähligen Wedding Chapels dazu.

Steven ist derweil zufrieden mit seinem ersten Turniertag. Er hat fast dreißig von einigen Hundert Spielen für sich entschieden, es waren große Pötte dabei.

Zu der Kunst, seine Chips zu mehren, gehört auch, immer rechtzeitig aus einem Spiel auszusteigen, wenn nichts zu holen ist.

Der Cowboy grunzt nicht mehr, hat er doch nur noch drei Hunderter-Chips. Im Casino des Hotels laufen wieder die einarmigen Banditen heiß, zahlen die Croupiers die Gewinne beim Roulette aus. Das ist Las Vegas.

Der letzte Tisch, an dem der Sieger der WSOP ermittelt wird, spielt erst Anfang November. Steven zweifelt noch nach Tag eins. »Hoffentlich bin ich dabei«, sagt er. Ein neues Auto wird er sich sicherheitshalber vorerst nicht kaufen.

Steven ist ein Glücksritter. Man könnte ihn auch als Epikureer bezeichnen, als einen Menschen, der in der Tradition des griechischen Philosophen Epikur eine große Leidenschaft für das Glück in all seinen Ausprägungen entwickelt hat. Wie Millionen von Touristen reist er jedes Jahr nach Vegas und hofft darauf – Können hin,

Können her –, dass die launische Göttin Fortuna, die Tochter des Jupiter, ihm gewogen ist. Denn ohne sie geht es auch beim Poker nicht. In der modernen Glücksforschung, die eine eigene Forschungsrichtung geworden ist, wird oft unterschieden zwischen *luck,* also dem Zufallsglück in einem bestimmten Moment, und *happiness,* dem Glück als einer Lebensphase der Zufriedenheit oder als allgemeinem Gemütszustand. Im Deutschen gibt es nur ein Wort für beide Varianten: Glück eben.

Oft werden in Studien und Umfragen Synonyme bemüht: das gute Leben, Lebensqualität, subjektives Wohlbefinden. Solche Studien, die uns zeigen sollen, was Menschen glücklich macht, gibt es seit den Siebzigerjahren des vergangenen Jahrhunderts zuhauf. Das Glück hat Konjunktur, es ist in Mode.

Ich bin überzeugt, dass wir Menschen nach beiden Varianten suchen, immer. In der amerikanischen Unabhängigkeitserklärung von 1776 ist das Streben nach Glück *(pursuit of happiness)* sogar ein verbrieftes Menschenrecht.

Horkheimer äußerte sich im 20. Jahrhundert ganz ähnlich: Er sieht dieses Streben »als natürliche, keiner Rechtfertigung bedürfende Tatsache.« »Alle Menschen wollen glücklich sein«, wusste schon Aristoteles. »Pech im Spiel, Glück in der Liebe« heißt ein altbekanntes Sprichwort. In ihm sind beide Sorten Glück enthalten.

Vielleicht ist es aber auch für jeden Menschen etwas anderes, was ihn glücklich macht. Für mich stand Geld nicht an erster Stelle, für Steven van Zadelhoff schon. Wir reisen beide sehr gerne, aber wir werden bei unseren Trips wahrscheinlich nicht im selben Hotel landen.

Jeder einzelne Lebenslauf wird durch innere und äußere Faktoren beeinflusst, was die Möglichkeit angeht, sein Glück zu finden. Das soziale Milieu, der Beruf, das politische System, in dem ich lebe, der Bildungsstand – all dies bestimmt meine Chancen aufs Glück mit. Als ich einmal einen Transvestiten in Rio de Janeiro interviewt habe, sagte der zu mir und zitierte dabei Bob Marley: »Jeder Mensch ist ein Universum.«

Der Glücksforscher Alfred Bellebaum sagt: »Glück ist das, was Menschen sich darunter vorstellen.« Hans im Glück tauscht seine Habe, bis er nichts mehr hat, und ist danach höchst glücklich. Diogenes saß in seiner Tonne und durfte sich etwas wünschen. »Geh mir aus der Sonne«, reichte ihm schon. So sind die Denker.

Im europäischen Mittelalter und im heutigen Indien hatte beziehungsweise hat Glück vor allem etwas mit dem Stand oder der Kaste zu tun – in beide wird man hineingeboren, und das ist gottgewollt. Das Blut zählt.

In der heutigen Zeit hängen wir Bewohner der westlichen Industrienationen unseren Glücksmomenten ohne zu reflektieren nach, suchen nach ihnen, kämpfen um sie, manchmal wird uns das Glück unverhofft geschenkt, manchmal jäh gestohlen, oder wir fahnden ein Leben lang erfolglos danach.

Der Psychoanalytiker Sigmund Freud schreibt in seinem Werk »Das Unbehagen in der Kultur«: »Die Absicht, dass der Mensch ›glücklich‹ sei, ist im Plan der ›Schöpfung‹ nicht enthalten.«

Wie also das Glück einfangen? Dafür müssen wir nicht nach Vegas fahren, doch Vegas ist der Ort auf der Welt, der uns unsere Suche unter die Nase reibt. Uns innehalten lässt, in einen Glücksrausch versetzt oder in einen Verlierermodus. Es gibt keinen anderen Ort auf der Welt, der so an der Vokabel Glück hängt. Ohne Glück ist Vegas nichts.

Einen Tag später in einem Café im Rio. Die Mausklicks sind das einzige Geräusch. Tick, tick, tick. Sie verschmelzen mit dem Takt, den der Sekundenzeiger der Armbanduhr vorgibt.

Kim Wooka konzentriert sich jetzt. Soll sie erhöhen oder aussteigen? Kann sie dieses Spiel gewinnen? Sie zögert einen Moment und klickt sich dann noch einmal durch ihre elf offenen

Fenster; die Kühlung des Laptops surrt vor sich hin wie ein kleiner Eisschrank.

Die neunundzwanzigjährige Japanerin sitzt auf ihrem Stuhl und zockt. Draußen schwimmen die Wolken am Himmel heran, gleichzeitig stechen die Sonnenstrahlen in den sorgsam getrimmten Rasen.

Elf Pokertische online – für Kim ist das Routine. Sie entscheidet ein ums andere Spiel für sich und erhöht ihr Budget beträchtlich. Dazwischen fährt sie sich mit der Linken durch die Haare, spielt an den Knöpfen ihrer rosaroten Bluse. Tolle Frau, denke ich.

Kim Wooka ist wie Steven van Zadelhoff ein Pokerprofi. Ihr Wirtschaftsstudium hilft ihr beim Spiel, mit Zahlen kann sie gut umgehen.

»Warum probierst du es nicht selbst einmal?«, fragt sie mich.

»Ach weißt du, ich schreibe lieber«, sage ich gequält.

Kim gehört zu den besagten fünf Prozent Frauen bei den großen Turnieren in diesem Männersport. Sie behauptet sich, ist dick im Geschäft, macht die Jungs platt. Egal ob online oder bei den vielen Live-Turnieren, zu denen sie um die ganze Welt reist. Ich habe ein bisschen Angst vor ihr. Diese Frau ist trotz ihrer Anmut knallhart und zielgerichtet, das merke ich gleich.

Dabei ist sie mehr als eine Spielerin. Ihre Familie macht in Gastronomie. Kim Wookas Großeltern flüchteten nach dem Krieg aus Korea nach Japan. Sie waren hart arbeitende Menschen, die es am Schluss geschafft haben; sie machten in der neuen Heimat ihr Glück. In dieser Tradition sieht sich Kim Wooka: Sie führt inzwischen selbst zwei Restaurants und will weitere eröffnen.

Zum Poker kam sie eher zufällig – es war vor fünf Jahren in einem Casino.

»Ich habe mit zehn Dollar Einsatz angefangen und entdeckt, dass ich Talent habe«, stellt sie fest. Seither spielt sie mehrere Stunden am Tag. Ein Auto hat Kim Wooka nicht.

»Ich fahre lieber Taxi«, meint sie mit der Andeutung eines Lächelns.

»Wenn man's sich leisten kann«, sage ich.

Das Online-Spiel war nur zum Aufwärmen. Jetzt geht auch Kim an einen Tisch der World Series of Poker, um zu spielen. Ich darf sie zum Spieltisch begleiten.

Kim sitzt in Pavillon 92, Sitzplatz 9. Am Tisch sind acht weitere Spieler, alles Männer. Einer trägt einen Kapuzenpulli und eine Baseballkappe, ein anderer sieht aus, als gehöre er der Yakuza an. Damit kennt Kim Wooka sich aus, das kann sie nicht irritieren.

Auch sie hantiert mit ihren Chips. Bald ist sie schon Chipleader, das heißt, sie geht in Führung und hat am Tisch die meisten der bunten Plastikmünzen. »Da saßen lauter Nullen. Hat Spaß gemacht«, wird sie mir später sagen.

In der Szene nennen sie manche Glamourgirl. Denn Kim Wooka ist immer top gestylt. Gerne zeigt sie sich am Tisch den Männern, die durch ihren Auftritt merkbar abgelenkt sind, wenn sie das kleine Schwarze trägt mit einem türkisfarbenen Schal und den dunklen Pumps.

Dazu ist sie perfekt geschminkt, trägt falsche Wimpern, grünen Nagellack und riecht nach Jasmin. Diese Frau ist ein Sturm auf die Sinne.

Shopping sei ihr liebstes Hobby, sagt Kim über sich. Außerdem designt sie ihren eigenen Schmuck. Manchmal laden sie Mitspieler gleich am Tisch für den Abend zum Dinner ein. Bis jetzt hat sie noch immer Nein gesagt.

Bei der WSOP trippelt sie in einer Pause auf ihren hohen Hacken aus dem Saal. Plötzlich strauchelt sie, ich stehe zu weit weg, aber ein Mitspieler fängt sie geistesgegenwärtig auf. Selbst bei dieser Aktion verliert sie ihre Grazie nicht, sie lächelt den Sturz einfach weg und bedankt sich. Es ist nicht auszuschließen, dass auch das ein taktisches Manöver war.

»Poker ist zu einem großen Teil Psychologie«, sagt Kim Wooka und blinzelt dabei listig.

Sie schaut beim Spiel zunächst ihre Mitspieler genau an, auch sie hat ihn, den *read,* sie kann den Mitspieler lesen. Kim Wooka versucht, ihrem Gegenüber Unsicherheiten, Ängste, Vorlieben und Stärken abzuspüren und zuzuordnen. Und damit es ihnen nicht umgekehrt bei ihr gelingt, setzt auch sie das sprichwörtliche Pokerface auf. Die beobachteten Verhaltensmuster der anderen werden abgespeichert.

In Denkerpose und mit steifen Gesichtszügen sitzt sie am Spieltisch und verzieht keine Miene. Auch ihr geht es beim Live-Poker immer darum, fast buddhistischen Gleichmut auszustrahlen; darin ist sie schon kulturell bedingt ein Naturtalent.

Ansonsten hat sie es auch drauf mit der Mathematik. Natürlich spielt Glück eine Rolle, sagt auch Kim, aber gute Spieler rechnen Wahrscheinlichkeiten und Risiken aus. Es sei wie beim Spekulieren an der Börse, man müsse sein Geld sinnvoll streuen.

Tatsächlich suchen Headhunter gezielt nach Pokerspielern für die Börsen dieser Welt. »Poker bietet wertvolle Lektionen für das Gewinnen an der Börse und Börsen bieten genauso wichtige Lehren für das Gewinnen beim Poker«, schreibt Aaron Brown in seinem Buch »Die Gesetze des Spiels – Was Trader und Poker-Asse voneinander lernen können«.

Ein guter Pokerspieler macht sich diese Prinzipien zunutze: Er geht in den meisten Fällen nur die Risiken ein, bei denen er einen guten Erwartungswert errechnen kann.

Ein Beispiel vom Spieltisch: Sie erhält eine Zehn und einen Buben als Hand, auf dem Tisch liegen eine Neun, eine Acht und eine Zwei. Außer ihr ist nur noch ein Gegner im Spiel, der gerade den Einsatz erhöht hat. Sie braucht jetzt eine Dame oder eine Sieben, dann hätte sie eine Straße. Sie geht davon aus, dass ihr Gegenspieler zwei Könige in der Hand hält, im Vergleich zu ihrer die stärkere Hand. Dennoch bleibt sie im Spiel. Leichtsinn?

7 Karten von 52 hat sie also definiert. Es bleiben 45 Unbekannte, davon 4 Damen und 4-mal die Sieben. Die Wahrscheinlichkeit, bei der nächsten Aufdeckrunde eine dieser acht Karten zu bekommen, entspricht also der Rechnung 8 durch 45, was 17 Prozent bedeutet. Bei der letzten Aufdeckrunde heißt die Rechnung 8 durch 44 und ergibt somit 18 Prozent.

Die Wahrscheinlichkeit, die richtigen Karten in einer der beiden Aufdeckrunden zu erhalten, addiert sich folglich auf 37 Prozent, mehr als ein Drittel. Es lohnt sich, hier weiterzuspielen. Steigt die Gewinnwahrscheinlichkeit über 50 Prozent, ist das Weiterspielen obligatorisch.

»Bei einer positiven Gewinnerwartung ist man auf lange Sicht immer erfolgreich«, sagt Kim Wooka, im Poker nennt man das den Long Run.

Dabei kommt es darauf an, sich wiederkehrende Hände sowie Kartenkombinationen und deren Wahrscheinlichkeiten zu merken. Letztere sind für den Spieler so wichtig wie Tonleitern für den Musiker.

Im Prinzip ist es wie bei einer Versicherung, die unterschiedliche Unfallrisiken berechnet, einerseits für verschiedene Automodelle, andererseits je nach Alter und Geschlecht der Fahrer. Allerdings haben Versicherungen für solche Rechenmodelle Zeit – der Pokerspieler muss innerhalb von Sekunden entscheiden. Wenn Kim Wooka verliert, dann auf eine Weise, um die sie jeder Gewinner beneidet.

Auch ich empfinde Neid: auf ihr Talent und ihr Können, ganz sicher. Aber vor allem auf ihre Lockerheit.

Manchmal greift auch sie zum Bluff. Dann lässt sie keine Gesichtsregung zu, erhöht den Einsatz. Am Ende ist diese Investition richtig, denn sie bewegt die Gegner zum Ausstieg aus dem Spiel. Ein guter Pokerspieler schafft es, sich auf jede Situation einzustellen, er kann zurückhaltend spielen wie auch angriffslustig.

»Ich spekuliere immer darauf, dass sie mich als Frau nicht ernst nehmen.« Letztlich erntet sie aber Respekt, wenn die männlichen Kollegen ausscheiden, weil ihre Egos wieder mal um Längen größer sind als das Spielvermögen.

Für Kim Wooka ist das ganze Pokerding ein Traum, den sie leben darf. Einen Freund hat sie nicht. »Ich bin so viel unterwegs, da wäre es schwierig. Im Moment bin ich auch nicht bereit, Kompromisse einzugehen«, meint sie.

Sie hat Glück, aber ist sie glücklich? Eine Beziehung wäre der Spagat, für den sie nicht gelenkig genug ist. Ihr Traummann müsse auf jeden Fall auch eine interessante Arbeit haben. Aufs Geld komme es ihr nicht an. Logisch, sie hat ja selbst genug davon, denke ich.

Bei der WSOP schafft es Kim Wooka, drei Tage zu überleben, aber sie kommt dann, genau wie Steven van Zadelhoff, nicht unter die letzten neun Spieler, die den Final Table im November spielen. Aber das Spiel geht heute noch weiter, schließlich hat sie ihren Laptop. Ihre Verehrer werden weiter warten müssen.

Kapitel

2

Kämpf um dein Leben

»*Du und ich – und auch sonst keiner – kann so hart zuschlagen wie das Leben! Aber der Punkt ist nicht der, wie hart einer zuschlagen kann. Es zählt bloß, wie viele Schläge man einstecken kann und ob man trotzdem weitermacht.*«
ROCKY BALBOA, FILMFIGUR

Am nächsten Tag. Es ist zwölf Uhr, ich hatte einen Burger und eine Diet Coke. Das Mittagessen war wie ein Kontrastprogramm zu dem Ort, den ich mir heute anschauen will. So was würde ein Boxer nicht essen. Und wieder begebe ich mich in eine Männerdomäne.

Die Boxsäcke schwingen hin und her wie Abrissbirnen. Sechs Stück hängen vom Haken an der Decke herunter. Schweinehälften in der Metzgerei wären auch eine Assoziation. Es riecht nach Schweiß und Mann. Als ich eintrete, denke ich sofort: Ich sollte mal wieder Sport machen. Leider bin ich zu sehr außer Form, um hier mitzutrainieren.

Edson Ramirez ist sehr drahtig für einen Fünfzehnjährigen. Wuchtig drischt er auf den roten Sack ein, als kämpfe er um sein Leben; eine Schlagkombination nach der anderen. Ein bisschen kämpft er hier tatsächlich um sein Leben, aber er weiß das noch nicht. Teenager haben noch andere Träume. Sie können alles werden, alles sein.

Fernando Ramirez ist stolz auf seinen Sohn, nicht nur, weil der in diesem Jahr schon ein paar Turniere gewonnen hat.

»Edson hat verstanden, worum es beim Boxen geht: Du kommst von ganz unten und kämpfst dich nach ganz oben. Wenn du hinfällst, stehst du auf. Wenn du blutest, wischst du's ab«, sagt mir Ramirez.

Die Lebensfrage lautet: Wie kann ein Leben glücken? Für Einwanderer stellt sich diese Frage vielleicht noch drängender, in den USA zumal. Sie haben alles hinter sich gelassen, um hoffentlich alles vor sich zu haben.

Der leidende Gerechte hat nicht mehr Konjunktur: Mit einer Verheißung auf das Jenseits geben sie sich auch im erzkatholischen Mexiko nicht mehr zufrieden. Aber willkommen sind sie in der neuen Heimat nicht unbedingt.

Ich traue mich nicht zu fragen, ob Vater und Sohn legal in die USA immigriert sind. Es wäre irgendwie taktlos, schließlich kenne ich diese Menschen erst seit einer halben Stunde. Und wir reden übers Boxen, aber damit auch über so viel mehr.

Die Abhängigkeit von Glück und Unglück beschreibt auch der Philosoph und Pädagoge Erwin Hufnagel. Ohne ein mögliches Unglück gibt es das Glück nicht. Er schreibt in einem Aufsatz: »Es stellt sich die Frage nach dem Glück als Frage nach seinem Glück und seinem wirklichen und möglichen Unglück. Die Möglichkeit schicksalhaft-tragischen Scheiterns ist allzeit gegeben.«

Nur wer scheitern kann und manchmal gescheitert ist, kann das Glück vom Unglück überhaupt unterscheiden. Das ist beim Boxen so, beim Poker oder beim Einwandern.

»Ist das nicht eine ganz schöne Belastung für einen Heranwachsenden?«, frage ich.

»Das ganze Leben ist eine Belastung«, sagt Fernando Ramirez. Die Antwort kommt wie ein Konterschlag beim Sparring daher. Der Vater hat gegen mich gepunktet. Ob er weiß, dass Glücksforscher und ihre Studien auch sagen, dass Menschen, die Kinder haben, glücklicher sind als der Rest?

Könnten die Wände im Johnny Tocco's Boxing Gym in Downtown Las Vegas sprechen, würden sie Geschichten erzählen von großen Siegen und schmerzhaften Niederlagen. Sie tun es auch so: An ihnen hängen vergilbte Plakate von Boxkämpfen vergangener Tage. Auf den Plakaten stehen Namen, die heute keiner mehr kennt. Aber alle haben sie hier trainiert, das ist ihnen gemein.

Schon früher bröckelte die Farbe von den Wänden und Trainingsgeräten, saß der Putz locker auf der feuchten Wand. Dieser Ort war äußerlich betrachtet noch nie schön. Aber darum ging es auch nicht.

Ich stand schon in der Ritze in Hamburg, dem bekannten Boxclub auf dem Hamburger Kiez. Der greise Boxer Jürgen Blin, der einmal in seiner Karriere gegen Muhammad Ali kämpfte, zeigte mir dort, als ich ein Porträt für den »Playboy« über ihn schrieb, was er noch drauf hat. Ich war damals sehr beeindruckt. Auch wenn man selbst nicht boxt und auch nicht boxen möchte, spürt man, dass diese Betätigung mehr ist als nur Sport.

Das Johnny Tocco's ist einer der legendärsten Clubs von Amerika, vergleichbar höchstens noch mit dem Kronk Gym in Detroit, dem Wild Card Gym in L.A. und dem Joe Hand Gym in Philadelphia. Wer den Boxsport mag, der kennt – und vor allem – liebt diesen Ort.

»Achte auf die Beinarbeit!«, ruft Fernando Ramirez seinem Sohn zu, der jetzt um den Boxsack herumhüpft. Schludrigkeit duldet der Vater nicht. Vor sechzehn Jahren kam der heute Neununddreißigjährige aus Tijuana mit seiner Frau in die Staaten; in Las Vegas wohnt die Familie seit zwei Jahren.

Die Grenzstadt Tijuana ist berüchtigt für die Trinkgelage und Hurereien amerikanischer Teenager, die abends gerne mal von San Diego aus für eine Nacht ›rübermachen‹.

Ramirez arbeitet als Schreiner. Sohn Edson ist in den USA geboren, theoretisch ist er Amerikaner, aber was heißt das schon. Praktisch bleiben die Mexikaner unter sich, reden nur spanisch miteinander und fühlen sich fremd.

»Aber über den Sport kann ich hier was erreichen«, sagt Edson, der nicht gerne in die Highschool geht. Er hat es vorher mit Fußball probiert, auch mit Karate und Kickboxen. Erst beim Boxen wurde der Ehrgeiz geweckt, der in ihm schlummerte wie ein lange nicht ausgebrochener Virus.

Edson will unbedingt Boxprofi werden. »Dann könnte ich für mich und meine Familie ein besseres Leben erreichen. Ich würde für alle ein großes Haus bauen.« Er macht ein Gesicht wie ein besonders beflissener Messdiener, wenn er so redet.

»Was würdest du sonst kaufen von dem Geld?«, frage ich.

»Na, einen Lamborghini«, antwortet Edson.

Kinderträume von besseren Zeiten, ja von einer Zukunft, die plötzlich mit jedem Punch greifbar scheint.

Die Ehrfurcht vor den Großen im Sport ist im Johnny Tocco's stets gegenwärtig; heute sitzt etwa der Vater des bekannten Superweltergewicht-Boxers Floyd Mayweather neben dem Ring. Er fragt mich, ob ich ihm Geld für ein Interview geben würde. »Nein«, sage ich.

Er: »Dann gibt es auch kein Interview. Wer nicht zahlen will, der kriegt nichts von mir!«

Sollte es mit der großen Karriere nicht klappen, will Edson Automechaniker werden. Seinem Vater, der früher selbst geboxt hat und jetzt Edsons Trainer ist, geht es aber um mehr als die große sportliche Karriere: »Er muss lernen, wie hart das Leben ist. Und dass er keine Drogen nimmt oder krumme Dinger dreht.«

Dabei gehörten krumme Dinger und das Johnny Tocco's anfänglich sogar zusammen. Früher waren die Räume, in denen es sich befindet, nämlich eine Art Mafia-Bar. Der Laden hieß Zebra Lounge, und hier trafen die schweren Jungs aus Las Vegas auf Drinks und leichte Mädchen.

1953 ging Johnny Tocco, selbst kein großer Boxer, aber ein Mann, der den Boxsport verehrte, schnurstracks zu den Paten und fragte, ob er nicht in einem Nebenzimmer einen Boxring aufstellen dürfe.

»Warum nicht«, sagten die Gangster, und so war der Club geboren. Irgendwann waren die Mafiabosse alle im Knast, aber der Boxclub blieb. Über vierzig Jahre, bis ins Jahr 1997, kurz vor seinem Tod, führte Johnny Tocco den Laden weiter, wurde zum Boxtrainer für viele Sportler.

Heute führt James Smith den Laden zusammen mit seiner Frau Elizabeth. Smith ist der Enkel von Indian Johnny Smith, in den Dreißigerjahren des letzten Jahrhunderts ein bekannter amerikanischer Boxer. »Ich wollte unbedingt dazu beitragen, dass dieses Stück Boxgeschichte hier in Downtown erhalten bleibt«, sagt James Smith. Viel Geld lässt sich mit dem Schuppen nicht machen, aber jeder, der ihn führt, wird selbst ein Stück dieser Geschichte.

Sein Club ist weit weg vom Strip mit seinen in allen Farben blinkenden Hotels. Im Johnny Tocco's zählt Ehrlichkeit, nicht Bling-Bling.

»Boxen und Vegas – das gehört zusammen«, sagt Smith und erinnert etwa an die Fights der Klitschko-Brüder. Ob im Caesars Palace, im MGM Grand oder im Hilton: Boxen ist die ganz fette Show und immer ausverkauft. Hier im Club lebt ein anderes Vegas, das spüre ich. Ich empfinde es als erquickende Abwechslung.

Unvergessen bleibt allen Boxfans der 1. August 1987. Damals kämpfte Mike Tyson gegen Tony Tucker. Aber diesmal machte es ihm sein Gegner nicht leicht. Die Zuschauer im Hilton Hotel sahen einen offenen Schlagabtausch, ja eine Schlacht. Tyson gewann in dem Kampf den Gürtel der IBF-Weltmeisterschaft im Schwergewicht.

Er wollte das Ganze schnell beenden und prügelte drauflos, attackierte von der ersten Sekunde an. Dabei wurde er schon nach ein paar Momenten von einem harten Aufwärtshaken getroffen. Tyson machte weiter und setzte seine Schlagtiraden fort. Am Ende gewann er nur nach Punkten. Tyson ohne K.o.-Sieg. Auch das gab es in der Boxgeschichte der Spielerstadt.

Oder – da war dieser Kampf Ende 2009, als Yuri Foreman, angehender Rabbiner und Boxer, der erste israelische Titelträger überhaupt wurde. Der Kampf im Superweltergewicht stieg in der MGM Grand Garden Arena. Foreman schlug den WBA-Weltmeister Daniel Santos aus Puerto Rico, schickte ihn mehrmals auf die Bretter, gewann am Ende nach Punkten, denn Santos Nehmerqualitäten waren außerordentlich.

Nach dem Sieg wie vor dem Sieg musste sich Foreman, der aus Weißrussland stammt und nicht verwandt ist mit der Schwergewichtslegende George Foreman, vor allem eine Frage stellen lassen: Gottesmann und Boxer – wie passt das zusammen? Für ihn passt es.

Manager des Johnny Tocco's ist heute Luis Monda. Der Dreiunddreißigjährige strahlt Sanftmut aus und sieht zudem passenderweise ein bisschen aus wie Gandhi mit Kopftuch. Monda ist der Tausendsassa bei Johnny Tocco's. Er ist der Erste, der kommt und der Letzte, der geht, verkauft T-Shirts, auf die eine Bulldogge und der Schriftzug des Gyms gedruckt sind, nimmt neue Mitglieder auf, gibt den Boxern Tipps, wie sie ihre Technik verbessern können.

Der Club ist von neun Uhr morgens bis zwanzig Uhr geöffnet, auch am Samstag. Monda möchte Trainer werden. Seine eigene Boxkarriere war schneller beendet als geplant: Er verlor seinen ersten Profikampf gegen Richard Colas Quesada im Hard Rock Hotel. »Ich glaube, ich bin ein besserer Instruktor als ein Kämpfer«, sagt er und lächelt. Aber auch mit ihm würde ich lieber nicht zum Sparring in den Ring steigen. Er ist sehnig.

Monda ist stolz, dass er im Johnny Tocco's arbeiten darf. Gerade hat er wieder ein Neumitglied aufgenommen. Ab sechs Jahren dürfen Nachwuchssportler trainieren, mit acht Jahren kämpfen sie das erste Mal, wenn sie das wollen. Kinder zahlen fünfundzwanzig Dollar monatlich für die Mitgliedschaft, Erwachsene fünfzig Dollar.

Den Trainer bringen sich die Athleten selbst mit ins Gym. Des Ruhmes und der Tradition des Clubs wegen trainiert auch mal ein Superstar mit, wenn er in der Stadt ist. »Viele berühmte Boxer waren hier zu Besuch. Tyson, Holyfield, Foreman, die Klitschkos, der Boxpromoter Don King. Jeder hat hier den Boden geküsst«, sagt Monda.

Auf die Wand vor dem Johnny Tocco's haben sie drei der Boxlegenden aufgemalt: In einem riesigen Bild stehen da Jake ›The Bronx Bull‹ LaMotta, Salvador Sánchez und natürlich Cassius Clay alias Muhammad Ali in Boxhandschuhen und grüßen jeden Besucher.

»Um ein guter Boxer zu werden, musst du vorher ein guter Mensch sein«, sagt Monda. Ich denke: Darum also – ich bin vielleicht einfach ein schlechter Mensch.

Monda sagt, das mit dem guten Menschen liege daran, dass Boxen kein Teamsport sei, es komme immer ganz auf einen selbst an, auf den Charakter.

»Bei euch in Deutschland genießen Boxer Ansehen, hier in Amerika wäre so ein Kult wie um den Gentleman Henri Maske nicht denkbar.«

Denn in den USA sei Boxen zwar sehr beliebt, aber immer noch mit einem zweifelhaften Ruf behaftet, ein *poor man's sport,* sprich: ein Arme-Leute-Sport. »Wenn du schon alles hast, musst du nicht kämpfen!«, ist der Leitspruch. Boxer kommen meist wirklich von unten – zumindest in den USA.

Mondas eigene Geschichte scheint das zu bestätigen. Seine Familie lebte im Ghetto, der Vater verkaufte Drogen. Mondas Mutter sagte: »Junge, geh boxen. Alles, was dich zum Mann macht, ist gut!« Ab da trainierte ihr Sohn sieben Tage die Woche, Schulferien und Weihnachten inbegriffen.

Als Monda einmal eine Schlägerei in der Schule hatte, fragte die Mutter nicht: »Wer hat angefangen?«, sondern: »Hast du gewonnen?«

In Mondas Büro ist es jetzt vierzig Grad warm, der Ventilator kann daran nichts ändern. Draußen knallt die Wüstensonne auf den Asphalt. Klimaanlagen sind was für Weicheier.

Nebenan im mit einer blauen Zeltplane bespannten Ring hat einer aus einer Gruppe Isländer gerade seinen Gegner blutig geschlagen. Eigentlich war es ein normales Sparring. Linke, Rechte, Leberhaken. Beide Kontrahenten sind nass geschwitzt, als kämen sie gerade aus der Sauna.

Die sechs Isländer haben ihr letztes Geld zusammengekratzt und sind nach Vegas gekommen. Warum? »Weil es eine Ehre ist, in diesem Club für ein paar Wochen mitzutrainieren!«, sagt ihr Anführer und Trainer, während seine Freunde die Bauchmuskeln anspannen. Es ist auch eine Frau im Team; sie wirkt wie eine Amazone. Ich überlege, ob ich Angst vor ihr haben sollte. Aber sie lächelt und scheint friedlich.

1956 wurde Boxen in Island verboten und ist erst vor zehn Jahren wieder legalisiert worden. Auch dort ist es ein Sport, der in der Unterschicht nach oben gelebt wird. »Du brauchst nur deine Fäuste, sonst nix. Es geht immer noch um zwei Männer, die sich verprügeln«, sagt einer aus der Gruppe.

»Ich dachte immer, Boxen hat viel mit Taktik und Hirn zu tun?«, frage ich kritisch.

»Ja, aber zuerst zählt der Wille zur Gewalt!«

Der »Wille zur Gewalt« hört sich ein wenig nach Friedrich Nietzsche an. Ich überlasse die Isländer ihrem Kampfesmut und gehe wieder in den anderen Trainingsraum.

Boxen ist tatsächlich eine Kunst, lerne ich dort. Mario Medina, achtundzwanzig, hat einen technisch sauberen Stil. Vor zehn Jahren hat er angefangen mit dem Sport, seit vier Jahren trainiert er im Johnny Tocco's.

Medina tänzelt leichtfüßig um seinen Sparringspartner, setzt eine Gerade auf die Nase und einen Punch von unten in den Bauch des Gegners. Dann springt er zurück und bereitet aus der Distanz die nächste Kombination vor. Medina klammert nicht gerne, er ist eher ein Konterboxer. Alles sieht ganz einfach aus und ist doch so kompliziert. Medina hat großes Talent, das sehe selbst ich auf Anhieb, aber für einen Sportler ist er schon alt.

»Boxen ist Schmerz, Schweiß, Tränen«, sagt Medina nach dem Sparring. Er will unbedingt Profikämpfer werden. Sein Vater wurde in Kolumbien von der Armee ermordet, daraufhin floh Medina im Alter von achtzehn Jahren in die Staaten, wo er sofort mit dem Boxen anfing. »Ich habe gelernt, dass meine Hände Waffen sind«, sagt er. Er brauche sich vor Straßengangs nicht mehr zu fürchten, wisse er doch, wie er sich verteidigen könne. Wenn ich seine schnellen Schläge sehe, glaube ich's gerne.

»Für mich ist der Sport auch ein Ventil, um Aggressionen abzubauen«, sagt er.

»Die Art, wie die Menschen mit unserer Mutter Erde umgehen, macht mich wütend. Beim Training denke ich oft an Tierquälerei, kaputte Wälder, Kriminalität und Korruption.«

»Denkst du auch ans Gewinnen?«, frage ich.

»Nein, gewinnen gegen andere ist zweitrangig. Zuerst musst du den Kampf gegen dich selbst gewinnen, den inneren Schweinehund töten. Jeden Tag«, so Medina.

Medina arbeitet als Mechaniker, tausendzweihundert Dollar netto hat er zum Leben. In seiner Freizeit trainiert er, für eine Freundin habe er keine Zeit, meint er, während ihm der Schweiß in kleinen Rinnsalen das Gesicht und den Hals hinunterläuft.

Ich muss an Kim Wooka denken, die Pokerspielerin. Sie hat das Gleiche gesagt. Irgendwie macht Vegas die Menschen einsam statt glücklich, so scheint es.

Für Medina gilt ein Satz des Philosophen Ludwig Marcuse aus seinem Buch »Philosophie des Glücks«: »Die einzige Beziehung, die ein anständiger Mensch zum Glück hat, ist eine geheime. Man behandelt es wie eine Maitresse, an der man hängt – und die man nicht kennt. Und Epikur heißt ihr Name.« Medina ein Epikureer? Auf seine Art bestimmt!

Einen Plan B zum Boxerleben gibt es für Medina nicht. Obwohl er in Vegas wohnt, trinkt und raucht er nicht, hat sich noch nie in den Casinos rumgetrieben. »Glücksspiel ist Mist. Ich habe mein Leben dem Sport verschrieben. Sicher will ich irgendwann ein Haus und eine Familie, aber das kommt oder es kommt eben nicht. Das Boxen aber wird immer bleiben.« Dann muss Medina los, er will heute Abend noch joggen. Für die Ausdauer, nächste Woche hat er einen Kampf.

Plötzlich kommt ein langhaariges Ungetüm zur Tür hereingestürzt. Mike Famous nennt er sich und sagt, er sei neunundzwanzig, sieht aber wesentlich älter aus. Er möchte berühmt werden, daher der Künstlername.

Im Gespräch ist er hibbelig, kann keinen Moment lang Ruhe geben und macht hektische Bewegungen wie ein Duracell-Hase. Er erinnert mich ein wenig an Guildo Horn, den Blödelbarden aus Trier. Guildo Horn auf Koks.

»Immer in Bewegung bleiben, wenn du still stehst, stirbst du«, sagt er und prügelt ungelenk auf die Pratzen seines Sparringspartners ein, als seien sie seine ärgsten Feinde.

Famous sagt, er sei Erfinder.

»Was hast du denn erfunden?«, frage ich.

Sein ganzer Stolz ist die Sonnenbrille, die er auf der Nase hat: Sie blinkt wie eine kleine Lichtorgel, sobald er anfängt zu reden.

»Mit dieser Erfindung werde ich reich«, ist Famous sich sicher und malträtiert weiter seinen Gegner mit der Dampfhammer-Methode.

Dieser Mann ist ein Koloss. Kein Techniker wie viele hier, das ist offensichtlich. Aber vielleicht will er das gar nicht sein. Jeder ist seines eigenen Boxens Schmied.

Luis Monda schüttelt den Kopf im Büro, beobachtet Famous dabei durch eine Glasscheibe, die die Sicht zum Ring freigibt. »Boxen bringt dich weiter im Leben«, sagt Monda, »auch wenn du noch so ein verrückter Typ bist.« Im Johnny Tocco's ist jeder willkommen. Sogar mit blinkender Sonnenbrille.

Kapitel

3

Eigene Versuche am Spieltisch

»*Wenn man spielt, sollte man drei Dinge am Anfang entscheiden:*
 1. die Spielregeln
 2. die Einsätze
 3. und den Zeitpunkt aufzuhören.«
CHINESISCHES SPRICHWORT

Als ich aufwache, wabern der Boxclub und Mike Famous noch durch meinen Kopf. Und ich denke wieder über die Denker nach.

Ich gehe davon aus, dass nicht nur die Chinesen recht haben, sondern dass auch Rousseau die Wahrheit sagt. »Glück besteht aus einem soliden Bankkonto, einer guten Köchin und einer tadellosen Verdauung.« Der französische Denker muss es gewusst haben. Wie die antiken Dichter und sein Landsmann Montaigne glaubte er an die Philosophie als eine Disziplin der Lebenskunst.

Nach Rousseaus Definition müsste ich also recht glücklich sein, denn die Bedingungen zwei und drei sind erfüllt. Aber eine Frau, die schmackhaftes Essen brutzelt und ein belastbarer Magen verwischen bei mir eben doch nicht die Gewissheit, dass diese Sache mit Punkt eins, dem soliden Bankkonto, noch ausbaufähig ist, um es euphemistisch zu sagen.

Ich muss etwas tun. Ich muss in Vegas tatsächlich mein Glück finden. Das Glück im Spiel. Ich lasse Lotto und Glücksspirale hinter mir. Da muss was anderes kommen.

Es gibt Glücksspiele, solange Menschen mit irgendetwas ihre Zeit totschlagen müssen. Sie alle haben gemein, dass wir etwas, was uns eigentlich oft verhasst ist, nämlich den Zufall, über unser Schicksal entscheiden lassen.

Das Denken ausschalten, einfach mal fünf gerade sein und das Kamel durch das Nadelöhr schlüpfen lassen. Im Zufall liegen auch ein Stück Freiheit und Spannung, die uns im Alltag oft abgehen mögen. Hierarchien zerfallen am Spieltisch. Auch der letzte Depp kann Glück haben. Jeder kann alles erreichen.

Bei der Kreuzigung Jesu warfen die Soldaten das Los, als es darum ging, wer das Gewand des Gemarterten nach seinem Tode erhalten sollte. Die ersten Lotterien in den USA gab es 1712. Das Glücksspiel ist ein Rausch ohne Drogen, aus dem auch leicht eine Sucht werden kann, vor allem wenn der Mensch denkt, er könnte sein Glück beeinflussen. So wie ich.

Was ich heute will? Das Casino abzocken. Das schaffen, was jeder Spieler hier in seinen Träumen durchlebt: mehr gewinnen als verlieren, dort, wo schon Landstreicher zu Millionären wurden.

Auf dem Weg dahin brauche ich Hilfe. Die Herren des Glücksspiels zu überlisten, erfordert viel Wissen und hartes Training.

Wird es mir gehen wie Dostojewskijs Spieler? »Er war bleich; seine Augen funkelten, seine Hände zitterten; er setzte schon ohne jedes Nachdenken, soviel er mit der Hand greifen konnte, indessen gewann er wieder und wieder, und scharrte und scharrte das Geld zusammen.«

Kann man Glück lernen?, frage ich mich weiter und sehe ihn zeitgleich schon in die Münchner Bar eintreten, als ich mich auf meine Reise vorbereite. Koteletten, dunkles Sakko, ein herbes

Herrenparfüm umweht ihn. Stephan Kalhamer, achtunddreißig Jahre alt, studierter Diplom-Mathematiker, Pokercoach und Glücksspielpapst aus dem bayerischen Regensburg.

Sein Händedruck ist sportlich, in seinem Gesicht kann ich lesen: Geht nicht, gibt's nicht. Er will mich selbst für den Fall wappnen, dass ich einmal eine Pechsträhne beim Glücksspiel erleiden sollte.

Kalhamer ist einer der Menschen, die schneller denken, als sie sprechen können. Er ist der Garant für meine Gewinnoptimierung. Für meinen Siegeszug von Spieltisch zu Spieltisch.

In unserer hochgradig individualisierten Gesellschaft passt das Glücksspiel zur Lebensweise. Ich bin in dem Moment, da mich Roulette, Poker und Konsorten eingefangen haben, kein Teamplayer mehr, jeder kämpft an seiner eigenen Front, alle anderen sind Feinde und ich der hedonistische Egomane.

In anderen Gesellschaften war oder ist das kollektive Glück erstrebenswerter als das persönliche. In den westlichen Industriestaaten hat sich das umgekehrt, vor allem durch ein kapitalistisches Denken, das alle Lebensbereiche durchtränkt hat. Nicht ohne Grund lehnten viele Marxisten der Zeitgeschichte den Glücksbegriff als konterrevolutionär ab.

Beim Glücksspiel steht der Mensch, ganz ähnlich wie bei der Glückssuche, auf »schwankendem Boden«, wie es der Soziologe Robert Hettlage beschreibt: »Das ständige Auf und Ab zwischen Chance, Erfolg und Misserfolg, zwischen freudigen Glücksmomenten und Niedergeschlagenheit, zwischen den Aktiva und Passiva des Lebens durchzieht unsere ganze Biografie.« Glück erfordert also eine soziale Kompetenz, Hirn und Herz sozusagen, auch beim Spielen.

Kalhamer und ich fangen mit dem beliebtesten und vielleicht auch einfachsten Glücksspiel der Welt an: dem französischen Roulette. Die drehbare Scheibe, der Roulettekessel, hat sechsunddreißig Nummernfächer, abwechselnd rot und schwarz, dazu kommt die grüne Null.

Man kann die Jetons auf Zahlen setzen oder auf andere Wahrscheinlichkeiten wie Gerade und Ungerade, Schwarz und Rot. Es gibt Bücher über Glücksspiel, in denen steht, dass jede Art von System beim Roulette reiner Selbstbetrug ist.

Dostojewskijs Spieler Alexej Iwanowitsch sieht das zunächst ähnlich, wenn er in der Spielbank andere Zocker beobachtet: »Sie sitzen über ihren linierten Blättern, notieren Einsätze, Ergebnisse, ziehen Folgerungen, rechnen, kalkulieren ihre Chancen, setzen endlich und – verspielen ebenso wie wir, gewöhnliche Sterbliche, die ohne Strategie spielen.«

Auch Wilhelm Kasda in »Spiel im Morgengrauen« setzt beim Black Jack nach dem »System Flegmann«: »Mit einem geringen Einsatz beginnen; nicht höher zu gehen, bevor man einmal gewonnen hat, dann aber niemals das Ganze aufs Spiel setzen, sondern nur dreiviertel des Gesamtbetrags – und so weiter.« Aber egal, wie er es angeht: Am Ende verzockt Kasda restlos alles, was er besitzt.

Iwanowitsch redet sich nach einiger Zeit, da ihn das Spiel in seiner Gewalt hat, ebenfalls ein, sein Glück am Roulettetisch erzwingen zu können, denn es gebe zwar kein System, aber doch »zumindest eine Ordnung«, die er »höchst merkwürdig« und geheimnisvoll findet.

Er wird darüber spielsüchtig, ist so erregt, dass er funkelnde Augen, schweißnasse Schläfen, ein »heftiges Herzklopfen hatte und keineswegs kaltblütig war«. Der Körper vibriert: Zum Spielen gehört auch immer die Angst, für einen Süchtigen zumal.

Kalhamer sieht das alles vor den Prinzipien der Logik. »Es ist ganz einfach«, sagt er. »Du setzt immer auf Rot oder Schwarz, nach jedem Spiel verdoppelst du den Einsatz. Die Chance zu gewinnen, liegt ja bei fast fünfzig zu fünfzig. Das machst du so lange, bis du einmal gewonnen hast. Dann hörst du auf.«

»Aber ich will doch reich werden«, wende ich ein.

»Dann hörst du auf«, wiederholt Kalhamer ruhig.

Es klingt zwar nach einer langweiligen Strategie, aber Kalhamer hat recht: Auf diese Weise ist ein Gewinn – fast – garantiert, das leuchtet sogar mir ein, der ich im Mathematikunterricht immer abgeschaltet und mir den Lehrer im rosa Hasenkostüm vorgestellt habe.

Für Black Jack braucht es mehr, um etwas zu gewinnen. Hier muss man Karten zählen. Wie es geht, dokumentiert der Film »21« mit Kevin Spacey und Jim Sturgess von 2008. Vorlage für den Streifen war das Sachbuch »Bringing Down the House« von Ben Mezrich.

Es handelt von Kartenzählern, die Casinos weltweit durch ihre Cleverness am Black-Jack-Tisch abzocken. Genau, was ich vorhabe. Aber reicht mein Grips dafür?

Kalhamer zieht seine geheimen Aufzeichnungen hervor und zeigt mir ein Rechenbeispiel, das er im Alter von acht Jahren aufgeschrieben hat.

»Mit acht hab ich fast noch im Sandkasten gespielt«, sage ich ungläubig.

»Jeder Mensch ist anders«, antwortet Kalhamer, erneut ohne jede Gefühlsregung.

Die Regeln von Black Jack: Gespielt wird mit 312 Karten. Gewonnen hat, wer mit zwei oder mehr Karten näher an 21 Punkte herankommt als der Croupier. Wer mehr als 21 Punkte hat, verliert das Spiel.

Beim Kartenzählen ist dann die entscheidende Frage, ob die Bank überziehen wird. »Bei Bankkarten zwischen Zwei und Sechs zocken wir im eigenen Entscheidungsbereich zwischen 12 und 16, kaufen keine weitere Karte. Hält die Bank aber eine bessere Karte, gehen wir ein höheres eigenes Risiko ein und kaufen eine Karte.«

Es gibt gleich viele Zweien wie Dreien und auch ebenso viele Vieren, Fünfen, Sechsen, Siebenen, Achten und Neunen. Aber Zehnen gibt es viermal so viele. Denn neben der Zehn zählt auch

Bube, Dame und König jeweils 10 Punkte. Das Ass zählt wahlweise 11 oder auch 1 – je nachdem, was besser an die gewünschte Zielpunktzahl von 21 herankommt.

»Das Casino spielt nach einfachen Regeln. Es trifft keine Entscheidungen, arbeitet nur ab. Bis 16 Punkte zieht es eine weitere Karte, ab 17 nicht mehr. Deshalb geht es darum, das Casino mit einer hohen Startkarte, insbesondere größer als Sechs, direkt stoppen zu können.« Denn eine vierfach wahrscheinliche Zehnpunktekarte führt in den ›Stoppbereich‹ des Hauses zwischen 17 und 21. Das senkt das Risiko der Bank, per Überbieten zu verlieren.« Hä?

»Somit sollte der Spieler gegen hohe Karten bei der Bank eher geneigt sein, ein eigenes Risiko in Kauf zu nehmen, als gegen schlechtere Karten wie direkt der Sechs oder auch der Fünf als Startkarte«, sagt Kalhamer mit wissender Miene. Ich versuche, souverän auszusehen.

»Erscheint etwa auf die Fünf eine Zehn, so lassen wir die Bank nun ungefähr die Hälfte aller Folgekarten überbieten.«

Er führt seinen Monolog fort: »Optimiert man nach diesen Erkenntnissen das eigene Spielerverhalten nach mathematischen Erwartungswerten, so lässt sich eine Spielstrategie formulieren, die bei frischem Kartenwerk zu weniger als 2 Prozent zu einem erwartungsgemäßen Verlust führt.«

Nun kommt Cardcounting ins Spiel. »Zählt man die Frequenz mit, in der hohe Karten bereits gezogen wurden, so verändern sich für die verbleibenden Karten die Auftrittswahrscheinlichkeiten für hohe Karten entsprechend.« Immer wenn noch besonders viele hohe Karten im Restdeck seien, verändere sich die Gewinnerwartung kurzfristig in einen leichten Vorteil für den Spieler.

Diesen Zeitpunkt erkennt man über das Kartenzählen und schraubt dann seinen eigenen Einsatz massiv in die Höhe, ehe sich wieder der Normalzustand eines leichten Verlustspiels einpendelt. So schlägt man das Spiel.

EIGENE VERSUCHE AM SPIELTISCH

Setzt man etwa in 90 Prozent aller Spiele einen Einsatz von 100 Dollar unter 2 Prozent negativer Erwartung, so verliert man hier langfristig folgenden absoluten Betrag nach Erwartung: 9*$100*2%=$18; die Gleichung schreibt Kalhamer auf einen Notizzettel.

In den anderen 10 Prozent aller Spiele aber setzt man 5000 Dollar unter 1,5 Prozent positiver Erwartung. So gewinnt man hier nach Erwartung 1*$5000*1,5%=$75.

Über viele Spiele bleibt somit ein Gewinn von 56 Dollar alle zehn Spiele. »Man schlägt das Haus, denn es werden circa 80 Hände die Stunde gespielt. Eine solche Strategie ist bei fehlerfreier Durchführung gute 400 Dollar pro Spielstunde wert«, sagt der Coach und scheint kein bisschen angestrengt.

Aha. Verstanden habe ich nicht wirklich viel. Schon an dem ersten Rechenpunkt steige ich aus. Da ist nix mit Kartenzählen.

Dieser Kalhamer ist ein Phänomen. Kann seine Rationalität tatsächlich den Zufall aushebeln? Bevor es ganz peinlich für mich wird, setze ich das Gesicht eines gelehrigen Schülers auf und murmle: »Alles klar!«

Glaubt man Kalhamer, ist von allem, was unter Glücksspiel firmiert, das Pokern die Disziplin, die ab einem gewissen Niveau nichts mehr mit Fortune, sondern fast nur noch mit Geschick und Können zu tun hat, vergleichbar mit dem Denksport Schach. Aber wie kann ich als mittelmäßiger bis miserabler Spieler den anderen möglichst viele Pots stehlen?

Kalhamer coacht mich jetzt richtig, ich fühle mich wie ein Maurerlehrling, der Stein für Stein eine Wand hochzieht – und je mehr er sich anstrengt, desto schiefer wird sie.

Kalhamer sagt: »Einen vakanten Pot nehmen wir mit. Zeigt der Gegner kein Interesse und sind die Karten in der Mitte unattraktiv, so gewinnt die erste Wette häufig genug, um profitabel zu sein. Liegt der Pot etwa bei 100 und schiebt der Gegner unter einem Flop – den ersten aufgedeckten Karten auf dem Tisch – von

9-6-2 zu uns, so ist ein Bluff in Höhe von 50 bereits ein Geschäft, sobald er in etwa einem Drittel aller Fälle funktioniert.«

Und weiter: »Denn der zweifache Verlust von 50 wird durch einen einzigen Sieg in Höhe von 100 wettgemacht.« Das Handeln am Spieltisch muss, retrospektiv und prospektiv, immer neu ausgerichtet werden. Hm.

Ein paar Tage später sitze ich am Spieltisch. Ich will mein geballtes Wissen jetzt einsetzen. Kalhamers Coaching war nicht umsonst, sage ich mir. Ich träume, dass ich bei der Rückreise nach Deutschland auf First Class upgraden werde, bin ich dann doch reich und im Rausch.

Ich fange am Roulettetisch in Caesars Palace an. Nicht etwa, dass ich dort logieren würde, mein Zimmer ist eine billige und heruntergekommene Persiflage auf ein Hotel. Aber es ist noch kein Meister vom Himmelbett gefallen, denke ich mir.

Mit mir am Tisch sitzt eine dralle Blonde, die eine pinkfarbene Federboa um den Hals gewickelt trägt. Daneben ein Asiate mit verschlagenem Aussehen. Außerdem ein Anzugträger aus Kalifornien mit einem Glas Bourbon auf Eis in der Linken.

Wer im Casino spielt, bekommt die Drinks für umme gereicht. Aber ich trinke lieber O-Saft. Ich bin zwar nervös und könnte einen Kurzen vertragen, aber ich will Herr meiner Sinne bleiben.

Ich setze 20 Dollar auf Rot, verliere. Setze 40 Dollar auf Rot, gewinne. Setze die 80 Dollar auf Schwarz und gewinne wieder. Dann 160 Dollar auf Rot, das Spiel verliere ich. Bin ich eigentlich verrückt? Hier geht es jetzt nach ein paar Minuten um beträchtliche Summen, jedenfalls für mich.

Aber was soll's: Ich setze schließlich 320 Dollar auf Rot und gewinne. Insgesamt habe ich 180 Dollar verloren und 440 Dollar gewonnen. Macht ein Plus von 260 Dollar. Nicht schlecht. Das Geld stecke ich ein und schlafe mit einem Lächeln in meinem Kingsize-Bett im Rumpelhotel ein.

EIGENE VERSUCHE AM SPIELTISCH

Wenn wir Glück empfinden – ob am Tage oder in der Nacht – so wie ich gerade, lässt sich das, Stand der Forschung heute, biochemisch aus den Vorgängen in unserem Gehirn erklären. Es gibt eine physiologische Grundlage für unser Wohlbefinden.

Neurobiologen haben herausgefunden, dass im limbischen Gehirnareal an den Synapsen körpereigene Botenstoffe mit opiatartiger Wirkung ausgeschüttet werden. Diese Neurotransmitter heißen Dopamin, Serotonin und Noradrenalin.

Wenn wir etwas Leckeres essen, wenn wir eine gute Nachricht erhalten, uns in einer Gruppe wohlfühlen oder guten Sex haben, belohnt sich das Gehirn und lässt die Hormone raus.

Verschiedene Drogen wie MDMA, Amphetamin oder Kokain gehen weiter und sorgen für eine kurzzeitige Mehrausschüttung der Glücksstoffe. Und depressive oder schizophrene Menschen haben, so glaubt die Medizin, Störungen in diesen Hirnsystemen.

Aber es geht nicht nur um Essen und Sex. Schon 2001 haben Hirnforscher festgestellt, dass bei Glücksspielen um hohe Geldbeträge die Aktivität der Botenstoffe in den für Glück zuständigen Hirnarealen deutlich ansteigt. Auch Black Jack und Co. wirken also belohnend. Genauso fühle ich mich an jenem Abend.

Angefixt vom monetären Erfolg schlurfe ich am nächsten Tag ins Harrah's und bleibe am nächstbesten Black-Jack-Tisch stehen. Die Dealerin ist alt und ihr verhärmtes Gesicht erinnert eher an eine Gouvernante denn an eine Glücksfee.

Aber ich brauche ja kein Glück, ich weiß ja, wie's geht. Das entscheidende Spiel läuft, wie es Kalhamer vorhergesagt hat. Bei der Bank liegt die schlechteste Karte und in meiner Box finden sich zwei Achten. Stolz verdopple bereitwillig meinen Einsatz.

Nun liegen die beiden Achten einzeln und erhalten neue Karten oben drauf. Eine Dame und sogar ein Ass. Ich halte einmal 18 und einmal sogar 19. Was in der nächsten Sekunde geschieht, ist mir unheimlich. Die Dealerin bastelt mit einer Kunstfertigkeit, die mir bis in alle Ewigkeit in Erinnerung bleiben wird, eine 20. Ich verliere beide Spiele.

Mein Frust sitzt so tief wie ein mittelschwerer Liebeskummer. »Warum kann ich so was nicht?«, frage ich mich immer wieder. Es ist Wochenende und ich beschließe, eine Pause vom Gambling zu nehmen, stromere durch die Glitzerstadt wie ein hungriger Kater.

Als ich den Strip hoch- und runterlaufe, denke ich: Diese Stadt ist echt *fake*. Und ich zweifle, ob ich diesen Ort länger ertragen kann, frage mich, was man hier außer Geld verzocken eigentlich tun kann. Mir fällt nichts ein. Zumindest nicht in diesem Moment.

Ich muss es jetzt beim Pokern schaffen. Es ist Abend, gegessen habe ich wenig, mein Magen ist im Tilt-Modus. Ich gehe wieder ins Harrah's, setze mich an einen Tisch.

Der Dealer gibt die Karten aus. Die ersten Hände werfe ich weg, weil ich nur Mist bekomme.

Dann halte ich plötzlich ein Paar aus zwei Damen. Das könnte was sein oder könnte was werden. Ich erhöhe saftig und zwei Spieler ziehen mit. Auf dem Tisch liegen ein Bube, eine Neun und eine Fünf. Ruckzuck liegen meine Jetons in der Mitte.

»Kein Herz, kein Herz«, denke ich, in mir pocht es. In einer endlos wirkenden Minute erscheint die Pik Zwei und als letzte Karte die Karo Sechs am Tisch. Ich atme erleichtert auf, erwarte meine Ausschüttung.

Dann aber sehe ich das stolz grinsende Gesicht meines Gegenübers. Er präsentiert beim Showdown mit einer Sieben und einer Acht eine Straße. Sein »Vegas Baby« höre ich nur mehr entfernt in meinem Rücken, als ich mich trolle.

Dostojewskijs Spieler bekennt: »Ein Gentleman darf, auch wenn er sein ganzes Vermögen verspielt, keine Aufregung zeigen.« Irgendwie habe ich auch diese Lektion nicht gelernt.

EIGENE VERSUCHE AM SPIELTISCH

Gerade beim Poker gehören die Verluste einfach dazu, glaubt man den Soziologen Uwe Schimank und Thomas Kron. Und auch Verluste können glücklich machen.

Sie schreiben: »Das Verlieren gehört unter dem Aspekt essenziell dazu, kann man doch auf diese Weise dem angestauten Ärger aus dem Ernst des Lebens stellvertretend Luft machen. Wer kennt nicht die befreiende Wirkung schlechter Karten: Man darf sich legitimerweise erregen und kann so den Ärger über eine erst kürzlich widerfahrene ungerechte Behandlung durch den Chef endlich loswerden, ohne sich dazu den anderen und sogar sich selbst gegenüber offenbaren zu müssen.«

Gerade im Beruf erfolgreiche Menschen suchten im Glücksspiel das Gefühl, verlieren zu können. Vielleicht bin ich im Beruf nicht erfolgreich genug: Mich frustet das Erlebnis spürbar.

Die Spielbank habe ich nicht über den Tisch gezogen, am Ende bin ich ein Verlierer – wohl nur einer unter vielen, aber immer noch ein Verlierer. Ohne große Ambitionen setze ich mich an einen einarmigen Banditen und schiebe eine Zwanzig-Dollar-Note hinein. Ich wähle die Variante, bei der jedes Spiel einen Cent kostet.

Jetzt habe ich Kalhamers Rationalität verworfen und stelle mich der Glücksgöttin Fortuna. Warum so tun, als könnte man sein Schicksal am Spieltisch beeinflussen? Ich zumindest kann das nicht. Zwei Stunden hocke ich da und bin bis dahin 6,23 Dollar im Minus. Aber der Wirt hat seine Rechnung in diesem Fall ohne mich gemacht.

Schon vergessen? Wer in Vegas spielt, bekommt Freigetränke. Und das habe ich ausgekostet: vier Gin Tonic vernichtet.

Ein bisschen habe ich das Casino doch bluten lassen. Aber ich bin weder Gambler noch Kartenzähler noch ein erfolgreicher Bluffer beim Poker.

»An allem bekommt man schließlich Überdruss«, schrieb schon der griechische Dichter Aristophanes und meint damit genau, was ich gerade empfinde: Jedes Glück ist eitel. Aber fasziniert von dieser Zockerwelt bin ich trotzdem. Las Vegas ist ein Stück weit mein Schicksal, das ich nicht abschütteln kann. Die Suche nach dem Glück geht für mich weiter.

Einen Tag darauf beschließe ich, ein bisschen zu recherchieren, was das Pokerspielen angeht. Zumindest in dieser Disziplin wäre ich gerne etwas erfolgreicher. Recherchieren, das kann ich als Journalist.

Wie schon festgestellt: Poker ist ein Denksport und Geschicklichkeitsspiel. Es gibt einen Glücksfaktor, aber auf lange Sicht gewinnt ein versierter Spieler immer mehr, als er verlieren wird.

So weit, so gut. Ich will es jetzt wissen und surfe am Schreibtisch im Hotel auf einschlägigen Seiten. Was mich vor allem interessiert: Warum sind unter den Profispielern so viele Mathematiker und studierte Betriebswirte, also Zahlenmenschen?

Eine These aus dem Internet: Das strategische Verhalten am Pokertisch und in einem Unternehmen gleicht sich. Mittlerweile gibt es wissenschaftliche Arbeiten und Bücher, die sich mit diesem Phänomen beschäftigen. Die Spieltheorie stellt fest, dass typische Probleme ökonomischen Verhaltens mit den mathematischen Vorstellungen von strategischen Spielen übereinstimmen.

Jede Spielsituation beim Poker stellt also eine vereinfachte Wirtschaftssituation dar? Steven van Zadelhoff, mein Pokerheld, und ein landläufiger Manager üben ihren jeweiligen Beruf oft mit einer ähnlichen Denke aus – und das, obwohl der eine ein Spieler, der andere Geschäftsmann ist.

In einem Betrieb hat die Gewinnerzielung oberste Priorität. Rentabilität und Marktorientierung bestimmen die Zielsetzung. Der Homo oeconomicus ist ein nur rational denkender Mensch, der sich bei begrenzten Ressourcen und vollständiger Information immer ökonomisch sinnvoll verhält.

Zum *homo felix,* also zum glücklichen Menschen, wird er damit nach Meinung vieler Manager gleich mit, aber das muss nicht stimmen, wie ich immer wieder feststelle.

Jedenfalls setzt er das Firmenkapital je nach Gewinnerwartung risikoreicher oder risikoärmer ein. Zocken gehört dazu, man muss gierig sein. In »Der Spieler« sagt die Hauptfigur Alexej Iwanowitsch trocken: »Ich kann an dem Wunsch, möglichst schnell und viel zu gewinnen, nichts Schmutziges sehen; der törichte Gedanke eines wohlgenährten und wohlbestallten Moralisten kam mir schon immer sehr dümmlich vor.«

Amateure, die man leicht ausnehmen kann, heißen bei den Profipokerern Fische. Und es gibt ein Sprichwort: Wenn du nicht weißt, wer am Tisch der Fisch ist, dann bist du es selber.

Charles Nesson, Juraprofessor in Harvard, hält ebenfalls große Stücke auf das Kartenspiel, so steht es auf seiner Homepage. Teenager könne das Spiel Tugenden wie Geduld, Selbstbeherrschung und Respekt lehren. »Für das persönliche Finanz- und Risikomanagement gibt es kein besseres Lehrmittel als Poker«, ist sich der Wissenschaftler sicher.

Unter Spielern wird an der eigenen Spielfertigkeit gefeilt. Es ist wie beim Fußball: Nur wer emsig jongliert, bekommt ein Gefühl für den Ball. Aber: Nur etwa sechs Prozent aller Pokerspieler weltweit gewinnen mehr Geld, als sie verlieren, heißt es in verschiedenen Studien zum Thema, wie ich im Internet nachlese.

Der Rest sind eben doch Fische, die man ausnehmen kann. Zu denen gehöre leider auch ich. Ich nehme mir vor, mich noch einmal mit Coach Kalhamer zu treffen.

Für heute habe ich genug gelernt! In den nächsten Tagen werde ich es noch einmal versuchen. Aber zuerst muss ich raus aus Vegas. Der Koller ist zurück.

Kapitel

4

Raus aus der Glitzerstadt

»*Die Natur betrügt uns nie. Wir sind es immer,
die wir uns selbst betrügen.*«
JEAN-JACQUES ROUSSEAU, FRANZÖSISCHER
DENKER (1712–1778)

Die Stadt holt Luft von ihrem Rausch. Morgens um halb sechs ist Vegas wie Wanne-Eickel: die Straßen leer, die Bordsteine verwaist.

Bald werden die einarmigen Banditen in den Casinos wieder von den Spielern bearbeitet. Bald die Wasserfontänen vor dem Hotel Bellagio in die Luft schießen wie Mörsergranaten. Bald die Obdachlosen an den Straßen Position beziehen. Der Strip wird wieder voll sein und es wird schnell Abend werden, denn der Abend macht den Tag in der Zockerstadt.

»Was in Vegas passiert, bleibt in Vegas«, so ein geflügeltes Wort in den Vereinigten Staaten, spätestens bekannt aus den »Hangover«-Filmen. Für mich muss es heißen: Wer in Vegas ist, bleibt nicht in Vegas. Denn ich will weg, will mein Glück woanders versuchen, die Sehnsucht nach der Weite treibt mich hinaus.

Die Wüste ruft!

Ich will mit dem Auto die Natur und die Freiheit genießen. Bei diesem Roadtrip zählen nur die Emotionen, das weiß ich noch von meiner ersten Reise nach Las Vegas 1999.

Ich fahre knapp zweihundert Kilometer durch die Mojave-Wüste, es geht von Las Vegas nach Beatty, einem Örtchen am Rande des Death Valley. Die Kakteen sind das einzige Grün. Sie fliegen bei der Fahrt an mir vorbei, als seien sie kleine Gespenster. Ich klappe das Verdeck herunter, genieße Landschaft und die Sonne, die momentan noch nicht so herunterbrennt – in ein paar Stunden wird die Klimaanlage fast vor ihr kapitulieren.

Es ist eine Fahrt durchs Nirgendwo gen Ende der Welt. Unterwegs haben sie einen Knast mitten in die Wüste gebaut; da steht ein Schild am Straßenrand: »Gefängniszone, Trampen verboten«. Wer in dieser Gegend per Anhalter unterwegs ist, muss ein schwerer Junge sein, würde sich doch niemand hierher verirren.

Über den kargen Boden treibt der Wind abgerissene Büsche, die aussehen wie Wollmäuse, die beim Lüften über die Dielen einer ungeputzten Wohnung wehen.

Rund hundertsechzig Kilometer nördlich von Las Vegas dann plötzlich Häuser. Wer nach Beatty kommt, sieht ein paar verstaubte Straßen, viele Trailerparks und alte Straßenkreuzer, ein kleines Krankenhaus.

Aus dem Autoradio tönen Akkorde einer Westerngitarre samt einer trockenen Stimme: »I'm a Countryman, Got a Four-Wheel Drive«. Es existiert wohl kein Song, der besser zu Beatty passt. Denn hier gibt es vor allem zwei Dinge von Interesse: ansässige Cowboys und Autotester aus der ganzen Welt.

Mir fällt ein Mann am Straßenrand auf. John Hamilton ist dreiundfünfzig Jahre alt und so etwas wie ein Schrotthändler. Er hat eine Sammlung, vornehmlich Ware aus Metall. Alles von der alten Nagelfeile über das Hufeisen bis zur verrosteten Karosserie eines Autos aus den Siebzigern bietet Hamilton seinen Käufern.

Nach Beatty kam er vor vierzehn Jahren, fuhr zufällig durch den Ort und beschloss zu bleiben.

»Ich mag die Ruhe und den Frieden. Das hier ist meine letzte Station«, sagt Hamilton. Zwar könne er von seinem Handel allein nicht existieren, aber im Leben gehe es nicht nur ums Geld.

»Wovon leben Sie dann?«, frage ich.

»Na, ein bisschen muss der Staat schon noch dazuschießen«, sagt er und sein Lächeln offenbart Zähne, die wie Erdnüsse aussehen.

Hamiltons Lieblingskneipe ist nur einen Block weiter. Hier treffen sich im Sommer besagte Autotester aller Marken.

Sie bringen ihre Erlkönige, die neuesten Prototypen, im rund sechzig Kilometer entfernten Death Valley unter Extrembedingungen an ihre Grenzen. Und weil auch diese Männer in geheimer Mission ein Feierabendbier brauchen, gibt es eine Kneipe, wo sie sich treffen, seit Jahrzehnten schon: Den Sourdough Saloon mitten in Beatty mit seinen tausend Einwohnern.

Von außen wirkt das Holzhaus unscheinbar. Die Kneipe muss geschlossen sein, kein Licht dringt heraus und das »OPEN«-Schild im Fenster leuchtet nicht. Aber dann geht die Türe auf und ein dicker Mann wankt heraus.

Der u-förmige Tresen im Saloon ist gut besetzt. »Autotester? Ja, die kommen immer abends. Was trinkt ihr?«, fragt mich Sherry, die Aushilfskellnerin.

Auf der Herrentoilette über dem Pissoir hängt ein Schild: »Schmeißt hier keine Zigarettenstummel rein. Dieselben Finger, die sie wieder rausholen, geben euch die Eiswürfel ins Glas.« Das ist die Tonart im Sourdough Saloon: forsch, aber herzlich.

An den Wänden haben sich Generationen von Autotestern verewigt. Es begann damit, dass ein Team von Mercedes 1974 nach erfolgreichen Tests eine Radkappe an die Wand nagelte. Seither lassen die Ingenieure und Testfahrer aller Marken irgendetwas von sich da.

Das Lenkrad eines Minis, das ganze Rad eines Volvo-V8-Prototypen, ein Rolls-Royce-Kühlergrill, ein Jägermeister-T-Shirt von den VW-Testern samt einem ganzen Zylinderkopf, die Stoßstange eines Nissan.

Besonders auffällig ist das Geschreibsel auf dem Kühlergrill eines Ford GT, Baujahr 2004, Nachfolger des legendären GT 40 aus den Siebzigerjahren des vergangenen Jahrhunderts. Auf dem Grill steht: »0 – 60 MpH: 3,3 sec. 205 MpH Maximum. Modena am Arsch. Noch Fragen?«

Zwischen den Autoteilen ist jeder freie Quadratzentimeter mit Ein-Dollar-Noten vernagelt, auf denen Grußbotschaften geschrieben sind. Auf einem Schein steht: »Ruthy is a hot mama.«

Punkt achtzehn Uhr, Auftritt Miss Ruthy, die Wirtin, die eigentlich Ruth Bendekovics heißt und den Laden seit sechzehn Jahren führt. Im Schlepp hat sie ihren Mann Benny. Ruth ist einundsechzig Jahre alt, Benny schon siebzig. Er leidet an Kehlkopfkrebs, kann seit einigen Jahren nicht mehr sprechen.

Dafür schreibt er alles, was er mitteilen will, auf einen gelben Notizblock. »Die deutschen Tester trinken immer am meisten, aber sie bleiben friedlich. Sie sind kontaktfreudig«, schreibt Benny mir auf und lächelt dabei. Die Japaner seien dagegen sehr zurückgezogen und mischten sich nicht unters Kneipenvolk.

Dann sind sie plötzlich da. Benny zupft mich am Ärmel, deutet mit seinem Zeigefinger, als sei er E.T. und wolle nach Hause, auf zwei Männer, die gerade hereingekommen sind und Platz nehmen, der eine dürr mit Raspelhaarschnitt, der zweite stämmig im Harley-Davidson-Shirt. Benny schreibt eine deutsche Automarke auf den Zettel und zeigt erneut auf die beiden.

Jan A. und Kai-Uwe N. sind geschafft von ihrem Tag. Vor ihnen stehen zwei Pils mit Blume. Sie haben heute den ganzen Tag in der Hitze getestet. Wenn ein Wagen dieser Hölle standhält, kann eigentlich nicht mehr viel passieren. Dann packt er es überall auf der Welt.

»Der Saloon ist Kult«, sagt Jan A., der links einen Ohrring trägt. Es habe sich über Mundpropaganda schnell verbreitet, dass alle Tester hier ihr Bier tränken. Und das Essen sei großartig.

Man erkenne die Kollegen von den anderen Autobauern, geredet würde aber kaum etwas außer Hallo und Tschüss. Er prostet mir zu.

»Was wir hier machen, ist topsecret. Wir reden nicht über die Arbeit, mit niemandem, auch nicht mir dir. Da wird der Abstand gewahrt«, sagt Kai-Uwe N. mit bestimmtem Ton.

»Kein Problem«, sage ich nonchalant und würde in Wirklichkeit doch gern viel mehr erfahren von den zweien.

Die Geheimnisse der Autobauer werden geheim gehalten wie die Protokolle der Freimaurer und geschützt wie die Goldmillionen der Bundesbank. Nicht mal ihren Frauen erzählen die Tester Details.

Sie kommen immer im Sommer und wohnen im einzigen Hotel am Ort; wenn sie eigens für die Tests aus Deutschland eingeflogen werden, bleiben sie meist ein paar Wochen.

Manchmal mietet ein Konzern auch die ganze Schule von Beatty, wenn gerade Ferien sind. Dann richten sie eine Werkstatt ein und die Klassenzimmer werden kurzerhand zu Hotelzimmern.

Ein paar Tage nach dem kurzen ›Interview‹ mit den Jungs kommt eine E-Mail der beiden Ingenieure an mich: Es dürfe in der Reportage weder ihr voller Name noch die Automarke genannt werden. Dies sei das Ergebnis einer Rücksprache mit den Vorgesetzten. »Andernfalls muss auf die Reportage ganz verzichtet werden«, steht noch in der Mail. Verzichtet wird sicher nicht, denke ich. Aber anonymisieren ist Ehrensache.

Bernhard Lechner, Entwicklungsingenieur in der Antriebsentwicklung bei BMW, war 2009 in Beatty. Auch er bestätigt mir bei einem späteren Gespräch in Deutschland die Geheimniskrämerei: »Die Fahrten im Death Valley sind der Feinschliff. Da lässt man sich nicht in die Karten gucken.«

Bei den Tests gehe es darum, die letzten Fehler eines Prototypen zu erkennen und auszumerzen. Zwischen den Testern verschiedener Marken herrsche ein kollegiales Verhältnis. Wenn sie mal ein Werkzeug gebraucht hätten, seien die Kollegen von Mercedes hilfsbereit gewesen.

Den Saloon schätzt Lechner sehr. »Man lebt in Beatty wie in Klausur. In dem Ort ist diese Kneipe wie eine Insel. Und wenn man da zwei Wochen arbeitet, braucht man so eine Insel, damit einem nicht die Decke auf den Kopf fällt.«

In einem Punkt widerspricht Lechner aber Benny, dem Wirt: Die englischen Kollegen von Jaguar tränken um einiges mehr als die Deutschen.

Ich genieße den Geist, der durch die Bar weht. Ähnlich spannende Tresengäste habe ich nur einmal in einer Berliner Eckkneipe getroffen, als ein Ex-Stasimitarbeiter und ein Ex-DDR-Knacki ohne Groll aufeinander zusammenhockten.

Der Renner unter den Autotestern sei die Miner's Pizza mit scharfer Salami, Pilzen, Oliven und Fleischwurst, sagt Miss Ruthy und fragt mich, ob ich auch etwas essen wolle.

»Ja, bitte. Die probiere ich«, entgegne ich und verbrenne mir gleich den Gaumen an der heißen Pizza.

»Die Jungs bringen uns guten Umsatz, von dem wir mittlerweile abhängig sind. Aber das geht eigentlich niemanden was an.« Sie redet meist nur, wenn sie angesprochen wird, und vereint dabei eine Mischung aus Schüchternheit und Raubauzigkeit – für diesen eigenwilligen Charme ist Ruthy bekannt.

Die Tester von BMW haben ihr wegen ihrer kurzen roten Haare einen Spitznamen verpasst: Pumuckl. Und weil Amerikaner den Pumuckl nicht kennen, brachten die Deutschen einen ausgedruckten Pumuckl mit, der jetzt an der Bar klebt. Miss Ruthy war nicht beleidigt. »Wenn man keine Menschen mag, darf man keine Kneipe eröffnen«, sagt sie und sieht, als sie mich anschaut, dabei so gar nicht aus, als möge sie Menschen.

Der Ventilator surrt in der Luft wie ein Windrad und schneidet den aufsteigenden Zigarettenrauch in kleine Filets. Es gibt fünf Sorten Whiskey, den Miss Ruthy ausschenkt, alles Bourbon. Harte Drinks für harte Kerle. Daneben steht eine Flasche Amaretto, die seit Jahren nicht angerührt worden ist. Amaretto ist was für Memmen. Miss Ruthy ist die Einzige, die die Musikbox füttert. Jetzt läuft »Viva Las Vegas« von Elvis.

Die Gäste spielen ein Würfelspiel. Man setzt einen Dollar. Würfelt man ein Full House, gibt es einen Freidrink. Bei vier Gleichen einen Sixpack Bier, bei fünf Gleichen gewinnt man den Pott, in dem gerade einunddreißig Dollar drin sind. »Das spielen die Leute von Mercedes besonders gern«, schreibt Benny. Wo es was zu gewinnen gibt, sind die Schwaben nicht weit, denke ich. Und wir wären nicht in Nevada, wenn nicht auch hier um Geld oder irgendeinen Sachwert gespielt würde. Das Gezocke verfolgt mich überallhin.

Benny ist aufgedreht, er kritzelt die Seiten seines gelben Blocks so schnell voll, als wäre er Gerichtsschreiber.

Sein Stolz ist die komplette Schnauze eines Mercedes SLK, die in die Wand eingelassen ist und deren Blinker und Scheinwerfer man über eine Fernbedienung leuchten lassen kann. Die Geschichte dazu: Nachdem die Entwickler von Mercedes die Schnauze zu Hause in Deutschland hatten bauen lassen und dem Sourdough Saloon zum Geschenk gemacht hatten, kamen mal wieder die Jungs von BMW vorbei.

»Die haben dann die Spritzwasseranlage so umgebaut, dass das Wasser nach vorne rausspritzt. Und als die von Mercedes wiederkamen, haben wir sie per Fernbedienung nass gemacht«, schreibt Benny auf und lacht dabei wieder sein stimmloses Lachen.

Im Saloon sind die Autotester wohl gelitten. »Wenn meine Karre Zicken macht, frage ich die und die helfen mir«, sagt Dan Borowski, ein sechsundsechzigjähriger Kneipengast, der mit seinem weißen Bart aussieht, als spiele er bei ZZ Top mit und der das F-Wort mindestens einmal pro Satz daherflucht.

Die Musikbox spielt »Hurt« von Johnny Cash. Dann geht die Tür auf. Schwarzer Cowboyhut, Revolver im Halfter, den Stern an der Brust. Der Marshall kommt herein und geht sofort auf die Fremden zu.

»Ich will Ihre Papiere sehen«, sagt er zu mir und fängt nach einer Pause an, laut zu lachen.

Der Mann heißt John Cobert und macht bei den Beatty Cowboys mit, einer Gruppe von sechzehn Männern, die sich als Hobby in Wildwestmanier kleiden.

Cobert kommt aus New York City, war dort U-Bahn-Fahrer und wollte es nach seiner Pensionierung etwas ruhiger haben. In Beatty ist es ruhig. Was er von den Autotestern halte?

»Die sollen sich hier nur benehmen, sonst ...«, sagt er und zieht den Revolver, um dann wieder inbrünstig zu prusten.

Um halb neun sind die beiden deutschen Fahrzeugtester müde und trollen sich. Kurz darauf liegen sie in ihren Hotelbetten. Die Wüste ruft. Morgen sind sie wieder auf der Piste.

Und ich auch.

Ich breche frühmorgens zum Death Valley auf. Das Tal des Todes ist schon jetzt ein Glutbecken und der heiße Wind nährt diese Hitze wie ein Blasebalg. Im Wagen dagegen ist es noch sicher und kühl.

Sobald ich aber die Tür öffne, um ein Foto zu schießen, reißt mir der Wind fast die Kamera aus der Hand, so stark bläst es draußen. Was für ein Spektakel! Hier spüre ich, was es damit auf sich hat, wenn Leute von der rauen Natur sprechen und von deren unbändiger Kraft.

Ein besonderes Motiv für mein Rund-um-Las-Vegas-Fotoalbum: das Badwater Basin, ein großer Salzsee inmitten der Wüste, sechsundachtzig Meter unter dem Meeresspiegel. Die Sonnenbrille auf der Nase, schaue ich von der Straße aus durch die Objektive ins Tal, das aussieht, als hätte man es mit weißem Spritzbeton überzogen. So etwas habe ich noch nie gesehen.

Das Fahrerlebnis steigert sich weiter bei der Route über den Artist Drive. Serpentinenhaft schlängelt sich diese Einbahnstraße durch die Felsen des Death Valley, fast wie der Weg auf einen Weinberg am Kaiserstuhl in Baden. Die Pferdestärken treiben mich zügig den Hügel hinauf, wenn ich das Gaspedal sachte streichle. Was für eine schöne Strecke!

Als ich die Schlängelroute und mit ihr die schützenden Bergformationen hinter mir lasse, wehen die Sandkörner in hellen Schwaden über die Fahrbahn, traktieren die silbergraue Karosserie meines Wagens wie Nadelstiche.

Ich halte auf einem Parkplatz und stehe mitten in der Wüste. Die Dünenkämme flimmern in der Abendsonne und verschwimmen mit den fernen Bergkuppen.

Ich beschließe, die Mesquite Flat Sand Dunes zu Fuß zu erkunden, keine Warnung vor Kojoten und Klapperschlangen kann mich davon abhalten.

Später genieße ich es, auch mal überhaupt keine Menschen um mich zu haben, denke über das Glück nach und wie man es findet.

Die Nazis versprachen uns Deutschen einst ein paradiesisches ›Tausendjähriges Reich‹. Das Ergebnis kennen wir alle. Andere Despoten wie Stalin, Mao Zedong und Pol Pot hatten ihre Vorstellungen von künftigen sozialistischen Paradiesen, zu denen es nicht kam. Und ihr Versuch sie zu erreichen führte jedes Mal dazu, dass viele Menschen getötet oder eingesperrt wurden.

Das Glück gehörte nicht allen, es war einigen Privilegierten vorbehalten. Ich meine, Politiker sollten vielleicht mehr in die Natur gehen. Sie würden merken, dass man dort ganz ohne Gesetze und Verbote sein Glück finden kann.

Die amerikanische Unabhängigkeitserklärung ist mir da schon sympathischer. Der exakte Wortlaut: »Wir halten die folgenden Wahrheiten für unmittelbar einleuchtend: dass alle Menschen gleich geschaffen sind, dass sie von ihrem Schöpfer mit gewissen unveräußerlichen Rechten ausgestattet sind, und hierzu gehören: Das Leben, die Freiheit und das Streben nach Glück.«

Es ist nicht die Rede davon, dass der Staat dieses Glück schaffen muss. Aber jeder Einzelne hat es in der Hand, aus dem Streben ein Bekommen zu machen. Ich gehe schlafen.

Die Nacht im Hotel von Furnace Creek war kurz, es ist früh und still, als ich wieder losfahre. Wenig später stehe ich ehrfürchtig auf der Aussichtsplattform des Zabriskie Point und warte auf die Sonne. Das Morgenlicht ist weich und taucht die Felsformationen wie in gelbe Watte. Die Farben der Felsen verwandeln sich sanft. Dunkles Braun wird zu Haselnussbraun, Ockergelb dann fast so hell wie Eierschalenweiß, Weinrot zu einem Kupferton.

Bevor ich weiter zurück in Richtung Las Vegas fahre, besuche ich ein Dorf in der Nähe.

Die Bewohner vom Volk der Schoschonen haben viel durchlitten in ihrer Geschichte, aber sie blieben ein stolzes Volk. »Unsere Tradition, unsere Religion und unsere Wüste lassen wir uns nicht nehmen«, sagt Ken, der seinen vollständigen Namen für sich behalten und nicht fotografiert werden will.

»Mörderheiß ist das«, sage ich.

»Die Hitze hier sind wir gewohnt. Wenn es im Juli und August besonders heiß wird, ziehen wir uns in die Berge zurück – dort ist es etwas kühler.«

»Was macht ihr dort oben?«, frage ich und denke an die Jagd.

»Jeder hat dort oben noch ein zweites Haus«, sagt Ken. »Wir machen nichts, reden und entspannen.«

Die Schoschonen nennen sich in den USA selbst je nach Dialekt Nimi, Neme, Newe oder Nümü, was soviel wie Volk beziehungsweise Menschen bedeutet. In Nevada und Utah lebende Gruppen heißen zudem Toi Ticutta: Esser des Breitblättrigen Rohrkolbens. Unwillkürlich muss ich an »Der mit dem Wolf tanzt« denken. Die Schoschonen waren ein Volk mit einem riesigen Wander- und Jagdgebiet. Von Wyoming bis Kalifornien gab es unzählige Gruppen.

Diese verschiedenen Volksgruppen, auf Englisch *bands* genannt, lebten oft völlig autark voneinander und schlossen sich nie zu einer großen Gruppe oder politischen Einheit mit ›offizieller‹ eigener Identität zusammen, wie es etwa bei den Cheyenne oder Lakota der Fall war.

Als Jäger und Sammler wurden die Schoschonen von Nevada Anfang des 18. Jahrhunderts sesshaft und beteiligten sich im Gegensatz zu ihren nördlichen und östlichen Verwandten nicht an der berittenen Bisonjagd, sondern lebten von den wenigen Nahrungsmitteln des kargen Erd- und Tierreichs.

Sie wurden daher abschätzig *diggers* (Buddler) genannt. Sie lebten in kleinen Kollektiven unter meist ärmlichen Bedingungen.

Viele indigene Völker Amerikas eint, dass in ihrem kulturellen Hintergrund das Glück eine große Rolle spielt. Zum Glück gehören Schönheit, Gesundheit und Freiheit von Sorgen, aber auch die Gnade, an Altersschwäche zu sterben. Zudem ist Glück eng verbunden mit dem ihnen bis heute durch die Weißen gestohlenen Land, das für sie großen spirituellen Wert hat: ohne Land keine Nahrung, kein Wasser und keine Tiere, kein Leben.

Das Gute und das Schöne gehören für sie untrennbar zusammen. In ihrer Religion gibt es auch nicht den Sündenfall wie im Buch Genesis, Kapitel 2. In der Bibel verlieren Adam und Eva das ununterbrochene Glück.

Ich glaube, dieser Unterschied ist der Grund, warum Indigene in der Kunst immer wieder als die ›edlen Wilden‹ dargestellt wurden, man könnte auch sagen: die ›glücklichen Wilden‹.

Aber die ›Wilden‹ bekamen es mit dem Unglück zu tun. 1849, als der Goldrausch einsetzte – in dieser Zeit entstand auch die Stadt Las Vegas –, begannen die Konflikte mit den weißen Besatzern, die die Stämme an den Rand der Ausrottung trieben.

Bei einer Volkszählung aus dem Jahr 2000 wurde ermittelt, dass heute etwa zwölftausend Schoschonen in den USA leben, die meisten in den Städten und nicht mehr im Reservat.

Was mich bei einem Rundgang durch das Dorf verstört, sind die vielen alkoholisierten Bewohner, denen ich begegne. Gerade in Beatty im Saloon war das mit dem Fusel noch lustig. Aber hier denke ich gleich an Geschichten von Tomahawk und Feuerwasser.

Vielleicht ist die wichtige Frage in diesem Zusammenhang: Gibt es nicht ein Recht auf Rausch für jedermann? Oder wiegt in dem Fall schwerer, was der Alkohol bei den Menschen anrichtet? Ich tendiere zu Zweiterem.

Ein Suff ist nicht ein Suff, glaube ich. Wo der Alkohol an manchen Orten auf der Welt sogar ein Stück Kulturgut ist, hat er hier mit dazu beigetragen, eine Kultur gnadenlos zu zerstören.

Ich verbringe die Nacht in Las Vegas.

Am Tag darauf ist wieder die Wüste mein Ziel. Der Valley of Fire State Park, neunzig Kilometer östlich von Las Vegas, ist nicht so bekannt wie das Tal des Todes, aber er lohnt nicht weniger. Die Felskuppen sehen aus wie abgeschliffene Backenzähne und leuchten rot in der Vormittagssonne.

Auch im Valley of Fire ziehen die Fliehkräfte am Auto, wenn die Kurven schärfer werden. Linkskurve, Rechtskurve. Abbremsen. Rausbeschleunigen. Ich fühle mich fast selbst wie ein Autotester.

Bei der Aussichtsplattform am Silica Dome treffe ich Larry und Donna Knox, die gerade aus ihrem Wohnmobil aussteigen. Das Paar ist seit sechsunddreißig Jahren verheiratet und liebt es zu reisen: Sie wohnen eigentlich in Oregon und brachen vor über einem Jahr auf, um den gesamten Südwesten der USA zu bereisen.

»Die Wüste ist ein mystischer Ort«, sagt Donna Knox, siebenundsechzig Jahre alt. Und ihr Mann Larry, einundsiebzig, fasst sich mit Daumen und Zeigefinger in den sauber gekräuselten Bart, denkt nach. »Ich habe schon viele Krankheiten gehabt. Aber das Autofahren durch die Natur heilt mich von allem«, sagt er.

Das Paar hat auch einen Hund: Rüde Punky bellt jeden an, der sich dem abgelebten Wohnmobil nähert. Die drei wollen noch lange reisen. Sie sind keine alten Menschen, die nach dem Motto »Früher war doch alles besser« leben. Sie suchen ihr Glück im Augenblick. Carpe diem, nutze den Tag!

Und sie wollen es auskosten bis zum letzten Atemzug. Alte Menschen haben viel Freizeit. Und nach dem Professor für Sozialpolitik Frank Schulz-Nieswandt kann Freizeit »die unmittelbarste Form der Glückssuche« sein, die »wie eine Art existentieller Basiswert menschlicher Selbstentfaltung« wirken kann.

Auf dem Rückweg nach Las Vegas genieße ich die kurvenarmen Straßen, an die sich der Lake Mead schmiegt. Der Stausee des Colorado River wurde 1936 fertig. Er hat eine Fläche von sechshundertvierzig Quadratkilometern und liegt dreihundertneunundreißig Meter über dem Meeresspiegel.

Die perfekte Strecke, um noch einmal die Beschleunigung zu testen. Ich beschließe spontan, doch auszusteigen und hüpfe in den See, der eine Uferlänge von fast tausend Kilometern hat und bei den Einwohnern von Vegas vor allem im Sommer sehr beliebt ist, wenn sie zum Baden, Wasserski- und Jetskifahren aus der Stadt flüchten, um die Natur zu genießen.

Während ich langsam ins Wasser gehe, wirft nebenan ein Angler seine Leine aus. »Ich fische Barsche«, ruft er zu mir rüber. Ich weiß nicht, was Petri Heil auf Englisch heißt, und nicke daher nur stumm.

Dann will ich zurück in die Stadt der Sünde. Doch noch einmal halte ich unterwegs an. Ich will ein Foto von einem Hügel herab schießen.

Plötzlich Hufgetrappel. Zwei Cowboys reiten an mir vorbei. Augustin Serra und Raul Gonzalez trinken ihr Feierabendbier auf dem Pferd statt in der Kneipe. Die beiden Mexikaner leben schon seit sechzehn Jahren in den USA, wie sie mir erzählen. »Wir haben hier ein besseres Leben gefunden«, sagt Serra und zieht am Zügel seines scharrenden Gauls. Ein Auto brauche er nicht, ihm reiche die eine Pferdestärke. Dann reiten die beiden weiter.

Ich denke erneut, dass Vegas so viel mehr ist als nur Glücksspiel, Drogen, Huren und Party. Mein Trip hinaus aus der Stadt hat mich wieder schlauer gemacht.

Eine Woche später werde ich mit dem Hubschrauber in den Grand Canyon fliegen und auch dort Farben und Formen der Natur sehen, die mich ehrfürchtig machen.

Nichts geht darüber, den Schatten der Rotorblätter auf dem roten Gestein zu sehen, um dann auf dem Geröll des Canyons auszusteigen und dort die ersten Schritte zu gehen. Ich fühle mich dabei wie der erste Mensch auf dem Mond.

Von oben sehen diese Schluchten noch gewaltiger aus. Und wenn man dann mitten im Canyon steht, begreift man, wie klein doch ein Mensch ist. Es kostet Geld, je nach Anbieter zweihundertfünfzig bis vierhundert Dollar. Aber ich kann diesen Flugtrip nur jedem empfehlen.

Mein Autotrip dagegen ist zu Ende, ich drücke kurz aufs Pedal, lasse mich über die nächste Kuppe tragen und dann sehe ich es plötzlich wieder: das glitzernde Ungetüm, die Hölle der Glücklichen und Rauschsüchtigen. Die Hotels leuchten, Las Vegas funkelt in den Himmel und streckt mir den Stratosphere Tower wie ein goldenes Zepter entgegen. Aber ich bin nicht mehr so leicht zu beeindrucken: Ich bin durch die Wüste gegangen. Und sie hat mich wieder ausgespuckt.

Kapitel

5

Nachts unter Spielern

»*Ein Leben ohne Feste gleicht einer weiten Reise ohne Einkehr.*«
DEMOKRIT, GRIECHISCHER PHILOSOPH
(460–370 V. CHR.)

Es ist wieder Wochenende. Und es dröhnt. Bumm, bumm, bumm, bumm. Die Bässe vibrieren in meiner Brust, der Takt liegt bei einhundertfünfzig Schlägen pro Minute. Dazu klingen sphärische Klänge aus den Boxen, undefinierbare Geräusche, und doch so etwas wie eine Melodie, das Szenario wirkt von seinem Klang her fast wie eine Party am Strand von Goa.

Ich schaue mich im Club um. Auf der Tanzfläche wischen die Leute im Rhythmus mit ihren Armen durch den dichten Disconebel, sodass der Menschentross aussieht wie ein Krake mit Hunderten Tentakeln. Keiner ist allein, die Party gehört allen – dieser Abend ist so etwas wie der real existierende musikalische Sozialismus. Das Gemeinschaftsgefühl zählt. Ich fühle mich wohl, weil hier das hedonistische Glück von Epikureern gelebt wird, so kommt es mir vor.

Aber wie im real existierenden Sozialismus sind bei aller schönen Theorie nicht alle gleich, es gibt Klassen, ich bin hier nicht ein Gleicher unter Gleichen. Wer es sich leisten kann, der mietet hier im Marquee, dem Club im Hotel Cosmopolitan, einen Tisch. Siebentausendfünfhundert Dollar kostet das, aber dafür sitzt und trinkt man dann in einem der derzeit angesagtesten Tanzschuppen von Las Vegas.

Mögen sie doch tanzen mit offenem Hemd da drüben im Pure, dem Club im nahe gelegenen Caesars Palace. Mögen sie zu Techno-Beats zocken im Planet Hollywood. Wer die dreisteste und bunteste Party sucht, der muss ins Marquee. Gastgeber ist heute Stefan, ein deutscher Pokerspieler, ich schreibe hier nicht seinen richtigen Namen.

Eigentlich wollte er am Main Event der WSOP teilnehmen, aber er verschlief morgens wegen eines gehörigen Jetlags, und da war die Anmeldefrist verstrichen.

2009 hatte er beim Main Event noch vierzigtausend Dollar gewonnen. Auch er träumt insgeheim vom Bracelet, dem Armband des Siegers, wie er zugibt. »Vielleicht bin ich ein bisschen überarbeitet in letzter Zeit«, sagt Stefan und erklärt damit, die WSOP verpennt zu haben.

Der Fünfunddreißigjährige kann über sich selbst lachen. Er spricht langsam und bedächtig, bedient sich raumgreifender Gesten. Stefan ist ein guter Rhetoriker. Man glaubt ihm, was er sagt. Ich vertraue ihm wie von selbst. Er wäre auch ein guter Verkäufer geworden.

Und er hat alle Fähigkeiten, die ein professioneller Pokerspieler braucht. Stefan hat einen Uni-Abschluss in Betriebswirtschaftslehre und gründete nach seinem Studium eine eigene Unternehmensberatung in Berlin. Er hat in seinem Leben nicht viel vermissen müssen. Und er hat selten etwas verloren.

Aber all das ist heute nicht wichtig. Stefan hat gute Laune. Vor dem Partyabend hat er im High Limit Room des Wynn beim Baccara eine immense Summe gewonnen, hundertzwanzigtausend Dollar, sagt er. Jetzt wird gefeiert.

Baccara (oder auch Baccarat) ist ein Glücksspiel, das seinen Ursprung im Neapel des 16. Jahrhunderts hat, seinem möglichen Vorläufer Macao ähnelt und neben Poker als Lieblingsspiel von James Bond gilt. Es wird mit 312 französischen Spielkarten (sechs Pakete zu 52 Karten) gespielt.

Prinzipiell spielt die Bank gegen einen Spieler; die restlichen Mitspieler wetten ihren Einsatz auf eine Partei. Das Ziel besteht darin, mit zwei oder drei Karten möglichst nah an 9 Punkte zu kommen, wobei Zweier bis Neuner ihre Punktzahl, Zehner und Bildkarten 0 Punkte und ein As 1 Punkt zählen. Wird eine zweistellige Summe erzielt, zählt im Ergebnis jeweils nur die Einerstelle. Es existieren die Hauptvarianten Chemin de Fer (Eisenbahn) und Banque (Bank). Baccara gilt als elitär, da in der Regel mit hohen Einsätzen gespielt wird. Es passt also zu Stefan.

Außerdem oft angeboten in den Casinos in Vegas: Craps. Bei dem in den USA sehr beliebten Würfelspiel, auch Craps Shooting oder Seven Eleven genannt, wirft ein Spieler (*shooter*) zwei Würfel, nachdem er seinen Einsatz gegeben und die anderen Mitspieler (*fader*) auf die Würfelergebnisse dagegen gesetzt haben.

Ist das Ergebnis 7 oder 11 *(natural),* gewinnt der Shooter sofort; im Falle einer Punktzahl von 2, 3 oder 12 spricht man von einem Crap und die Fader gewinnen. Bei allen anderen Augensummen kommt es zu einer weiteren Runde. Das Spiel endet spätestens dann, wenn in zwei aufeinanderfolgenden Runden dieselbe Augensumme gewürfelt wurde.

Unser Glück mit anderen zu teilen, das gehört fundamental zu uns, das sagen auch die Glücksforscher. Ein Clubabend ist nichts anderes als ein rituelles Fest. Und diese Feste feiern alle Völker dieser Welt, seien es die Beduinen, wenn sie Hochzeit halten, die Einwohner Samoas, wenn sie kollektiv das Meer preisen, oder Juden bei der Bar-Mizwa.

Auch, dass Glück eine materielle Dimension haben kann, bestreiten die Wissenschaftler nicht. Verschiedene Studien belegen, dass das Glücksempfinden mit steigendem Durchschnittseinkommen und höherem Lebensstandard wächst. Allerdings gibt es auch einen Effekt der Sättigung. Ist ein bestimmtes Wohlstandsniveau erreicht, wächst das Glücksempfinden nicht mehr, es stagniert vielmehr.

Deswegen sind etwa die Japaner, Deutschen oder Schweizer in solchen Studien auch nicht die glücklichsten Menschen im Ländervergleich. Momentan haben die Dänen und einige skandinavische Länder die Nase vorn. Woran das liegen mag, ist schwer einzuschätzen.

Der »World Happiness Report« nennt neben einem ausreichenden Auskommen, Vertrauen in die Regierung und der Lebenserwartung vor allem ein verlässliches soziales Umfeld und die Freiheit, über das eigene Leben bestimmen zu können, als zentrale Kriterien für Glücksempfinden. Voraussetzung für eine positive Haltung und die Gestaltung des eigenen Lebensglücks sei die geistige Gesundheit.

Auch ich fühlte mich als Jugendlicher reich, als ich Zeitungen austrug und damit zum ›Spitzenverdiener‹ der Schulklasse aufstieg. Die kurzzeitige Steigerung meines Lebensstandards machte mich glücklich. Ich kaufte mir zwei Jahre später vom Ersparten einen Citroën AX als erstes eigenes Auto. Und merkte dabei, dass das Mehrhaben nur kurzzeitig stimulierte.

Aber Besitz ist wichtig. Was uns ›Westlern‹ die Klamotten, Autos, Immobilien und Elektrogeräte bedeuten, sind in anderen Gesellschaften die Reichtümer, die Menschen der Natur abtrotzen. So beschreibt der Ethnologe Thomas Bargatzky in einer Vergleichsanalyse verschiedener Kulturen über die Landwirtschaft in Burkina Faso: »Die Güte und der Umfang der Ernte und die verfügbaren Arbeitskräfte sind Randbedingungen der Glückserfahrung, und sichtbare Gradmesser des Wohlstands eines Mannes sind die großen Lehmspeicher in der Mitte des Gehöfts.«

Auch die Christen vergangener Zeiten kannten den Traum vom Acker, der immer Früchte trägt. Mit dem Sündenfall hat er sich erledigt: »Im Schweiße deines Angesichts sollst du dein Brot essen, bis dass du wieder zu Erde werdest, davon du genommen bist.« (Genesis 3:19) Das Leben wird zu Beginn des Alten Testaments nicht als große Feier beschrieben, sondern als Bürde.

Oft wurde auch das Leben des Menschen im Mutterleib von Philosophen als ein Paradies beschrieben, das mit der Geburt jäh ende. Die moderne Medizin und auch die Psychologie gehen allerdings davon aus, dass wir Menschen auch schon pränatal Traumata erleiden können, dass ich als Baby schon mit meinem Päckchen Sorgen auf die Welt komme. Das erscheint mir nur logisch.

Stefans Diesseits-Assoziationen sind andere. Im Marquee geleitet der persönliche Security-Mann ständig neue Ladys von der Tanzfläche in den VIP-Bereich, dort empfängt Stefan sie mit Champagner. Jeder Typ ist vertreten: eine hübsche große Blonde, eine kleine Brünette mit Zöpfchen und eine Asiatin.

Nach dem Drink ziehen die jungen Frauen ihre Stilettos aus und tanzen auf dem Podest, das direkt neben unserem Tisch steht. Der Gastgeber grinst. Die Brünette wirft ihre Haare in den Nacken, als säße sie ohne Helm auf einer Vespa.

Wenn man Geld hat, bekommt man alles in Vegas. Oder wie der Kommunikationswissenschaftler Jo Reichertz schreibt: »Glück ist das, was Menschen begehren, weil sie Menschen sind. Und wer Glück verspricht, der findet offene Ohren und geöffnete Geldbörsen.« Stefans Geldbörse ist gerade geöffnet wie das Grab nach Jesu Auferstehung.

Noch einmal anders ausgedrückt, mit den Worten von Alois Hahn, Soziologe und Glücksforscher: »Wir haben es dann mit jenen ›Vorwegnahmen des Paradieses‹ im Rausch, in der Ekstase zu tun, wie sie sich – sei es als individuell-asoziale Rückzugserlebnisse oder aber als kollektive Veranstaltung – religiös-rituell herstellen lassen. Das ist die Welt der ›künstlichen Paradiese‹.«

So ein künstliches Paradies hat etwas für sich. Ich hätte keine Lust, wie ein Muslim von den »Mädchen mit vollen Brüsten« und mit Wein gefüllten Bechern nach dem Tod beglückt zu werden. So ein Paradies ist eines für »religiöse Virtuosen«, wie sie Max Weber nannte. So einer bin ich sicher nicht. Und Stefan noch weniger. Wir frönen lieber einer Diesseitsutopie.

Das Laserlicht flackert durch den Raum und schneidet ihn, als bestünde es aus vielen Lichtschwertern, dreht sich, wechselt seine Farben, seine Formen. Bei diesen Effekten braucht es keine Drogen mehr, das Farbenspiel fühlt sich ohnehin an wie eine gute Dosis Magic Mushrooms.

Die Kellnerinnen huschen in knappen Höschen vorbei, bahnen sich ihren Weg durch die tanzende Meute. Wer jetzt schlapp macht, ist kein echtes Feierschwein.

Stefan ist ein Feierschwein. Er bietet mir und seinen anderen Gästen Whiskey an. »Aber nur vom Guten«, fügt er hinzu und grinst, bevor er wieder an den Rand der Tanzfläche geht und den Schwung seiner Hüften übt. Der Zwei-Meter-Hüne tanzt gerne, wenn auch nicht gut. Dazwischen schenkt er nach. Da legt der Discjockey einen neuen Remix von Faithless auf: »God is a DJ«. Und in dem Moment möchte man diesen Satz glauben.

In einer fast rührenden Euphorie tanzen jetzt die Massen, die auf die Tanzfläche drängen. Auf einmal fällt eine Frau vom Podest und reißt zwei Tanzende mit um. Kurz kümmern sich alle dabeistehenden Leute um die Verunglückte. Aber unnötig das Gewese – niemandem ist etwas passiert.

So geht das Stunden. Um fünf Uhr morgens lichtet sich der Dancefloor etwas; langsam gehen die Leute ins Hotel. Stefan ist aber noch nicht müde, er setzt sich zu seinen Freunden an den Tisch und gießt nach. »Geile Party«, sagt er, der Rest gibt ihm recht. Auch ich bin auf meine Kosten gekommen – ohne irgendwelche Kosten zu haben.

Sie unterhalten sich über Poker, über Vegas und über das Leben an sich. Stefan spielt am liebsten Omaha, eine kompliziertere Pokervariante, mit fünf Karten auf der Hand; er ist ein strategischer Spieler. Zwei-Karten-Poker sei ja etwas für jedermann, sagt er und grinst dabei wieder. Irgendwie werde ich das Gefühl nicht los, dass auch ich ein ›Jedermann‹ bin.

Irgendwann, draußen dämmert es schon, geht das Licht an und das Fest ist vorbei. Auch Stefan und seine Kumpels verlassen den Club. Sie sind nicht so durchgeschwitzt und fertig wie die meisten anderen Partygäste. So am Tisch zu feiern ist weniger anstrengend, als die halbe Nacht auf einem Dancefloor herumzujucken.

Trotzdem fängt der Kater nach einer durchzechten Nacht oft schon beim Zubettgehen an. Was soll morgen noch kommen?, frage ich mich dann immer.

Und je mehr Luxus und Ausschweife ich mir gönne, je weniger ich entbehre, desto größer ist das Risiko, dass aus dem Partyglück schnell eine Langeweile erwächst. Immer wenn Menschen es zu gut haben im Leben, wenn sie zu glücklich sind, dann fehlt wieder etwas. Zumindest mir geht es so.

Der Augenblick, in dem Goethes Faust sagt: »Verweile doch!«, ist oft der Ursprung dräuenden Unglücks. Diese Langeweile hat der Philosoph Arthur Schopenhauer in seinen Texten oft beschrieben.

Stefan hat es nicht weit, er hat eine Suite im Cosmopolitan gemietet, den Preis verrät er nicht. Es ist ein anderes Leben, das er führt, und dies ist ihm bewusst. Er hat heute Nacht mehr als zwei Bruttomonatslöhne eines normal arbeitenden Menschen ausgegeben. Vielleicht wird er morgen zur Abwechslung mal wieder pokern. Wenn man schon mal in Vegas ist. Cashgame. Omaha. Das Leben darf niemals langweilig werden.

Vegas heißt feiern auf höchstem Niveau, das habe ich an dem Abend mit Stefan erlebt und auch genossen. Aber wer sind die

Menschen, die dieses Niveau aufbauen und aufrechterhalten? Zu dieser Frage kann mir Victor Drai alles erzählen. Er ist der Partykönig von Las Vegas.

Als ich ihm das erste Mal in die Augen sehe, ernte ich einen schroffen Blick. Es ist Abend. Drai sitzt sozusagen auf dem Sonnendeck, nur die Sonne fehlt.

Er macht den Eindruck, als habe er gerade nicht wirklich Bock auf das, was wir hier tun. Wir sind auf der Riesen-Dachterrasse des neuen Cromwell-Hotels. Alle Sofas sind pink bezogen. Hinter ihnen erheben sich die in Neonfarben blinkenden Casinos, zwischen denen sich Schluchten mit Ampeln und Scheinwerferlicht der fahrenden Autos auftun.

Da ist das klassische Caesars Palace rechts hinter Drai. Da ist das noch junge Cosmopolitan, wo ich mit Stefan feiern war, links hinter Drai. Das alte und das neue Vegas.

Wir fangen mit ein paar Fotos an, Victor Drai soll lockerer werden, er ist mir von Journalistenkollegen als schwierig beschrieben worden. Mein Eindruck ist, dass er sich selbst sehr gut leiden kann, um es vorsichtig auszudrücken. Gleich vor Drais pinkfarbenem Sofa ist ein riesiger Pool in den Boden eingelassen. Es würde mich nicht wundern, wenn er gleich aufstünde, ein paar Schritte nach vorne ginge und übers Wasser liefe.

Denn Victor Drai, siebenundsechzig Jahre alt, ist mehr als ein selbstsicherer Promi, der bewegte Zeiten hinter sich gebracht hat – er gilt hier in den USA als eine Art Messias. Als Messias der flotten Feten. Drai hat sich immer neu erfunden: Er war Textilhersteller in Paris, Filmproduzent in Hollywood, dann Gastronom in Vegas. Und er hat schließlich eine Zeitenwende mit befeuert: den Wandel von der Casinohölle hin zur Partymetropole.

Sicher, noch sind die einarmigen Banditen und die Roulettekessel mit die wichtigste Einnahmequelle der großen Hotels. Doch Vegas ist in den vergangenen Jahren auch für ein junges Publikum immer interessanter geworden, das das pure Entertainment sucht; man tanzt hier inzwischen wie auf Ibiza oder in Punta del Este. Ohne Victor Drai wäre diese Entwicklung undenkbar.

»Lauf am Rand. Geh nicht hier am Pool entlang!«, ruft Drai mir zu, als wir auf dem Weg zu seinem Büro sind, um dort das Interview zu führen.

»Was?«, frage ich zurück, verstört wie ein Reh auf der Landstraße, und latsche direkt über den frisch getünchten Boden.

Drai schüttelt den Kopf und stakt leise grummelnd weiter. Mich beschleicht das Gefühl, dass diese Geschichte ein Desaster wird, bevor meine Recherche richtig angefangen hat. Ein paar Bilder von Drai auf dem Sofa, das reicht nicht für ein Porträt dieses Mannes.

Was soll ich denn schreiben? Ich bin zerknirscht und schiele auf meine Schuhsohlen, an denen jetzt weiße Farbe klebt. Victor und ich – unser Einstieg hätte besser sein können.

Drais Büro ist klein und chaotisch. Viel Papier auf Schreibtisch, Regalen und auch auf dem Boden. An den Wänden hängen Bilder von seinen Kindern. Ihr Vater hat heute nicht viel Zeit, schaut nach jeder Frage auf die Uhr, nicht verstohlen, sondern fast demonstrativ, verknappt die Antworten. Drai mag wohl denken, wichtige Menschen machen das so.

Marokko? Ja, das sei eine schöne Zeit gewesen. Eine Zeit voller Farben und Eindrücke, sagt Drai. Er wurde 1947 in Casablanca geboren, seine jüdischen Eltern waren Gastronomen, untere Mittelklasse. Subtext: Er hat sich aus eigener Kraft nach ganz oben gejazzt. Die Eltern waren vor den Nazis aus Algerien geflohen. »Meine Kindheit war genau so, wie man sie sich für jedes Kind wünscht. Ich war behütet und wir hatten alles, was wir brauchten«, sagt Drai.

1962, da war Drai vierzehn Jahre alt, zog die Familie nach Paris. »Weißt du, für einen Teenager war das natürlich genau der richtige Moment, in diese Metropole zu kommen. Paris stand für mich sofort für grenzenlose Freiheit. Hier konnte ich etwas werden, das spürte ich.«

Schule interessierte ihn nicht mehr, schon mit einundzwanzig Jahren schoss er sein erstes Unternehmen aus der Hüfte, das er Vicadam nannte und mit dem er Samtkleidung produzierte, vor allem Hosen. Mit diesem Business machte Drai seine erste Million und war früh zu einem Macher herangereift. Er fand sein Glück im beruflichen Erfolg.

Alles wäre auf ein Dasein als französischer Lebemann mit Wein und Baskenmütze hinausgelaufen, hätte Drai 1974 nicht auf einem Transatlantikflug in der ersten Klasse die britische Schauspielerin Jacqueline Bisset kennengelernt. »Frauen! Ich habe die Frauen immer geliebt. Bis heute sind Frauen das Besondere in meinem Leben geblieben. Sogar als Kumpels sind mir Frauen immer lieber gewesen als Kerle«, wird mir Drai bei einer anderen Gelegenheit vorbeten. Vier Sätze, viermal das Wort Frauen. Ich überlege, ob das die wichtigste Essenz unserer Begegnung, die über mehrere Tage geht, bleiben wird.

Jacqueline Bisset und Drai verlieben sich. Er verkauft seine Firma und siedelt nach Los Angeles über. Dort macht er in Immobilien, erwirbt Häuser und Grundstücke in Vierteln wie Beverly Hills und macht sie schön, verhökert sie mit sattem Gewinn weiter.

Natürlich lernt er so viele Schauspieler und Filmbosse kennen, aber er muss Jacqueline versprechen, sich aus dem Hollywood-Zirkus herauszuhalten. 1982, da ist er schon seit zwei Jahren nicht mehr mit ihr zusammen, sieht er bei einem Parisbesuch im Kino den Film »Pardon Mon Affaire«.

Warum nicht selbst Filme machen?, denkt er sich, denn jetzt darf er das denken und fliegt mit vielen Plänen zurück nach L.A. Ein Mensch ist immer genau der, der er sich zutraut zu sein.

Es dauert zwei Jahre, bis ein Remake unter dem Namen »The Woman in Red« (»Die Frau in Rot«) in die amerikanischen Kinos kommt und ein Welterfolg wird – allein in den USA spielt der Film fünfundzwanzig Millionen Dollar ein.

In den Hauptrollen: Kelly LeBrock, die damalige Freundin Drais, und Gene Wilder, der zusätzlich Drehbuch und Regie übernimmt. Auch der Song aus dem Soundtrack »I Just Called to Say I Love You« von Stevie Wonder springt in den Charts ganz nach vorne.

Vom Erfolg angefixt, macht Drai weiter, produziert vor allem Komödien wie »The Man with One Red Shoe« (»Der Verrückte mit dem Geigenkasten«) oder »Weekend at Bernie's« (»Immer Ärger mit Bernie«), insgesamt sieben Filme. Drai sagt, die Zeiten als Filmproduzent seien gute gewesen. Gute Zeiten heißt: viel Geld und viel Spaß. Viele Frauen?

»Aber ich muss immer etwas anderes machen von Zeit zu Zeit. Ich schaue nie zurück.« In den frühen Neunzigern wurde Drai klar, dass er sich wieder neu erfinden wollte.

Zwei Tage darauf. Es ist halb elf abends, der Aufzug öffnet sich im obersten Stock des Cromwell. Die Bässe schlagen mir entgegen, als übe sich hier ein Dinosaurier im Stepptanz. Die Tanzfläche ist auch hier voll, ein riesiges Knäuel von Menschen schwingt im Takt hin und her, noch etwas größer als im Marquee, schnörkelloser House beschallt den Raum.

Hinter den Tresen des Drai's schütteln die Bartender Cocktails zurecht, Kellnerinnen schwirren zwischen den Tischen hin und her wie ein Schwarm Insekten, in den dunklen Ecken knutschen Paare für eine Nacht. Es ist heiß im Club.

Ein Türsteher bringt mich zu Drai. Der sitzt mit einer kleinen Gruppe auf schwarzen Ledersofas in einem abgetrennten Bereich des Clubs; wie ein römischer Kaiser in seiner Loge schaut er auf die tanzende Crowd. Von hier oben betrachtet sind die Menschen klein.

Auf dem Tisch: polnischer Wodka, Red Bull, Tonic Water, Ananassaft und Bourbon.

»Was trinkst du?«, fragt Drai.

Er ist plötzlich sehr charmant zu mir, umgarnt mich fast. »Frage alles, was du fragen willst«, sagt er und streichelt meine Schulter.

»Hattest du nie genug vom Feiern?«, will ich wissen.

»Nein, nie. Ich habe immer genossen, mir anzuschauen, was ich da kreiert habe«, antwortet Drai.

Der Ort ist sein Jungbrunnen. Wahrscheinlich kann man diesen Menschen nur in seinem Club richtig verstehen. Ein Mann, der nicht alt sein will. Ein Mann, der trunken ist von seinem Erfolg.

»Was, du bist ein Freund von Victor? Was, du bist ein Journalist?« Mein Gesprächspartner stellt sich als »ein Millionär aus Los Angeles« vor und füllt die Gläser. »Victor ist mein bester Freund. Der ist Milliardär«, sagt der junge Mann weiter, er ist schon eine Weile am Picheln, sein Atem ist Wodkadunst. »Komm, ich will ein Bild mit mir und Victor!«

Claqueure gibt es hier genug in der Runde. Ich denke, dass Drai das genießt, ja er liebt es, bewundert und hofiert zu werden.

Etwas später, der junge Millionär aus Los Angeles ist total blau, kommt auf mich zu, schnappt sich die Wodkapulle, steckt sie mir ohne Vorwarnung in den Mund und leert mir das teure Gesöff pur in den Hals. Ich kann mich erst nach einer Schrecksekunde befreien.

»Nimm's mir nicht übel«, lallt er, »wir sind doch alle wegen Victor hier.«

Dann kommen die Tänzerinnen. Sie tragen knappe, glänzende Kostüme und über dem Gesicht eine Art Schweißerhaube. Ihre Choreografien sind so sinnlich wie brutal. Sie hüpfen, sie stampfen, sie drehen sich. »Ich halte nichts davon, für DJs Unsummen auszugeben, nur damit man einen Star am Pult stehen hat. Die besten Tänzerinnen – das ist das Wichtigste«, sagt Drai.

Er und seine Partner haben einhundert Millionen Dollar investiert in diesen Club, der sich in einen Innenbereich und die riesige Terrasse aufteilt mit Pool, für teures Geld mietbaren VIP-Lounges und zehn Palmen.

Allein das Beleuchtungssystem mit Strahlern und Videoscreens hat fünf Millionen gekostet. Drai's Night Club hat Platz für viertausend Gäste, ist eines der größten Tanzdomizile der Stadt, ganz sicher das spektakulärste.

Auf einmal werfen Mitarbeiter in allen Farben leuchtende Plastikstäbe in die Menge. Fast jeder Gast bekommt einen ab. Es sieht wieder aus, als hielten die Tanzenden Laserschwerter in die Luft. Das Knäuel ist bunt geworden und die Farben schwirren umher. Gegen halb eins zieht sich Victor zurück. Die Claqueure verabschieden sich überschwänglich. Er zwinkert mir zu und ruft: »Wir sehen uns in L.A.!« Es ist ein Abgang nach Maß in Drais Dimensionen. Der Imperator verlässt sein Kolosseum.

1993 beschließt Drai, der erfolgreiche Filmproduzent, ein Restaurant in Beverly Hills zu eröffnen – mit Essen kennt er sich aus, er ist Franzose. Schon zwei Jahre später hechtspringt er nach Las Vegas.

»Wenn du so viele Leute aus aller Welt auf einem Haufen hast, musst du doch darüber nachdenken, was die alle abends anstellen. Sie können ja nicht ununterbrochen an Automaten sitzen«, sagt Drai heute.

Trends muss man lesen können, bevor sie als solche erkennbar sind. Drai beginnt, das Nachtleben aufzumischen. 1999 hat er die Idee: einen *after hours club* – so etwas gibt es noch nicht in Vegas.

Der ganz in rot erstrahlende Laden wird schnell zum Treffpunkt für Nachteulen, denen es nicht lange genug gehen kann, Hotel- und Casinomitarbeiter, Tänzerinnen und andere Locals, die nach der Arbeit noch auf einen Absacker gehen wollen.

Bis elf Uhr morgens hat er geöffnet. Das Konzept überzeugt. Viele Prominente kommen. George Clooney, Matt Damon, Leonardo DiCaprio, Nicole Scherzinger, Paris Hilton.

»Aber ich habe sie alle zahlen lassen. Bei mir gibt's nichts umsonst. Die brauchen meine Clubs, um sich zu zeigen. Die brauchen mich mehr als ich sie brauche.«

In den Zweitausendern gibt Drai richtig Gas. Im teuren Wynn-Hotel eröffnet er das Tryst mit Wasserfall und künstlichem See auf der Tanzfläche. Später kommt das XS nebenan im Hotel Encore dazu. Drai gewinnt regelmäßig Preise für seine Läden. Zum »Best Place to Disappear« wird sein Drai's After Hours Club bei den Vegas Seven's Nightclub Awards gewählt. Das »Nightclub & Bar Magazine« sagt: Das XS ist der »Mega Club of the Year«.

Drai genießt das Egostreicheln kurz, steigt im Wynn und im Encore aber wieder aus. Mit dem 2014 neu eröffneten Hotel Cromwell, bei dem Drai das Interieur gestalten durfte und sogar das süßlich-blumige Raumparfüm aussuchte, und Drai's Night Club kommt der Franzose dann zurück, wie lokale Medien titeln. Alles andere als ein Erfolg ist für ihn undenkbar. Der Club ist sein Vermächtnis an die ewige Party in Las Vegas.

Der After Hours Club ist in den Keller des Cromwell mit eingezogen. An ihm hänge sein Herz, sagt Drai. Die Konkurrenz fürchtet er nicht: »Die klauen doch alle nur meine Ideen.«

Dass es mal eine Schießerei vor dem After Hours Club gegeben hat, bei der ein Mensch getötet wurde, ist für Drai nicht mehr erwähnenswert. »Das war ein Verrückter, sonst nichts!« Ob in seinen Clubs oder in seinem Leben: Schatten werden in Drais Welt nicht ausgeleuchtet, sie bleiben Schatten.

Es ist ein verregneter, schummriger Tag, an dem mich Drai in seinem Haus in den Hollywood Hills von Los Angeles empfängt. Ich bin gestern in die Megastadt am Pazifik gefahren, habe Vegas für eine kurze Zeit hinter mir gelassen.

Drai öffnet die Tür im Pyjama. »Warte kurz, ich mache mich frisch.« Drai hat das Anwesen vor dreißig Jahren für dreihunderttausend Dollar gekauft, es ist im Wert um das Zehnfache gestiegen. Drinnen Möbel aus dunklem Holz und Buddha-Figuren. Draußen ein Pool und eine großzügige Lounge-Landschaft aus Rattan- und Korbmöbeln unter weißen Pavillons.

»Du hast zwei Töchter?«, frage ich Drai mit Blick auf die Mädchen am Frühstückstisch, als er aus dem Badezimmer kommt.

»Nein, die Große der beiden ist meine Lebensgefährtin«, sagt er und grinst.

»Ähm, Victor, das tut mir jetzt leid!«

»Alles gut. Du musst dich nicht entschuldigen! Ist doch fast ein Kompliment.«

Er nimmt mir den Tritt in den Fettnapf nicht übel. Ich muss an Dostojewskijs »Der Spieler« denken, wo es über den alten General heißt: »In seinem Alter ist es gefährlich, sich so zu verlieben.«

L.A. sei für ihn zu Hause, das Wetter wie in Marokko. Vegas dagegen sei Arbeit, sagt er. Er hat ein eigenes Flugzeug, mit dem er hin- und herpendelt. Zwar fühle er sich immer noch als Franzose, aber er liebe die Amis, sie seien einfach in der Mehrzahl nette, offene Menschen, so Drai.

Dann erzählt er davon, dass man im Leben nichts planen könne, dass er aber gar nicht daran denke, in Rente zu gehen. »Das machen doch nur Leute, die ihren Job hassen. Ich liebe meinen Job. Es ist so einfach, Geld zu verdienen, wenn man für etwas brennt.« Und Geld verdient man nach Drai vor allem aus einem Grund: um die schönsten Frauen erfolgreich zu begehren.

Er glaubt, dass das Nachtclub-Geschäft krisenfest und der neue Club im Cromwell mit Abstand der schönste der Welt sei.

Anders sehe es da beim Gambling aus. Die jungen Leute zocken nicht, sie tanzen, das spielt einem Nachtclubkönig in die Karten.

Drais einundzwanzigjähriger Sohn soll die Geschäfte irgendwann übernehmen. »Bleibt in der Familie«, sagt Drai. Er erwäge, bald nicht mehr so viel feiern zu gehen, er brauche das nicht mehr. Zum Abschied umarmt er mich. Wir sind Kumpels geworden. Und das, obwohl ich keine Frau bin.

Aber Frauen sind wichtig in Vegas.

Kapitel

6

Steaks and Strippers

»*Kein teurer Fleisch als Ross- und Weiberfleisch.*«
DEUTSCHES SPRICHWORT

Nicht nur Victor Drai himmelt die Frauen an. Der Nachtclub Treasures Gentlemen's Club & Steakhouse huldigt ihnen auf eine ganz andere Art.

Bobby Muraco schneidet das Filet, als sei es ein Klumpen Butter. Mit einer flinken Handbewegung setzt er das Edelstahlmesser an und durchtrennt das Fleisch mit einem Cut. Dann legt er es auf die Waage: dreihundertsechsundsechzig Gramm.

»Wenn ich etwas kann, dann kann ich Steaks«, sagt Bobby Muraco, der Koch, und zeigt mir dabei eine Miene, als spräche er von einem streng gehüteten Geheimnis.

Er legt das Filet auf ein Silbertablett, streut etwas Pfeffer auf beide Seiten, sehr sparsam, dazu eine Prise seiner Spezial-Kräutermischung, deren genaue Zusammensetzung nur er kennt. Salz kommt erst später auf das Steak, wenn es gebraten ist. Muraco stellt das Tablett mit den Filetstücken in den Kühlschrank. Die Gäste können kommen.

Amalia nimmt den Eyebrow Liner in die Rechte und fährt damit ihre Brauen entlang. Danach bürstet sie behände mit Mascara ihre Wimpern, bis sie dick sind wie Zahnstocher. Ich habe mich in die Garderobe gemogelt. Das Make-up hat Amalia schon zu Hause aufgeschminkt, es fehlt nur noch der Lippenstift, Farbe: Granatapfel. Die Garderobe liegt schräg gegenüber der Küche. Amalia heißt sie nur hier, ihr echter Name bleibt vor der Eingangstür und Nachnamen haben die Mädels im Club sowieso nicht.

»Du bist hier drin nicht du selbst, du bist eine andere Person. Und darin bin ich gut«, sagt Amalia, die Tänzerin, und erwidert meinen Blick, indem sie ihren Mund zu ihrem lieblichsten Lächeln wölbt. Auch ihr Job also: Ein Geheimnis. Jetzt noch ein wenig Rouge auf die Wangen. Die Gäste können kommen.

Und die Gäste kommen. Mögen im Spearmint Rhino die größeren Silikonbrüste auf der Bühne wackeln, mag im Sapphire das teurere Interieur auf den Besucher warten. Trotzdem gibt es nur einen Stripclub in Las Vegas mit dem Motto: Fleisch und Fleisch gesellt sich gern.

Hier kann ich in aristotelischem Sinn glücklich werden, indem ich Ehre und Lust beim Essen und beim Zuschauen suche und »nicht reuvoll selbsthassend die Kasteiungen der Seele und des Leibes« betreibe, wie der Soziologe Hans Braun schreibt. Keuschheit und Maßhalten klingt nach Mittelalter, das Treasures ist römische Dekadenz.

Der Mensch ist den Göttern schließlich ähnlich. Auch wenn für Aristoteles die Lust vor allem in der Vernunft lag – auch seine altgriechischen Landsleute genossen lieber die hedonistische Völlerei und Vielweiberei. Der griechische Denker Epikur schrieb: »Der Anfang und die Wurzel alles Guten ist die Lust, die der Bauch zu geben hat.«

Das Treasures ist die Inkarnation des Bauchgefühls; es bietet nicht nur schöne Frauen, es ist gleichzeitig ein echtes Steakhouse.

Rund zehn Minuten bin ich mit dem Auto vom Las Vegas Boulevard gefahren. Hier ist der Arbeitsplatz von Bobby Muraco und Amalia. Für Genießer ist es *der* Club in Vegas, denn es gibt hier Fleisch und Striptease mit Niveau. Wer im Treasures arbeiten darf, ist stolz darauf und müht sich, dieses Niveau zu halten.

Auch Mister Lee, der Mann, der ein bisschen aussieht wie der Dalai Lama im Anzug, ist stolz darauf, das Treasures jetzt schon seit der Eröffnung vor elf Jahren als Manager zu führen. Der Dalai-Lama-Vergleich passt, ist der Buddhist schließlich eine Ikone des Glücks für viele Menschen.

Der dreiundfünfzigjährige Lee hat ein paar Tage nachgedacht, ob er mir als Journalisten einen exklusiven Einblick in den Club gewähren soll.

»So etwas habe ich noch nie gemacht«, sagte er zu mir beim ersten Treffen.

Ich hatte schon von Deutschland aus angerufen. Die größten Bedenken hatte er wegen der Anonymität der Gäste und dem Fotografieren von barbusigen Tänzerinnen; es schien ihm zunächst abwegig.

»Wir sind hier in Sin City, aber Amerika ist ein prüdes Land«, sagte Alson Lee und schaute auf seine Rolex. Aber am Ende hat Mister Lee »Yes« gesagt.

Das Allerheiligste ist im Treasures, wie in jedem Steakhouse, die Küche. Die stählernen Armaturen sind frisch gewienert. Es ist heiß, gefühlte siebzig Grad an der Kochzeile.

Der Grill dampft und schlägt Flammen. Bobby Muraco ist seit sechs Jahren einer von drei Köchen im Team des Clubs. Am Wochenende arbeitet der Einundvierzigjährige von sieben Uhr abends bis fünf Uhr morgens. »Die Leute wollen auch nachts ihr Steak. Dieser Job ist nichts für Pussies«, sagt er und muss dann lachen über das, was er da gerade von sich gegeben hat. Er berichtigt: »Doch, Pussies haben wir hier auch, aber die dürfen nicht in die Küche.«

Es ist nach einundzwanzig Uhr, ein älteres Ehepaar ist gekommen und setzt sich ins Restaurant, das neben dem Eingang gelegen ist und offen hin zur Stripbühne einen Blick auf die Tänzerinnen bietet. Aber manche Gäste, so auch diese, kommen tatsächlich nur wegen der Küche. Das Treasures ist nicht nur eine Touristenattraktion, es ist auch bei den Einheimischen sehr beliebt.

Die Gäste haben Filet Mignon bestellt – mit siebenundvierzig Dollar das zweitteuerste Fleisch auf der Karte. Jetzt kann Bobby Muraco zeigen, warum er hier unabkömmlich ist. Er tippt sich an den Schirm seiner Baseballkappe und legt los.

Zuerst drapiert er den Salat, schnitzt eine Tomate gekonnt zu einer Krone, gibt Croûtons und Parmesan auf die grünen Blätter und frisches Caesar-Dressing. Dann holt er zwei Filets aus dem Kühlschrank und legt sie auf den Grill, lässt wieder die Flammen hochschlagen. »Oft wenden ist ein Anfängerfehler. Da kann das Fleisch nicht richtig garen«, sagt Muraco.

Er brät das Filet – die Gäste haben *medium rare* bestellt – von beiden Seiten an, beträufelt es mittels einer Sprühflasche mit Olivenöl und bedeckt es mit einer kleinen Pfanne, beides um zu verhindern, dass zu viel Feuchtigkeit verloren geht; gerade ein Filet muss zart und saftig sein.

Dann nimmt er die Steaks vom Rost. Die Stücke kommen in einen Ofen ohne Tür, bei zweihundertsechzig Grad Celsius – die Hitze darf nur von oben wirken, damit die Steaks eine dunkelbraune Kruste bekommen.

Wie lange ein Steak im Ofen bleibt, kann man nicht pauschal sagen, so Muraco: »Jedes Steak ist anders. Das Steak redet mit dir. Es sagt dir, wann es fertig ist.« Muraco gibt nur dann ein Steak in die Hände einer Kellnerin, wenn er es verstanden hat.

Gegenüber an der Bar nippt Amalia an ihrem Wodka Red Bull. Die neunundzwanzigjährige Blondine sitzt hoch gereckt neben ihrer brünetten Cousine, die sich Bijou nennt, dreißig Jahre, und der einundzwanzigjährigen Panther. Amalia und Bijou stammen beide aus Bulgarien, sie sind Cousinen, die dunkelhäutige Panther kommt aus Minnesota, dem kühlen Norden der USA.

»Bijou kann am besten tanzen«, sagt Amalia, »ich kann am besten reden und Panther hat den schönsten Arsch.«

Sie lachen. »Wir kommen alle nicht aus armen Verhältnissen. Wir machen das hier gerne. Wir müssen es nicht tun«, sagt Amalia, die tatsächlich in einem fort quasselt und nicht mit süffisanten Details spart. Sie fasst mich beim Reden oft an. Mir wird warm hier drin.

Sie erzählt auch, dass sie auf dem College war, als Apothekerin arbeitet und damit achtzigtausend Dollar im Jahr verdient. Das Tanzen sei vor allem Eitelkeit, aber natürlich auch ein fettes finanzielles Zubrot.

Die Regeln: Wenn die Mädchen im Treasures tanzen möchten, müssen sie dem Club eine Gebühr von siebzig Dollar pro Schicht bezahlen. Wer nicht auf die Bühne steigt, zahlt fünfzig Dollar. Die Frauen leben von dem Geld, das ihnen die Kunden zustecken – sei es auf der Bühne oder wenn sie sich auf dem Schoß der Besucher räkeln. Gerade bei dieser Individualbetreuung, dem sogenannten Lapdance, kommen oft locker ein paar Hundert Dollar pro Tanz rüber.

Amalia sagt, einmal habe ihr ein Hotelmanager fünfunddreißigtausend Dollar an einem Abend bezahlt – bislang ihr lukrativster Job. Manche Mädels haben eine Corvette vor der Türe stehen. Mehr als tanzen ist aber nicht drin, das Höschen bleibt immer an, auch anfassen ist tabu.

»Natürlich gibt es Mädchen, die die Regeln brechen und mit Besuchern nach Hause oder ins Hotel gehen, aber wenn wir das rauskriegen, tanzen die nie wieder hier. Wir lassen uns hier doch nicht den Job in den Schmutz ziehen«, sagt Amalia und ihre Stimme zischt dabei wie eine Espressomaschine. Stripperinnen seien schließlich keine Nutten.

Und Steakhäuser sind keine Imbissbuden. Auch kulinarisch gesehen hat das Treasures seine Standards: So gibt es etwa nur Fleisch mit dem Prädikat *prime meat,* das heißt, dass es von einheimischen Rindern stammt, die nur mit Gras gefüttert werden.

»Bei uns gehen zwischen sechzig und hundert Steaks am Tag raus. Allein daran sieht man schon, dass es bei uns nicht auf Masse ankommt, sondern auf Qualität«, sagt Arthur Kakaris, der Einkäufer.

Kakaris ist fünfzig Jahre alt und trägt Glatze, sein Stiernacken wirft Falten, wenn er den Kopf dreht.

Der Vertreter der Zuliefererfirma kommt einmal die Woche, und meist bestellt Kakaris an die fünfhundert Pfund Fleisch. Wichtig sind auch die Getränke. Das teuerste, was die Karte hergibt, ist der Cognac Louis XIII. Ein Shot davon kostet vierhundert Dollar.

Der beste Rotwein auf der Karte: Der Château Lafite für tausendsechshundert Dollar die Flasche. »Davon verkaufe ich sechs Flaschen im Jahr. Dem Normalkunden empfehle ich eher einen kalifornischen Merlot für zweihundert Dollar die Flasche. Da macht man nichts verkehrt«, sagt Kakaris.

Die noch normaleren Kunden wie ich müssen sich mit Hauswein für zwölf Dollar das Glas begnügen.

Es ist Mitternacht. Langsam füllt sich der Laden. Zu den über einhundertzwanzig Stripperinnen gesellen sich immer mehr potenzielle Kunden, auch das Restaurant wird voller.

Draußen leuchtet der Club in die Nacht, angestrahlt von goldenen Lichterketten und Scheinwerfern. Architektonisch ist das Treasures eine Mischung aus Antike und Renaissance-Skulpturenpark: Säulen treffen auf Pferde aus Marmorimitat – Gartenzwerge auf Amerikanisch. Die Grasnarbe des schmalen Rasens um das Gebäude ist wie mit der Nagelschere geschnitten.

Innen sorgen Lichtorgeln für ein buntes Farbenspiel wie in einer Großraumdisco. Ein Hauch von Vanille- oder Rosenparfüm hängt in der Luft, wo immer es die Frauen hingeweht haben.

Ich schaue an die Bar und sehe Männer mit einem kühlen Blonden in der Hand und einer blonden Kühlen auf dem Schoß. Auf der ovalen Bühne ist eine silberne Stange angebracht. Gerade schwingt Panther ihren hochgelobten Hintern hin und her. Langsam lässt sie ihre Hüften kreisen, einer Hula-Tänzerin gleich, bewegt ihre Arme im nächsten Moment geschmeidig hin und her wie eine Nixe beim Tauchen.

Eine Gruppe junger Männer aus Wisconsin sitzt vor der Bühne, Junggesellenabschied, eine Limousine mit getönten Scheiben hat sie vom Hotel abgeholt und hierhergebracht, dreißig Dollar Eintritt pro Mann. Sie schauen ehrfürchtig, klatschen und jubeln. »Wow, wow, wow«, wispert einer der Jungs vor sich hin.

Ich bin froh, dass ich meinen Junggesellenabschied schon gehabt habe. Irgendwie sind das immer peinliche Abende.

Alson Lee, der Manager, hat alles im Blick, läuft wie jede Nacht bestimmt fünf Kilometer, ist irgendwie immer überall gleichzeitig. »Konkurrenz haben wir in Vegas nicht«, sagt er.

»Aber da gibt es doch zum Beispiel das Spearmint Rhino.«

»Unsere Kombination ist aber einmalig«, fällt mir der sonst so ruhige Mann ins Wort.

»Andere Clubs sind wesentlich bekannter«, widerspreche ich. Ich will ihn herausfordern.

»Wir arbeiten daran, das Marketing ist noch verbesserungswürdig, das stimmt wohl«, sagt Lee.

Das Treasures wirbt vielfältig, um bekannter zu werden. Da gibt es etwa Banner auf Taxis oder Männer im Zweireiher, ihr Aufzug lässt sie im Wüstendunst schwitzen, die am Straßenrand mit sonorer Stimme rufen: »Steaks and Strippers, Gentlemen, Strippers and Steaks!« Sie tragen Prospekte in der Hand und verteilen sie.

Lee erzählt mir von seinem eigenen Werdegang. Er wuchs in der Gastronomie auf, sein Vater war Koch in San Francisco. Tellerwäscher, Koch, Kellner – Lee hat jede Tätigkeit ausgeübt. Man könne anderen nur sagen, was sie zu tun haben, wenn man ihren Job selbst gemacht habe, findet er. Mit dreiundzwanzig führte er sein erstes eigenes Restaurant. Heute arbeitet er siebzig Stunden die Woche; nachts geschlafen hat er schon lange nicht mehr.

Zeit für eine eigene Familie bleibt nicht, aber für ein paar Girlfriends reiche es, sagt Lee und lächelt sein sanftestes Dalai-Lama-Lächeln.

»Wie sind Sie auf die Idee für ihren Club gekommen?«, will ich wissen.

»Wir hatten hier von Anfang an viele Junggesellenabschiede. Und was essen junge Männer gerne? Sie essen Steaks!«

Die Steaks serviert Cecilia Pirastru – sie ist die Barchefin im Steakhouse und will ihr Alter nicht verraten. »Hier kommt, wovon du schon immer geträumt hast«, sagt sie mit einer tiefen Reibeisenstimme, die Louis Amstrong hätte neidisch werden lassen. Vor uns, ich bin mit einem Fotografen und seinem Assistenten hier, stehen jetzt das Porterhouse (780 Gramm, 48 Dollar), das Bone in Rib Eye (670 Gramm, 42 Dollar) und das Filet Mignon (360 Gramm, 47 Dollar).

Das Porterhouse ist nicht nur groß, es schmeckt würzig und ist doch zart, es ist die perfekte Mischung aus Sirloin und Filet. Das Rib Eye ist saftig; sein Fettauge transportiert den Geschmack. Auch das Filet Mignon schmeckt traumhaft, es ist saftig und zart, die Kruste der Höhepunkt. Als Beilagen: geschmorte Champignons, Spinat mit Sahne und wilder Reis. Wir probieren reihum alle Steaks und sind sehr zufrieden.

Zum Dessert wird Käsekuchen gereicht. Gebacken hat ihn der völlig zutätowierte Beikoch, den hier alle nur Frosty nennen. Er macht gerade Feierabend. Auch Frosty, zweiunddreißig, hat als Tellerwäscher angefangen, sein Traum ist es, irgendwann einmal zum Koch aufzusteigen.

»Ich muss nur ein Problem vorher lösen: Meine Verlobte ist eifersüchtig wegen der vielen Mädels hier«, sagt er, bevor er sich auf sein Motorrad setzt und losbraust.

In einer Stadt, die immer im Rausch ist, hat der Genuss seinen festen Platz. Sicher, der Las Vegas Boulevard ist so etwas wie die amerikanische Schinkenstraße.

Aber die vierzig Millionen Besucher, die jedes Jahr in die Zockerstadt reisen, erwarten nicht nur eine gute Show, sondern auch gutes Essen. Knapp vierzig Kilo Rindfleisch isst jeder Amerikaner durchschnittlich im Jahr. Ohne Gegrilltes geht nichts in Vegas. Allein das Hotel Rio, wo die WSOP steigt, beschäftigt dreißig Metzger, die jeden Tag Fleisch im Wert von knapp zwanzigtausend US-Dollar verarbeiten. Aber das Treasures ist eine eigene Liga, was das Essen angeht.

Und auch in der hohen Kunst, nackt auf den Schößen von Männern zu tanzen. Amalia ist gerade fertig mit einem Kunden. Sie hat mit mädchenhafter Anmut auf ihm gewirbelt und dabei seine Hände festgehalten. Ein Grapscher, mal wieder.

»Wir sind viel mehr Psychologen als Sexobjekte. Viele hier drin wollen nicht nur Brüste sehen, sie wollen über ihre Probleme reden«, sagt Amalia und fragt mich, ob sie mir denn gefalle.

»Ja«, bekenne ich und muss dabei nicht lügen, »aber ich bin ja beruflich hier und schon vergeben.«

»Ich auch«, bescheidet sie mich mit Augen, die im Lichte des Stroboskops blitzen.

»Ja dann ...«, sage ich und muss, ein wenig peinlich berührt, lachen.

Manche Männer suchen hier gar die große Liebe, erzählt mir Amalia: Neulich erst habe eine brasilianische Kollegin einen Pokerspieler geheiratet – drei Tage nachdem sie ihn im Club kennengelernt hätte. Sie schlossen ihren Ehebund in einer Wedding Chapel am Strip.

Auch wenn ihr Job gesellschaftlich nicht anerkannt ist – auch ihre Familie weiß nicht, dass sie im Treasures arbeitet –, besteht Amalia darauf, wie anspruchsvoll er sei. Man müsse eine gute Verkäuferin sein, Zuhörerin und Rednerin.

Nur einmal verlor Amalia die Contenance bei der Arbeit. Sie tanzte auf dem Schoß eines Kunden, als dessen Frau den Rock nach oben zog und Amalia ihre entblößte Scham ins Gesicht streckte. Amalia schrie und schüttete der Kundin im Affekt ihren Drink ins Gesicht, es gab einen Tumult, als tobe eine Kneipenschlägerei.

Noch heute blähen sich ihre Nasenflügel wie kleine Windsegel, wenn sie die Geschichte erzählt, und sie bekreuzigt sich dabei.

Aber meistens macht der Job Amalia Spaß. Sie und Bijou gehen auch privat mit Freunden manchmal im Steakhouse essen. Barchefin Cecilia mag die Mädels, sagt aber auch: »Wenn meine Töchter hier reinkämen, würde ich sie ohrfeigen.« Der Job berge viele Gefahren.

»Welche Gefahren?«, hake ich nach.

»Vor allem das viele Geld, man wird schnell abhängig«, sagt sie.

Cecilia selbst lebt nur vom Trinkgeld.

Amalias Freund ist Anwalt, er hat ihr vor zwei Wochen einen Heiratsantrag gemacht. Sie hat Ja gesagt. Jetzt überlegt sie, ihren Nebenjob als Stripperin aufzugeben. Auf ein Steak will sie aber immer wieder vorbeikommen. Das Treasures ist jetzt zum Bersten voll. Heute Nacht gibt es Fleisch.

Kapitel

7

Herzinfarkt am Grill

*»Was den Furchtmenschen unrettbar verrät, ist,
daß er sich amüsieren kann. Der Furchtfreie kennt die Freude,
die Begeisterung, auch den Rausch, die Völlerei –
aber er ist nicht amüsabel.«*
WALTHER RATHENAU, DEUTSCHER POLITIKER
UND INDUSTRIELLER (1867–1922)

Man kann in Vegas auch spartanischer essen, wenn einem die feudalen Steaks im Treasures zu viel kosten.

Könnte das Bratfett im Heart Attack Grill Geschichten erzählen, dann wären dies Geschichten über die dicksten Gäste der Welt. Über die fleißigsten Esser beziehungsweise die fleischigsten Esser. Über Fast-Food-Fetischisten und Cola-light-Verpöner. Es wären keine Geschichten von Gourmets wie im Gentlemen's Club and Steakhouse, das steht fest.

Als ich den Laden betrete, liegt für mich ein gewisser Ekel in der Luft. Und trotzdem auch Faszination. Ich habe viel über diesen Ort gelesen und noch mehr gehört. Ein Restaurant für die Dicken? Ein Restaurant für die Maßlosigkeit? Ein Restaurant, in dem die Gäste Kalorienrekorde aufstellen und dabei noch stolz darauf sind?

Ich bin auch nicht mehr so schlank wie früher, doch rümpfe ich bei solch einem Ausblick die Nase. Aber weil ich der neugierigste Mensch der Welt bin, will ich diese Nase in diese Gaststätte hineinstecken.

»Manche finden, unsere Burger sind furchtbar«, sagt Jon Basso, schaut mich prüfend dabei an.

»Horrible«, sagt er, um genau zu sein.

»Sind sie denn furchtbar?«, frage ich.

Basso: »Ich sage dir eines: Unsere Burger sind nicht furchtbar, sie sind auch nicht phänomenal, das gebe ich zu. Es sind einfach große Burger, nicht mehr und nicht weniger.«

»Ja, groß ist hier drin offenbar wichtig«, finde ich.

»Wie meinst du denn das?«, fragt er.

Basso ist fünfzig Jahre alt, hat eine sorgsam rasierte Glatze und ist selbst nicht dick. Er lehnt am Tresen in seinem Restaurant, dem Heart Attack Grill.

Hier in Downtown hat er sich vor vier Jahren niedergelassen, nachdem er eine teuflisch gute Geschäftsidee hatte: ein Restaurant für die Dicken, die Fetten und die, die ob ihrer Ernährung zumindest gefährdet sind, dick und fett zu werden. Auf der Karte steht nur höchst ungesundes, hochkalorisches Essen und Trinken.

Basso hat das zu seiner Marke gemacht. Er sagt, dass er den Leuten den Spiegel vorhalten wolle. Dass er sie nicht betrüge wie andere Restaurants, indem er sie im Glauben lasse, sein Essen sei gesund. Der Heart Attack Grill feiert die ungesunde Lebensweise und will sie zugleich anprangern.

Basso sagt, dass die Menschen nirgendwo derart über ihr Gewicht und ihre Ernährung nachdächten wie bei ihm. Vielleicht ist der Heart Attack Grill tatsächlich so etwas wie ein großes kulinarisches Mahnmal in der dekadentesten Stadt der USA.

Erst einmal bin ich aber froh, dass Basso mich nicht erkannt hat. Ich war schon ein Jahr vorher mit ihm für ein Interview verabredet. Damals schmiss er mich aus seinem Laden hinaus. Der Grund: Ich wollte das OP-Hemdchen nicht anziehen.

Denn wer den Grill besucht, bekommt am Eingang ein solches Hemdchen angezogen, auf Wunsch kann er sich im Rollstuhl hineinschieben lassen. Bedient wird er von Kellnerinnen im knappen Krankenschwesternkostüm, das einen Blick aufs Höschen zulässt, wenn sie sich bücken.

Im Gegensatz zu den meisten Kunden sind die Mitarbeiter sexy. Jon Basso nennt sich in seinem Laden Dr. Jon, Fachrichtung: Burgerologie. Die ungesund lebenden Gäste sollen sich gut behandelt, ja verarztet, fühlen.

»Wir geben ihnen, was sie brauchen«, sagt Dr. Jon.

Ich fand das Konzept, nicht zuletzt das OP-Hemd, schon damals affig.

»Muss das sein?«, fragte ich Basso.

»Wenn du hier rein willst, musst du so ein Ding tragen. Du musst dich wie alle an unsere Regeln halten. Du wirst auch das Essen bezahlen, das du hier konsumierst. Und du wirst mir für das Interview Geld bezahlen«, sagte er, nein, er schrie es.

»Ich bezahle nie für ein Interview, nie!«, auch ich wurde laut.

»Dann hau ab«, sagte er, nein, eigentlich sagte er »Fuck off« und zeigte auf die Tür.

Nach diesem Erlebnis hatte ich eigentlich vor, den Heart Attack Grill nicht wieder zu betreten. Aber irgendwie konnte ich von der Idee nicht ablassen, über diesen Laden zu schreiben. Er gehört einfach zu Vegas wie Elvis-Doubles und falsche römische Statuen.

Also beschloss ich, es noch mal zu versuchen.

Ich stehe jetzt wieder am Eingang, den Schirm meines azurblauen Basecaps so über die Stirn gezogen, dass man möglichst wenig von meinem Gesicht sieht. Basso gibt mir die Hand, redet ein paar Brocken Deutsch. Er erkennt mich nicht. Meine Tarnung ist nicht aufgeflogen.

Ich habe mir viel vorgenommen: Heute will ich einen Selbstversuch wagen. Denn die richtig Dicken essen umsonst im Heart Attack Grill. Wer über hundertfünfundsiebzig Kilo wiegt – das wird geprüft, es gibt extra eine ›Schwerlastwaage‹ –, bekommt einen Burger nach dem anderen gratis, bis er nicht mehr kann. Ich bin leichter, sehe das als große Herausforderung und will wissen, wie viele Burger ich schaffe

Ob ich mithalten kann mit den stark beleibten Gästen, auch wenn ich neben ihnen ein schmales Hemd bin. Ein guter Esser war ich schon als Kind, erzählt meine Mutter immer.

Ich habe mir also viel vorgenommen heute. Und wie gesagt: Basso weiß, was seine Gäste brauchen. Was genau sie brauchen, steht auf der knappen Speisekarte: ein Burger mit bis zu acht Lagen Fleisch (Octuple Bypass Burger, mit vierzig Lagen extra Speck für rund dreißig Dollar), Pommes, in purem Schweinefett frittiert, Milchshakes mit Butter und Erdnusscreme, Wodka Shots aus Einwegspritzen, hochkalorisches Bier, Wein aus Infusionsbeuteln und für danach Zigaretten ohne Filter. Das britische Krawallblatt »The Sun« bezeichnete Bassos Burger im Februar 2012 als »world's worst junk food«. Basso widersprach nicht.

Auf der ersten Seite der Karte steht ein Warnhinweis: »This menu contains nutritional pornography« (Die Nährwerte dieser Speisekarte sind pornografisch), dazu eine Adresse, an die man »Hass-Post« schicken kann.

»Wir bekommen viel Hass-Post«, erklärt Basso mit einem listigen Grinsen, das sein Gesicht fast wie die Fratze einer alemannischen Fastnachts-Larve wirken lässt. Er ist kein schöner Mensch, aber er behandelt mich diesmal so liebenswürdig, dass ich mich nicht dagegen wehren kann, ihn sogar nett zu finden.

Basso ist, das merkt man gleich, auf alle Kritik vorbereitet. Er wehrt sich nicht gegen den Vorwurf, als ich sage, er sei skrupellos, denn Skrupel widersprechen der Philosophie dieses Restaurants. »Wir haben hier keine No-Gos«, sagt er und zuckt mit den Achseln. Alles sei in seinem Laden erlaubt, zumindest, was das Genießen angehe.

Am liebsten würde er auch das Rauchen im Restaurant gestatten, allein der strenge gesetzliche Nichtraucherschutz in den USA hält ihn davon ab.

An der Wand im Grill hängt Bassos Version des bekannten Motivs vom letzten Abendmahl. Basso sitzt in der Mitte an Stelle von Jesus. Mit ihm an der Tafel hocken dicke Comicfiguren.

Ich bin Katholik und versuche mir vorzustellen, was meine gläubige Mutter wohl von so einem Bild halten würde. Hier paaren sich Blasphemie, Dekadenz und Hedonismus – die Römer hätten ihre Freude. Bassos Laden scheut sich nicht vor einer Lebenseinstellung, die kein Maß kennt. Noch weiß ich nicht, wie ich das finden soll.

Wir gehen in Bassos Büro, eine kleine Rumpelkammer. Ich frage ihn nach seinem Werdegang. Ausgerechnet Basso arbeitete vor seinem Debüt als Gastronom nicht nur als Immobilienmakler, sondern unterhielt eine Kette von Fitnessstudios. »Damals habe ich gelernt, wie sich die Menschen selbst belügen. Wie sie einem Schlankheitswahn nacheifern, obwohl sie eigentlich nur eines wollen: einen fettigen Burger!«

Der Hai schwamm zu den dicken Walen. Basso gab das Fitnessthema auf und dachte fortan nur noch an die sündhafte Kalorienparty.

»Wenn die Menschen aber dann in meinen Laden kommen, die vielen Dicken sehen und wie sie einem maßlosen Lifestyle frönen, dann sinnieren sie über ihre eigene Ernährung«, sagt Basso. Es sei eine Art von Bildung, die er vermittle, so Basso über Basso.

»Unsere Message ist ehrlich: Fresst euch voll, aber seid euch dabei bewusst, wie ungesund es ist.« So hatte ich den Laden bislang nicht gesehen. Zumindest in der Theorie klingt das interessant.

Im Heart Attack Grill gilt, wie schon angesprochen: Wer über hundertfünfundsiebzig Kilogramm wiegt, bekommt Gratisburger mit einer Lage Fleisch, bis er nicht mehr kann. Ich bringe zwar deutlich weniger auf die Waage, will aber dennoch den Selbstversuch wagen. Basso sagt mir, dass viele Dicke zehn Burger schaffen und mehr. Was im Heart Attack Grill verboten ist: sich Essen zu teilen oder Essen mit nach Hause zu nehmen. *No doggy bags allowed!*

Lieber wird Essen weggeworfen. Und Strafe muss sein: Wer seinen Burger nicht schafft, wird wie ein Dieb im Mittelalter an einen Pranger in der Mitte des Ladens gestellt und bekommt von einer der Schwestern einen heftigen Schlag mit einem Holzscheit auf den Po. Die übrigen Gäste lachen und glucksen, als wären sie das Publikum einer Sitcom.

Basso sagt, dass er mit den Besuchern, die die richtig Dicken im Schlepp mitbrächten, immer noch gutes Geld verdiene. Und er hat selbst auf der Toilette für feine Details gesorgt: Auf seinem Herrenklo können die Gäste wahlweise auf ein Konterfei von Obama oder Bush junior im Pissoir urinieren. Bassos politisches Statement: Präsidenten, lasst uns in Ruhe!

Ich beiße in den ersten Burger. Er trieft vor Fett. Neben Fleisch, Tomaten, doppelt Käse und roten Zwiebelringen haben sie eine Salsasauce zwischen die Fleischlagen geschmiert.

Ich muss sagen: Basso hat völlig recht. Furchtbar finde ich diesen Burger nicht. Aber auch nicht besonders schmackhaft. »Der Hunger treibt's rein«, sagen Bauarbeiter gerne, wenn man sie beim Mittagessen auf der Baustelle fragt, ob's denn schmecke. In meiner Abiturzeit habe ich auf dem Bau gejobbt und diesen Spruch oft gehört. Er beschreibt mein Verhältnis zu diesem Burger exakt.

Der Jahresgewinn des Herzinfarkt-Grills liegt laut Basso bei knapp dreihundertfünfzigtausend US-Dollar, dreißig Prozent des Umsatzes, eine Million, hat Basso in den Laden und seine Räume investiert, rechnet er vor. Das meiste davon sei in den Umbau der Immobilie geflossen, das Restaurant liegt an der Fremont Street, Ecke Las Vegas Boulevard.

Basso lebt auch vom Mythos der Zockerstadt, von einem Streben nach immer mehr. Das fängt bei den Spielchips an und hört beim Essen nicht auf.

Er hat aber auch viele Locals als Gäste, nicht nur Touristen. Und er will nicht, dass Journalisten schreiben, dass er 2005 seinen ersten Heart Attack Grill in Chandler, Arizona, aufmachte. Wahrscheinlich denkt Basso, dass Arizona, der Rentnerstaat, nicht recht zu seinem Image passen will. Vegas dagegen ist *heart attack* pur und umgekehrt.

Viel Geld macht Basso neben dem Essen mit Merchandising: T-Shirts mit Bildern der Krankenschwestern – die Größen gehen von Small bis XXXXX-Large – Tassen, Bettwäsche, ja sogar die Speisekarte kann man kaufen. Basso hat ausgesorgt; er will seinen Grill bis zur Rente führen. Er wolle nicht expandieren, keine neuen Filialen aufmachen, um den »Charakter der Einzigartigkeit« seines Restaurants nicht zu zerstören.

Seine Kinder, acht, zehn und zwölf Jahre alt, dürfen nur manchmal im Grill essen. »Unser Essen ist ja ungesund, das wissen die Kids auch. Für sie muss es etwas Besonderes sein, eine Ausnahme«, so Basso.

Mit großer Mühe habe ich den ersten Burger weggeputzt. Nur ein paar Krümel liegen noch auf meinem Teller. Da steht der nächste Fleischriese schon vor mir. Ich beiße hinein und denke sofort: Experiment gescheitert, ich gebe auf! Irgendwie motiviere ich mich trotzdem, den Burger weiter zu essen. Acht wollte ich eigentlich schaffen. Ich bin verrückt.

Was an Bassos Unternehmensführung auffällt, ist nicht nur die ungewöhnliche Philosophie übers Essen, sondern zudem ein eigenwilliges Marketing, man könnte es altbacken nennen, aber es scheint zu funktionieren. Es gibt drei wichtige Grundsätze: *honesty, simplicity, showmanship* – Ehrlichkeit, Einfachheit, Darstellungsdrang.

Basso hat nie einen Cent für Werbung ausgegeben, er schaltet keine Anzeigen oder Werbebanner. Stattdessen kommen täglich

Journalisten aus aller Welt, die den Grill immer bekannter machen. »Neulich war auch Pro 7 da«, erwähnt Basso beiläufig. Die deutschen Medien interessierten sich recht häufig für ihn. Wahrscheinlich, weil auch die Deutschen Kalorien lieben, denke ich.

Überhaupt rennt alle Welt Basso die Bude ein und das, obwohl er fast kundenfeindlich ist, mit Kreditkarte kann man bei ihm nicht bezahlen, er nimmt nur Cash, eigentlich ein No-Go für Amerikaner, auch das so ein Spleen, was die alternative Unternehmensführung angeht. »Ich zahle doch keine Gebühren an die Kreditkartenfirmen! So weit kommt's noch«, sagt Basso mit einem künstlich-pikierten Unterton, während ich die Hälfte meines zweiten Burgers weg habe und mir überlege, ob ich auf die Toilette rennen und auf Bush oder auf Obama kotzen soll.

Statt sich irgendwelcher herkömmlichen Marketing-Aktionen zu bedienen, dreht Basso zur Förderung seiner Marke im hauseigenen Studio mit echter Greenscreen-Technik Clips, bei denen er und seine Krankenschwestern zu Musik aus allen Stilrichtungen tanzen, ja, man muss es eher abrocken nennen.

Die Filme, für die Basso einen eigenen Mitarbeiter angestellt hat, der sie dreht und bearbeitet, werden auf großen Screens gezeigt und sollen die Gäste belustigen, ein bisschen Personenkult fördern.

Im Gegensatz zu den meisten Restaurants in Vegas ist die Fluktuation bei den Mitarbeitern enorm gering. Die kellnernden Krankenschwestern verbleiben oft jahrelang im Unternehmen. »Weil es einfach Spaß macht mit diesem Team«, sagt die kleinwüchsige Kellnerin Loraine. Basso sagt: »Ich zahle etwas übertariflich. Aber wichtiger ist: Durch die Filme fühlen wir uns alle wie Stars hier. Welche Frau möchte das nicht?«

Im gleichen Moment steht Burger Nummer drei vor mir. Ich wehre mit meinen Händen ab, aber der Teller bleibt stehen, ich nehme einen Bissen und weiß: Ich habe verloren. Für keinen Preis der Welt und noch weniger wegen einer Wette mit mir selbst kann ich hier weiteressen. »Schwester, bitte nehmen Sie das Essen wieder mit. Ich kann nicht mehr«, rufe ich und nehme einen tiefen Zug von meiner Cola mit extra viel Zucker.

Was folgt, hat sich schon angekündigt. Ich muss mich an den Pranger stellen und bekomme meine Lektion. Als ich den Schlag auf meinem Hintern spüre, denke ich kurz, sie hätte einen Rohrstock benutzt, so stark ist der erste Schmerz.

Am liebsten würde ich der Dame in dem dämlichen Kostüm eine knallen. Sie aber lächelt mich an und umarmt mich, säuselt mir ein »Sorry« ins Ohr. Bei diesem Selbstversuch bin ich mal wieder gescheitert. Ich bin kein guter Pokerspieler. Ein guter Esser offenbar auch nicht. Gleich versuche ich es mit dem Trinken und werde besser abschneiden. Man muss wissen, wozu man imstande ist.

Dann packt Basso eine durchsichtige Plastiktüte voller Asche auf den Tisch. Auf der Tüte hat eine der Krankenschwestern einen dicken Lippenstiftkuss hinterlassen. »Das ist John. Er hat auch für uns gearbeitet«, sagt Basso. »Welcher John?«, frage ich zurück. »Na John. Schau mal ins Internet. Die Geschichte ging um die Welt«, sagt Basso.

John hieß mit Nachnamen Alleman und war dick, sehr dick. Er starb mit zweiundfünfzig vergangenes Jahr vor dem Restaurant, während er auf den Bus wartete. An einem Herzinfarkt.

Die Geschichte ist nicht erfunden, sie stand in vielen Zeitungen, wie ich später recherchierte. »John hat ungesund gelebt und dafür die Quittung bekommen. Er hat unsere Firmenphilosophie gelebt«, sagt Basso.

Dass er selbst einen Toten noch für sein Business instrumentalisiert, finden die meisten Menschen geschmacklos. Allerdings tut es der Tatsache keinen Abbruch, dass Basso zumindest ehrlich ist. Und mehr will er offenbar gar nicht sein.

Kapitel

8

Mein Kater im Himmel

»*Euch ist bekannt was wir bedürfen,
wir wollen starke Getränke schlürfen.*«
JOHANN WOLFGANG VON GOETHE,
DEUTSCHER DICHTER (1749–1832)

Trinken also.
Aber erst einmal hinkommen.
Vielleicht haben das unzählige Autoren schon über Taxifahrer in anderen Städten geschrieben, aber ich bleibe dabei: Die in Vegas sind die schlechtesten. Mehr als eintausendeinhundert Fahrer sind dort mit ihren Taxis zugelassen; sie fahren grundsätzlich Schleifen über die Highways der Stadt, auch wenn das Ziel irgendwo um die Ecke ist und verdoppeln bis verdreifachen damit den Fahrpreis, als sei nichts dabei.

Fühlen sie sich vom Fahrgast ertappt, murmeln sie etwas von »Stau im Zentrum« in ihren Bart oder Hemdkragen und beschweren sich am Ende der Fahrt, dass man ihnen zu wenig Trinkgeld gegeben habe.

Las Vegas bereisen heißt leider auch, hier und da betrogen zu werden. Nur Nachsicht gegenüber den Betrügern kann uns Glücksritter und Epikureer beruhigen: Reg dich nicht auf, das Geld holst du dir heute Abend beim Roulette wieder!, will man denken.

Ich bin leider nicht nachsichtig, rege mich über alle Maßen auf. Am Spieltisch kann ich viel Geld verlieren und es halbwegs mit Fassung tragen. Eigentlich ist das sonderbar, denn der Gewinn des Casinos im Glücksspiel ist so etwas wie ein institutionalisierter Betrug. Jeder kennt die Regeln und alle wissen, dass man gegen die Bank keine Chance hat.

Aber da ist die Hoffnung auf die Ausnahme. Manchmal lassen wir uns also gerne übers Ohr hauen. Manchmal macht es uns aggressiv.

Auch heute habe ich einen Schlawiner erwischt. Er hat mich nach Downtown gefahren, als ich fragte, ob er mir zeigen könne, wo die Einheimischen abends ausgehen. Ich wollte einen Abend raus aus der Touristenfalle am Strip, wo alles glitzert, aber wenig wirklich zu leuchten vermag. Ich bin auf der Flucht – vorübergehend. Es gibt nur wenige Menschen, die in Vegas keinen Koller kriegen, wenn sie für länger bleiben. So ist das bei einer Amour fou.

Statt direkt über den Las Vegas Boulevard zu fahren, zog auch mein Fahrer den Highway vor. Ich will mich nicht ärgern, denn heute muss ich etwas erleben, zahle brav meine zehn Prozent Tip obendrauf und steige aus. Das Trinkgeld ist ein Bier für ihn, für mich aber die Gewissheit, dass auch ich, wenn ich will, nachsichtig sein kann.

Die Bar, vor der mich der Fahrer aussteigen ließ, ist dunkel. Es kommt mir vor, als stünde ich vor einem U-Bahn-Schacht, dessen Notbeleuchtung schummrig in den Raum funzelt. Ich blinzle und werde ein paar Konturen in der Schwärze gewahr.

Am liebsten würde ich meine Hände heben und tasten, aber das kann abends beim Feiern schlecht ausgehen; will ich mich hier doch nicht als Grapscher gebärden, sondern einfach unbeschadet den Weg zum Tresen finden.

Dunkelheit ist eigentlich etwas, was es in Vegas nicht gibt. Überall bunte Lichter, Tag und Nacht, hier wurden vierundzwanzigtausend Kilometer an Neonröhren verbaut, so steht es in einer Reisebroschüre. Mit Strom gehen sie hier ebenso verschwenderisch um wie mit Geld, Benzin und Frauenkörpern.

Die vielen, vielen benötigten Megawattstunden, rund eine Milliarde im Jahr, kommen vom nahe gelegenen Hoover Dam, wo sie von dicken Turbinen produziert werden. Wer auch nur ein bisschen ökologisch denkt, dem ist eine solche Bar also gleich sympathisch.

Downtown und der Strip – das sind eigentlich zwei verschiedene Städte. Ich bin hier ohne jeden Zweifel wieder in einem anderen Las Vegas gelandet, was ich erst einmal gut finde, weil meine Neugier die Sichtverhältnisse aussticht.

Es ist mein erster nächtlicher Ausflug zur Fremont Street in Downtown, dem alten Zentrum. Hier wurde der Mythos der Stadt der Sünde begründet, hier entstanden die ersten Casinos, trafen sich Millionäre mit Mafiapaten in den ersten Pokerrunden der Stadt. Es war damals noch ruhiger; »schneller, höher, weiter« war noch nicht die Prämisse. Dieses ›antike‹ Vegas hätte ich gerne gesehen, aber dafür bin ich zu jung, leider.

Der dunkle Laden mit dem Funzellicht heißt übrigens The Griffin, nicht gerade ein Geheimtipp, doch allemal aufregend. Eben keine blinkenden Lichtorgeln, keine einarmigen Banditen, die ihre Liedchen trällern als Lockrufe für die Spieler. Hier sind nur ein Haufen junger Leute, die etwas trinken wollen. Diese Bar könnte genauso in New York oder Berlin Drinks ausschenken und keiner fände etwas außergewöhnlich an ihr. Aber hier in Vegas ist sie besonders, weil sie so normal ist.

Warum ich hier bin? Heute geht es ums Trinken! Und um seine Folgen. Ich saufe heute fast im Dienste der Wissenschaft, na, zumindest will ich etwas herausfinden, einen weiteren Selbstversuch wagen. Wie wird man einen richtigen Kater los, wenn man nach einer durchzechten Nacht aufwacht? Denn Vegas bietet auch dafür eine Komplettpaket-Lösung an, aber dazu später.

Zum Einstieg habe ich mir eine amerikanische Pizza einverleibt, fetttriefend mit vielen leicht scharfen Salamirädchen drauf – schließlich muss eine Grundlage her für alles, was da heute noch in den Magen geleert wird. Nach der kleinen Fresseinlage habe ich mich in ein Irish Pub gesetzt und ein echtes Guinness vom Fass getrunken.

Die Amerikaner mögen den besten Bourbon ausschenken, aber beim Bier bin ich ganz Europäer. Und bleibe es: Das feinherbe irische Gesöff kitzelt in der Gurgel und ich bin ein wenig aufgeregt. So zielgerichtet habe ich mich noch nie betrunken.

Die Frauen im Griffin sind zwar geschminkt, aber sie kleiden sich urbaner als die Damen, die gerade noch am Strip in hohen Hacken an mir vorbeidefilierten. In Downtown sehe ich Motiv-T-Shirts und kurze Röcke, hier und da eine Röhrenjeans.

Die beiden Pole, kleines Schwarzes versus Ballermann-Outfit mit Bermuda und weißen Socken, zwischen denen sich alles am Strip modisch abspielt, findet man hier kaum. Sicher – auch hier sind ein paar Touristen unterwegs, aber die Mehrzahl der Leute sind Locals, das sieht man gleich. Heute sind die Kräfteverhältnisse umgekehrt.

Das Publikum sieht studentisch bis bohemistisch aus. Ich bestelle mir eine Jager Bomb – angeblich das derzeitige Hipgetränk in Vegas. Man bekommt ein Schnapsglas mit Jägermeister, das man samt Inhalt in ein Glas mit Energydrink fallen lässt, um das Ganze dann in einem Zug hinunterzustürzen.

Irgendwie ist mein Eindruck, dass das junge Volk um mich den Alkohol besser verträgt. Die Studenten leeren ihre Gläser wirklich in einem Zug, egal was sie trinken, bestellen neu und wahren, im Gegensatz zu mir, spielend Haltung.

Ein bisschen wanke ich schon, als ich zur Toilette gehe. In Vegas gewinnt auf lange Sicht nur, wer trinkfest ist; das gilt ausnahmsweise einmal für Touristen und Einheimische gleichermaßen.

Ich arbeite also weiter an meinem Suff. Es gibt kein zurück. Diesmal allerdings, wie gesagt, ist es Arbeit. Es gibt in Las Vegas einen Arzt mit einer smarten Geschäftsidee. Dr. Jason Burke hat eine Verheißung an seine Kunden, er verspricht: »Ich vertreibe jeden alkoholbedingten Kater in weniger als fünfundvierzig Minuten!«

Hangover Heaven heißt das Unternehmen, das der Vierundvierzigjährige gegründet hat. Unterwegs zu seinen Patienten ist Burke mit einem zur mobilen Krankenstation umgebauten Reisebus der alten Greyhound-Flotte. Den Bus kann man im Voraus buchen: »Zuerst trinken, dann sich tags darauf kurieren lassen«, sagt Dr. Burke.

Ob das Ganze funktioniert, will ich herausfinden. Ein Exzess, bei dem ich meinen Körper ramponiere und dennoch von ihm keinen Denkzettel bekomme; das Wort Verheißung passt hier wirklich, wenn man ein Nachtschwärmer ist, finde ich.

Die Zecherei geht weiter. Nach der Hipster-Erfahrung in Downtown will ich es wieder wie die Touris machen, schließlich bin ich einer, das will ich nicht leugnen.

Ich fahre mit dem Bus – das ist meine späte Rache an den Taxifahrern – in Richtung des Hotels Mandalay Bay am südlichen Strip, vorbei am Vulkan, an den römischen Statuen und der Achterbahn, die sich wie eine Mamba um das New York - New York windet.

In Las Vegas gibt es über hundertdreißigtausend Hotelbetten – in der Hauptsaison sind sie im Schnitt zu über neunzig Prozent belegt. Aber auch das gibt es: ein normales Leben jenseits von Party und Spiel. Und die Einheit von beiden Seiten der Stadt macht sie so aufregend. Es ist ein Pendeln zwischen zwei Sonnensystemen.

Im Casino des Mandalay Bay setze ich mich vor einen Spielautomaten. Acht bis zehn Milliarden Dollar machen die Casinos jährlich mit dem Glücksspiel.

»Was willst du trinken?« Die Kellnerin bringt mir Wodka Vanilla mit Orangensaft, die Mischung war meine Idee, beim Bestellen schaute sie mich fast mitleidig an. Armer Junge, musst dich besaufen und willst dabei noch außergewöhnlich rüberkommen, denkt sie sicher. Wie recht sie hat.

Aber ich will etwas Hochpreisiges vom Casino abzocken. Wenn es schon etwas umsonst gibt, bestelle ich bestimmt kein Selters.

Nach dem vierten Glas habe ich einen Tunnelblick, wanke auf meinem Stuhl hin und her, lalle und grunze beim Versuch einer Konversation mit den Spielern, die rechts und links von mir spielen. »Woher kommst du?«

»Deutschland.«

»Ah, Deutschland. Was macht Angela Merkel?«

»Ich weiß es nicht genau.«

»Hast du gewonnen?«

Natürlich habe ich beim Daddeln mehr verloren als gewonnen und bezahle auf die Art doch noch meine Drinks. Meine Oma hat immer gesagt: »Umsonst ist im Leben nur der Tod – und der kostet das Leben.«

Im Taxi nach Hause kriege ich gerade noch den Namen meines Hotels über die Lippen: »Imperial Palace«, sage ich schließlich, es fühlt sich an wie ein Zungenbrecher. Ich bin zu betrunken, um noch eine Scham dafür zu empfinden, dass ich in der liederlichsten, bei meinem Besuch war sie es noch, Absteige der ganzen Stadt untergebracht bin.

Da ich mir nicht sicher bin, ob mein derzeitiger Vollrausch auch einen extremen Hangover zur Folge haben wird – bisher habe ich die Folgen des Trinkens noch nie heraufbeschworen, sondern mich eher über sie gewundert – kaufe ich an der Bar im Hotel noch Strawberry Margarita, abgefüllt in eine Riesenflasche aus rotem Plastik, wie man sie in Vegas zuhauf in den Händen von Touristen sieht. Viele nehmen das Trinkgefäß als Souvenir mit nach Hause. Es ist vier Uhr nachts.

Zuerst ziehe ich unkoordiniert am Strohhalm, dann trinke ich in großen Zügen. Das Ding muss runter. Auf dem Balkon im Zimmer mache ich die Pulle leer.

Ich könnte mich jetzt schon übergeben – das merke ich, als ich am Geländer stehe und hin und her schwanke, als sei dies die Reling auf einer Segelyacht bei der Atlantiküberquerung.

Morgens um acht stehe ich auf. Wie ich ins Bett gekommen bin, weiß ich selbst nicht mehr. Dass ich mich elend fühle, ist untertrieben. Ich kriege kaum die blutunterlaufenen Augen auf, mir ist flau im Magen und mein Kopf pocht, als schlüge ein Trommler von Stomp darauf herum.

»Die Hypophyse spielt das Lied vom Tod«, heißt es in dem wohl einzigen ernsthaften Lied der Gruppe Erste Allgemeine Verunsicherung. Deren Musik habe ich als Kind immer gehört und mich gefragt, was eine Hypophyse sein mag. Jetzt ahne ich's.

Mir ging es noch nie so schlecht, den Gedanken habe ich bei jedem Kater, natürlich, dennoch ist es diesmal besonders schlimm, für den Moment bin ich bedient. Aber ich muss das jetzt durchziehen, mein Termin bei Dr. Burke ist um halb neun.

Fast verlasse ich das Hotelzimmer mit einem falsch herum angezogenen T-Shirt. Ich bin im wahrsten Wortsinne schief gewickelt. Heruntergekommen wie ein Teenager bei seinen ersten Versuchen mit der Droge Alkohol.

Dr. Burkes Händedruck ist fest, beim Lächeln zeigt er zwei gebleachte Zahnreihen, seine langen Haare trägt er zum Pferdeschwanz gebunden. Dieser Mann versucht, perfekt zu sein, dass merke ich, obwohl ich gerade meine Sinne nicht beisammenhabe.

»Du siehst nicht gut aus«, sagt er und scheint dabei zu feixen.

»Ja, Sie haben recht.«

»Kein Sorge, dafür sind wir hier da. Es wird keine leichte Mission, aber eine erfolgreiche!«

»Da bin ich gespannt, Doc.«

Ob ich meine Gesundheit diesem Mann anvertrauen soll? Sein Büro hat kein Fenster, statt in Ablagen stehen Aktenberge und ein Laserdrucker auf dem Boden herum.

Ich bin eigentlich überzeugt von meinem Gespür, was Menschen angeht, und dieser Mann ist ein Zocker, dem es nicht um Menschen geht, sondern um Dollars, das merke ich. Aber zurück ins Hotel? Nein, ich will es diesmal wissen. Vielleicht ist Burke ausgebufft, aber ein Scharlatan muss er deshalb nicht sein. Bleib fair, denke ich, bewerte das Produkt und nicht den Menschen.

Die Geschäftsidee kam Burke, als er selbst regelmäßig unter einem Kater litt. »Ich habe eine Zeit lang Rotwein-Dinner bei mir zu Hause gegeben und am nächsten Tag ging es immer allen furchtbar.« Burke lacht.

Ich stelle mir vor, wie er mit vollbusigen Frauen edle kalifornische Tropfen vernichtet. Wie er, ganz Amerikaner, immer erst dann aufhören konnte, wenn das Limit überschritten war, denn Amis lieben das Limit, die äußersten Grenzen und manchmal auch die Übertreibung, hinter der sich das Glück für sie verbirgt.

Als Anästhesist wusste Burke, was ausgezehrte, dehydrierte Körper brauchen. Er hatte die Erfahrung als Assistenzarzt in der Klinik, außerdem arbeitete er später einige Jahre in einer Gemeinschaftspraxis.

Was lag da näher, als Hangover Heaven zu gründen? Burke hat über zweihunderttausend US-Dollar investiert, Geld, das er gespart hatte, seine Altersvorsorge – mit einem Businessplan für so ein Geschäft wäre er wohl bei keiner Bank durchgekommen.

Als aber die Homepage zu seinem Unternehmen online ging, war sie nach einem Tag vierzigtausendmal angeklickt worden. Burke hatte da eine Idee gehabt und diese Idee passte so gut zu dieser Stadt wie Arsch auf Eimer.

»Ich bin ein Visionär«, sagt er selbst.

Die Vision, ihren Kater wegdoktern zu lassen, faszinierte offenbar eine Menge von potenziellen Kunden. Dabei ist der Service teuer: Neunundneunzig Dollar kostet das *Redemption Packet* (Erlösungspaket), bestehend aus einer Kochsalzlösung-Infusion. Das *Salvation Packet* (Rettungspaket) kostet gar hundertneunundfünfzig Dollar. Dabei werden eine zweite Infusion mit einem Vitamincocktail sowie Medikamente für den Magen und gegen die Kopfschmerzen verabreicht.

Bis zu vierzehn Menschen können sich im Bus gleichzeitig behandeln lassen. Wer sich nicht im Bus, sondern im Hotelzimmer kurieren lassen will, muss vierhundert Dollar anlegen.

»Achtzig Prozent der Kundschaft sind Männer«, sagt Dr. Hangover.

»Welche Typen kommen?«, frage ich.

»Alles – vom Anwalt bis zum Bestatter.«

Dieses amerikanische Kratzen am Limit ist also vor allem so ein Männerding, oder noch treffender gesagt: Ein Jungsding, das in den Genen liegt wie *Stars and Stripes*.

Grenzenlos erfolgreich sein, indem man sich von nichts ausbremsen lässt, nicht einmal von der Pleite, dafür stehen Männer wie Warren Beatty oder Donald Trump. Letzterer hat es auch in Vegas krachen lassen, der Trump Tower, ein wenig ab vom Strip gelegen, strahlt golden in den Tag.

Man müsste nicht unbedingt zu Doktor Burke gehen. Es gibt herkömmliche Hausmittel, um einen Kater zu bekämpfen.

Der Klassiker: Aspirin! Am besten man nimmt es nach der Party, aber noch vor dem Zubettgehen, um dann sorgenlos am nächsten Tag aufzustehen. Brot mit Honig gilt auch als eine gute Methode. Besser, man isst den Honig vor dem Alkoholgenuss, denn die darin enthaltene Fruktose hilft schon während des Trinkens beim Abbau des Alkohols im Blut. Für Spezialisten gibt es auch Honigwodka.

Ein weiterer Tipp aus dem Internet: Während des Trinkens ein Stück Ingwer snacken. Wer den nicht mag, kann auf einen Esslöffel Öl beziehungsweise fettiges Essen wie Pizza oder den guten alten Rollmops zurückgreifen, aber nicht erst am Morgen danach, sondern parallel trinken und essen. Fett hemmt die Alkoholaufnahme im Blut.

Ich muss an den Heart Attack Grill und Dr. Jon denken und dabei lachen.

Aber wer Doktor Burke testen kann, der sollte das unbedingt tun, sage ich mir. Ich torkele ungelenk wie ein frisch geborenes Kalb, als ich den Bus ansteuere. Die drei Stufen ins Innere sind eine Herausforderung.

Dann darf ich mich auf ein weißes Sofa setzen; es riecht hier im Inneren des Busses nach Krankenhaus und neuem Leder, aus dem Radio trällert, wie passend, der Song »Tequila Sunrise« von den Eagles. Es gibt kühle Getränke, antialkoholische versteht sich, und eine Toilette, vor allem für den Fall, dass sich doch mal einer übergeben muss, und ich bin mir gerade nicht sicher, ob *einer* in diesem Fall nicht ich sein könnte. Die Kaffeemaschine ist kaputt.

»Dich kriegen wir wieder hin«, sagt Stacy, die blonde Krankenschwester.

Ich: »Wirklich?«

Sie: »Believe and enjoy!«

Ihre Kollegin Crystal nickt wissend, während sie versucht, sich die Locken mit der Hand glatt zu streichen.

Als erstes messen sie meinen Blutdruck und den Puls. Dann muss ich ein Papier unterschreiben, in dem so ungefähr steht, dass Dr. Burke jegliche Haftung für alles ablehnt und ich vor der Behandlung wahrheitsgemäße Angaben mache. »Nimmst du Medikamente?«, fragt Burke. »Leidest du an Epilepsie?«

Nach dem hippokratischen Eid ist ein Arzt da, um Menschen zu helfen und sie im Idealfall zu heilen. Dieser Arzt hier bestärkt

Menschen darin, ihren Körpern einen Tort anzutun, und sichert sich nach allen Richtungen ab. Zum Schluss fragt er mich: »Wie schlimm ist dein Hangover auf einer Skala von eins bis zehn?« Ich taxiere meinen Kater auf achteinhalb.

Es geht endlich los. Stacy sucht eine Vene an meiner Hand, haut mir unsanft die Nadel rein und lässt dann Dr. Burke gewähren, der mich verkabelt. Er hängt mich an den Tropf, erträgt dabei auch meinen Schnapsatem, der selbst fast Narkosewirkung haben dürfte.

»Alles halb so wild, gleich geht's dir besser«, sagt er mit dem ihm eigenen Strahlelächeln, das eine Mischung aus Cindy Crawford und dem Beißer im James-Bond-Film ist.

»Sind Sie sicher? Ich glaube, an mir beißen Sie sich die Zähne aus.«

»Ganz bestimmt nicht! Du bist der typische Patient.«

»Aber Ihre Methode funktioniert doch nur bei denen, die daran glauben wollen«, wage ich zu sagen.

»Du hast es mit einem echten Arzt zu tun, ich mache hier keine Show, ich behandle.«

Burke weiß, wie man kontert und was ich brauche. Er bringt dem Dürstenden das Wasser in die Wüste.

Ich bin dennoch skeptisch, so dreckig, wie es mir geht. Aber schon nach zehn Minuten spüre ich, wie die Energie zurückkehrt, die erste Infusion wirkt. Ich fühle mich aktiver, setze mich aufrecht hin wie ein Streber in der ersten Schulbank, fange an mit den anderen Patienten zu reden und sehe die Welt, ja sogar Dr. Burke, mit anderen Augen.

Wie schön, am Leben zu sein! Wie toll, in dieser Stadt zu sein, wo, mitten im puritanisch-prüden Amerika, alles erlaubt ist, solange es in Vegas bleibt.

Michael Day, dreiunddreißig und mit schweinchenrosafarbenem Teint, war mit der US Army in Schweinfurt stationiert.

»Isch liebe Doitsland«, sagt er.

Gestern ging es heiß her bei ihm und seinen Freunden aus Los Angeles. Sie feierten zusammen einen Junggesellenabschied, elf Jungs, alle zünftig unterwegs, es gab Bier, Rum, Wodka durcheinander und nicht gerade in Maßen. Wie viel Geld sie verballert haben, weiß Day nicht so genau. Auch diese Information bleibt wohl in Vegas.

Von Hangover Heaven hat er via Facebook erfahren und sich gleich Monate im Voraus einen Termin gebucht.

»Ich habe nur noch diesen einen Tag in Vegas. Den will ich nutzen und nicht verkatert rumhängen«, so Day.

Er sagt das mit einer Selbstverständlichkeit. Den Kater kurieren lassen ist eine Routine, als ließe man sich beim Dentisten den Zahnstein entfernen.

Momentan hat Dr. Burke siebzig bis hundertfünfzig Patienten pro Woche, sagt er. Das will er zügig steigern. Eine halbe Million Dollar Jahresumsatz sind sein Minimalziel.

Für Werbung gibt er momentan zehntausend Dollar im Monat aus: Der Hangover-Heaven-Schriftzug ist auf Werbebannern der Taxis zu sehen, in Anzeigenblättern und Zeitungen wie dem Las Vegas Journal, im lokalen Fernsehen, auf Flyern.

Burke hat einen eigenen Mitarbeiter dafür eingestellt, Deals mit den Hotels, Casinos, Stripclubs, Taxi- und Limousinenfahrern einzufädeln. Wer neue Kunden bringt, erhält zehn bis fünfzehn Dollar Provision pro Patient.

»Wir müssen jetzt noch bekannter werden«, sagt Burke. Er will nicht weniger, als Dionysos, dem Gott des Rausches, die Weltherrschaft über die menschlichen Exzesse entreißen.

Dann ist die erste Infusion endgültig durchgelaufen. Ich fühle mich tatsächlich noch viel fitter als gerade eben, nur der Kopf brummt noch. Meine Lebensgeister kehren zurück, als hätte ich gerade vom heiligen Gral gekostet, kann plötzlich wieder klar denken. Glück.

Burke hängt den zweiten Beutel an die Decke. *Salvation Packet.* Nach ein paar Minuten verabreicht er über eine Spritze das Kopfschmerz- und das Magenmedikament dazu, Ketorolac und Ondansetron heißen die Arzneimittel.

»Wie fühlst du dich?«, fragt er und grinst wieder sein Dr. Burke-Grinsen mit den perlmuttfarbenen Zähnen.

Ich wollte unbedingt ein Haar in der Suppe finden, aber ich muss eingestehen: Mir geht es fantastisch, als auch die zweite Infusion durch ist. Sogar die Müdigkeit spüre ich kaum noch. Ich habe Lust auf diesen Tag, möchte etwas unternehmen, frühstücken gehen, vielleicht Hürdenlauf machen oder zumindest weiter durch die Stadt im Rausch flanieren, darüber mit anderen Leuten philosophieren, auf keinen Fall aber schlafen und den Kater auskurieren. Glück.

Im hinteren Teil des Busses beginnt eine Achtundzwanzigjährige mit der Behandlung, sie heißt Monica. Sie feierte Junggesellinnenabschied, ihren eigenen, und muss heute fit werden.

»Besser als Botox«, sagt sie und man nimmt ihr sofort ab, dass sie mit diesem Spruch nicht etwa einen Scherz machen wollte.

Fast möchte ich meinen, in Burkes Wunderbeuteln sind Glückspillen drin. Aber so schnell wirken Antidepressiva bekanntlich nicht, nein, Burke gewinnt den Kampf um die Alkoholleichen vor allem mit Elektrolyten und viel Flüssigkeit vom Tropf.

Ich steige aus, der Kater ist weg. Zum Schluss schenkt mir Burke noch ein schwarzes T-Shirt. Die Aufschrift: »Ich fühle mich wie Jesus am Ostermorgen.« Dieser Spruch ist zwar wieder Blasphemie, aber der Vergleich ist gar nicht so weit von der Wahrheit entfernt. Und wenn es einen Ort gibt, an dem Blasphemie mehr Tugend als Sünde ist, dann ist das natürlich Las Vegas.

Fast wie der FC Bayern will Burke den Umsatz künftig mit weiteren Merchandising-Artikeln steigern: T-Shirts, Kapuzenpullis,

Kaffeetassen, Schnapsgläsern. Momentan macht die Ware schon acht Prozent am Umsatz aus, laut Burke, irgendwann soll es ein Viertel sein.

Auch eine Realityshow im Fernsehen kann er sich gut vorstellen. Ich male mir Burke aus, wie er vor einem Millionenpublikum Spritzen aufzieht und mit roten Gummihandschuhen Erbrochenes vom weißen Ledersofa aufwischt. Das könnte ein TV-Erfolg werden, nicht nur in den Staaten.

Burke sagt, er helfe sogar der Wirtschaft in Las Vegas, weil er Leute mit seiner Behandlung wieder arbeitsfähig mache. Für ihn gibt es ein Recht auf Rausch, um nicht zu sagen: Räusche.

Ein letztes Mal versuche ich mich als Spielverderber. Dass man Trinkgelage nicht auch noch belohnen solle, dass der Kater eine lehrreiche Lektion für Gelegenheitssäufer sei, besonders für junge Erwachsene – das sagen Burkes Kritiker.

Sie wollen nicht schlucken, dass auch Dr. Hangover am Ende nur ein helfender Arzt ist, zumindest, dass er das selbst so sieht und an der Kommerzialisierung von Hippokrates kein Falsch finden kann.

Burkes Antwort auf seine Gegner:

»Was die Leute sonst gegen den Kater tun: Viel Kaffee, Aspirin und Red Bull ist ungesund. Mc Donald's animiert die Leute schließlich auch zu essen. Und da in Vegas sowieso jeder trinkt, hat es doch Sinn, den Menschen unter die Arme zu greifen.«

Und weil fast überall auf der Welt gerne getrunken wird, kann sich Burke auch ein Franchisemodell vorstellen: London, Rio, Bangkok – überall sollen die umgebauten Busse fahren. Hangover Heaven soll zur großen Weltmarke werden, geht es nach Burke, dem Anästhesisten aus dem doch so kleinen Las Vegas.

»Und wenn es schiefläuft?«, frage ich.

»Na dann verkaufe ich den Bus wieder, ganz einfach«, sagt Burke, »aber wahrscheinlich mache ich diesen Job für den Rest meines Lebens.«

Burke hat seinen Platz gefunden. Katerstimmung kommt für ihn nicht mehr in Frage.

Kapitel

9

*Studieren in Vegas und warum
Dr. Blaze doch kein Arzt werden wird*

*»Wenn wir bedenken, dass wir alle verrückt sind,
ist das Leben erklärt.«*
MARK TWAIN, AMERIKANISCHER
SCHRIFTSTELLER (1835–1910)

Ein regelmäßiger Rausch gehört in Vegas zum guten Ton. Auch bei den Einheimischen, vor allem, wenn sie in der Vergnügungsbranche mitmischen. Oder studieren.

Dies ist die Geschichte von Dr. Blaze und Sindra. Die Geschichte einer Stripperin und eines Croupiers. Ich finde, man muss diese beiden Charaktere hier zusammenführen. Warum? Weil sie beide Glücksritter sind, die nach Vegas kamen, um nach einem besseren Leben zu streben. Und außerdem, weil sie sich beide die Universität ausgesucht haben, um dieses bessere Leben zu erreichen. Studieren in Vegas – das ist anders als in einer ›normalen‹ Stadt. Aber Epikureer sind die beiden nicht.

Sindra schlüpft in ihre schwarze Unterwäsche, trägt Parfüm auf und schminkt sich fertig. Mit dem dicken Make-up sieht ihr

Gesicht maskenhaft aus. Dann zieht sie sich an und ruft sich ein Taxi. Sie ist heute spät dran.

Sindra ist ihr Künstlername, ihren echten werde ich hier nicht nennen, auch wenn er mir bekannt ist. Lange hat sie überlegt, ob sie mit mir sprechen will. Ob ein Journalist so genau über ihr Leben informiert sein muss. Am Ende hat sie sich auf mich eingelassen:

»Ich hoffe, du weißt das zu schätzen«, sagt sie, als wir uns im Club treffen. Sindra, die Stripperin, viertes Semester Wirtschaftswissenschaften, zeigt dabei ihr lieblichstes Lächeln mit strahlend weißen Zähnen.

Blaze zieht sein blaues Hemd an und streicht den Kragen glatt. Die Hose ist dick, der Stoff steif, dazu trägt er eine Art ›Lendenschurz‹, um seine Hosentaschen zu bedecken. Er legt seine Arbeitskluft an, als sei sie eine Ritterrüstung, Teil um Teil. Zu Hause hat er seinen Bart gestutzt. Es ist knapp zwanzig Uhr im Umkleideraum des Casinos im Mirage. Jetzt schmiert er das Gel in seine schwarzen Haare. »In meinem Job muss ich gut aussehen. Ich verkaufe schließlich etwas«, sagt Blaze, der Croupier, achtes Semester Medizin und Psychologie. Er hat nicht lange überlegt, als ich fragte, ob ich über ihn schreiben darf.

»Klar«, hat er gesagt. »Aber schreib was Anständiges!«

Dann geht er zum Black-Jack-Tisch.

Las Vegas strahlt in dieser Nacht besonders, der Himmel ist klar. Der Vulkan draußen speit wieder Feuer und lässt die Passanten stehen bleiben. Ich muss sagen: Jetzt war ich schon etwa zwanzigmal in Las Vegas und vieles hat mich dort abstumpfen lassen, ja gleichgültig gemacht. Es gibt durchaus einen Gewöhnungsprozess, was die Wirkung von Sinnesreizen angeht.

So kitschig und kindisch das Vulkan-Spektakel auch ist, es ist schon etwas Besonderes, wenn die Show auf der Straße losgeht. Wenn die Lava unter Trommelschlägen hochspritzt und die Hitze bis auf den Bordstein fühlbar ist.

STUDIEREN IN VEGAS

Der Stripclub, Wirkungsstätte von Sindra, leuchtet derweil ebenso hell mit seinen tausend an die Fassade gehefteten Lichterketten.

In der Krise huldigt die Wüstenstadt erst recht der Prasserei. Und sie zieht junge Menschen aus dem ganzen Land an: moderne Goldgräber, die in Zeiten von Wirtschaftsflaute, hoher Arbeitslosigkeit und steigenden Studiengebühren auf das große Geld hoffen.

Die Studenten Blaze, sechsunddreißig, und Sindra, dreiundzwanzig, huldigen in Las Vegas einem Mythos, der langsam verloren geht: dem amerikanischen Traum von Wohlstand und Freiheit für alle.

Dass Sindra diesen Wohlstand längst zu ihrem Anspruch erhoben hat, bekomme ich gleich zu spüren, als ich sie bei schummrigem Licht frage, was sie trinken wolle. »Champagner«, sagt sie mit hoher Stimme und einem Blick, der keinen Widerspruch duldet. Wenn du mit mir reden willst, muss es schon Schampus sein.

Vor zweiundzwanzig Uhr ist es im Club noch ruhig. Aber die Techno-Bässe vibrieren in der Brust als Vorgeschmack darauf, dass es ein wilder Abend wird.

Ein Dutzend Stripperinnen wandeln durch den Raum wie die Hofdamen einer Königin. Es gibt die Drallen, die Dürren, die mit Perücke und falschen Wimpern, es gibt Blonde und Brünette und Rothaarige. Eines der Mädels ist sogar eine Albina. Sie wird mir später bei einem kurzen Gespräch erzählen, dass ihr Typ hier drin sehr gefragt sei.

Und viele der Mädels sind richtig schlau: Ein Türsteher erzählt mir, dass bestimmt jedes fünfte hier Studentin sei. Die meisten aber würden sich hüten, mit einem Journalisten zu sprechen.

»Wenn ich mich mit einem Gast besonders gut verstehe, lasse ich mich gern von ihm zum Essen einladen«, sagt Sindra. Das glaube ich sofort.

»Und läuft auch mehr?«, frage ich.

»Offiziell nicht«, antwortet Sindra mit verschmitztem Blick.

Sie ist wenigstens ehrlich zu mir. Wie alle Mädels hier drin arbeitet Sindra auf eigene Rechnung. Offiziell ist Prostitution in Las Vegas verboten. Aber wer will das hier im Club schon überprüfen.

Die Herren Gäste zu beglücken heißt für die Tänzerinnen: entweder auf dem Schoß des Mannes einen Lapdance hinzulegen oder auf der ovalen Bühne möglichst verführerisch an der Stange zu tanzen, damit ihnen die Besucher dafür Geldnoten in den Slip stecken.

»An einem guten Tag mache ich schon mal tausendfünfhundert Dollar, an einem schlechten nur ein Zehntel davon«, rechnet Sindra vor. Das Hantieren mit hohen Beträgen beherrscht sie nicht erst, seit sie Wirtschaft studiert. Es ist ihr zur lieben Gewohnheit geworden. Hast du nichts, bist du nichts.

Ich mache mir klar, dass dieses Mädchen an einem Tag verdienen kann, wofür ich eine Woche oder länger schuften muss. Tauschen möchte ich trotzdem nicht mir ihr.

Blaze, der klein gewachsen ist und eine gedrungene, aber durchtrainierte Figur hat, muss auch rechnen können. Er steht hinter dem halbkreisförmigen Black-Jack-Tisch, vor ihm drei Casinogäste: ein Farbiger im Hawaiihemd, ein Greis in Bermudas und ein Texaner mit breiter Gürtelschnalle sitzen da und wollen die Bank ausnehmen.

Allerdings beherrschen sie nicht die Kunst des Cardcounting, die mir der Glücksspielcoach Stephan Kalhamer versucht hat zu erklären.

Die Spieler setzen ihr Geld vor dem Austeilen der Karten. Sie träumen vielleicht vom Ferrari, wenn Blaze die Karten zu ihnen schiebt. Der Texaner schreit das F-Wort, als er als Erster aus dem Spiel gekegelt wird.

Blaze lächelt ihn wohlwollend an und ermuntert ihn, es in der nächsten Runde von Neuem zu versuchen, doch der Aufgebrachte verlässt seinen Platz. Den ›Lendenschurz‹ trägt Blaze übrigens, damit für alle ersichtlich ist, dass er keine Karten oder Spielchips in den Hosentaschen verschwinden lassen kann.

Bis vier Uhr nachts wird Blaze an den Spieltischen stehen.

»Selber zocke ich überhaupt nicht. Ich habe zu viele Leute daran zugrunde gehen sehen«, sagt er.

Der spielende Dealer – das ist wie ein Fresssüchtiger in der Chocolaterie. Manche wählen den Job tatsächlich nur, um dem Spieltisch nahe zu sein.

Blaze dagegen ist einer, der mit Glücksspiel tatsächlich Geld verdient, ihm geht es nur um sein Gehalt. Er arbeitet und studiert Vollzeit. Rund vierzigtausend Dollar verdient er jährlich mit seiner Arbeit im Mirage. Wann er schläft, will ich wissen.

»Immer mal zwischendrin. Um ehrlich zu sein: Ich schlafe verdammt wenig.«

Man könnte meinen, Blaze sei ein typischer Kandidat für ein Burn-out, weil bei ihm immer alles gleichzeitig laufen muss.

An der University of Nevada, Las Vegas (UNLV) kann man sogar das Glücksspiel selbst studieren. Es gibt Kurse für Casino Management und Gaming. Die angehenden Hotelmanager kommen aus der ganzen Welt nach Sin City, um zu lernen, wie es geht. Vor allem bei Asiaten ist der Studiengang beliebt.

Ich bemühe mich immer, herauszustellen, dass Vegas mehr ist als Zocken und Feiern. Aber irgendwie kommt man doch immer wieder auf diese Themen zurück.

Auch bei Sindra kommt der Schlaf zu kurz, wenn sie im Club arbeiten geht und ihn mal wieder erst im Morgengrauen verlässt.

Vor zwei Jahren ist sie von Phoenix, Arizona, nach Las Vegas gezogen. Sie sagt, sie habe schon als Kind den Traum gehabt, einmal Tänzerin zu werden.

»Und mit vierzehn hatte ich schon einen ordentlichen Busen«, fügt sie hinzu, als hätte sie dafür einen Preis gewonnen.

Phoenix, berühmt als Rentnerparadies, war ihr immer zu eng und konservativ. Als Kind war das für Einzelkind Sindra noch nicht so schlimm. Da reichte ihr, dass sie von ihren Eltern verwöhnt und gepampert wurde, wie es nur ging. Aber spätestens auf der Highschool wusste sie: Sie musste hier raus.

Dass es dann Las Vegas wurde, war kein Zufall. Die UNLV hat einen guten Ruf und Sindra wusste, dass sie in der Spielerstadt als Tänzerin gut würde verdienen können. Die Lebenshaltungskosten sind verhältnismäßig niedrig. Vegas, die Stadt der Sünde, weltoffen und immer in Bewegung.

Sindra wohnte zwei Wochen hier, da strippte sie schon. Für den Club entschied sie sich, weil ihr der Manager sympathisch war. Er behandle die Mädchen mit Respekt, »nicht wie Bitches«, sagt sie.

Das Geld, das ihr hier nachgeworfen wird, spart sie nicht. Sindra wohnt in einer Drei-Zimmer-Wohnung mit rund siebzig Quadratmetern in Campusnähe, tausendzweihundert Dollar kostet die. Ansonsten geht sie gern shoppen, ihr Lieblingslabel: Alexander McQueen.

Diese Frau ist das Gegenteil von Blaze: Während er das Leben eines Jüngeren spielt, ist sie längst zu einer älteren Frau geworden, die einen Lebensstandard hat, den sich ihre Studienkollegen nicht mal vorstellen können, frei nach Oscar Wildes Ausspruch: »Um Gottes Willen versorgt mich mit Luxus; auf das Notwendige kann ich verzichten.«

In den USA sind die Studiengebühren in den vergangenen Jahren im Durchschnitt dramatisch angestiegen, teilweise um bis zu zehn Prozent pro Rate. Sindra machen die sechstausend Dollar pro Semester keine Angst.

Oft fragen ihre Kommilitonen, wie sie sich das alles leisten könne. Dann sagt sie immer, ihre Eltern würden sie großzügig unterstützen. Die Wahrheit über ihren Nebenjob darf niemand erfahren, denn dann wäre ihr Ruf auf immer geschädigt.

Auch wenn das hier Sin City ist – in den USA ist die Prüderie weit verbreitet, auch und gerade unter jungen Menschen, die noch nach ihrem Lebensweg suchen.

Sindras Ziel ist es, im Stripclub einen wohlsituierten Mann zu treffen, der sie heiratet – es soll sein wie in »Pretty Woman«. Bisher ist aber kein Prinz mit Regenschirm erschienen. Das wahre Leben hat für Stripperinnen eher alte geile Böcke oder betrunkene Teilnehmer eines Junggesellenabschieds parat.

Alternativ könnte sie sich auch vorstellen, später einmal einen eigenen Stripclub zu führen. Da würden ihr die betriebswirtschaftlichen Kenntnisse aus dem Studium zugutekommen. »Ich komme noch groß raus«, sagt sie und kichert. Womit, ist ihr wohl fast egal.

Viele junge Leute, die zum Studieren nach Vegas kommen, arbeiten später tatsächlich in Branchen, die direkt oder indirekt mit dem Tourismus zu tun haben, sei es im Hotel- oder Casinogeschäft, sei es im Stripclub.

Es ist auch gut möglich, dass Sindra ihr Studium abbricht, das sagt sie selbst, denn so abgezockt, wie sie vom Shareholder Value spricht, und so sehr sie Fächer wie International Studies an der Uni schätzt – das viele Geld macht träge.

Blaze dagegen will sein Studium auf jeden Fall durchziehen, noch mehr: Er will nach dem Abschluss weitermachen und Kardiologe werden. »Dr. Blaze« steht auf dem Nummernschild seiner Suzuki Boulevard. Neben dem Motorrad besitzt er auch ein Auto, einen Chevrolet Camaro.

»Ich bin zwar schon sechsunddreißig, aber ich verhalte mich nicht so. Alle meine Freunde sind jünger als fünfundzwanzig. Und das hält auch mich jung.«

Mich nervt an Blaze, dass alles bloße Attitüde zu sein scheint, wie er sich gibt, was er redet.

Aber ich lerne ihn im Gespräch auch noch anders kennen. Blaze hat schon einiges durch in seinem Leben. Er erzählt mir eine Geschichte aus seiner Kindheit, mit der eigentlich alles gesagt ist, was seine Startvoraussetzungen anbelangt. Eines Tages sagte die Lehrerin: »Morgen bringt jeder von euch sein Lieblingsspielzeug mit und stellt es den anderen vor.« Die Kids sprangen in die Luft, freuten sich, endlich mal was Spannendes im Unterricht. Nur Blaze war traurig. Warum? »Ich hatte kein Lieblingsspielzeug. Ich hatte überhaupt kein Spielzeug.« Ich traue mich nicht zu fragen, wie die Geschichte weiterging. Blaze tut mir in dem Moment einfach nur leid.

Zu seiner Familie pflegt Blaze heute keinen Kontakt mehr. Er war nach der Highschool für drei Jahre bei der Army, weil ihm nichts Besseres einfiel.

Nach der Militärzeit war er sogar für ein paar Monate obdachlos, er schlief bei Freunden. Mit zweiundzwanzig Jahren heiratete er. Es war alles andere als eine Liebesbeziehung. Vielleicht nur eine Flucht, der Wunsch nach Harmonie und Geborgenheit, er wollte Halt verspüren. Damals wog er einhundertfünf Kilo, arbeitete schon als Dealer in einem Casino in Detroit.

Dann kam der Wendepunkt in seinem Leben: Zuerst die Scheidung, es lief einfach nicht mehr mit seiner Frau, eigentlich war es von Anfang an nicht gelaufen.

»Wir waren nie richtig verliebt«, räsoniert Blaze selbst im Rückblick.

»Aber dann heiratet man doch nicht«, wende ich ein.

»Andere Leute verstehen das nicht. Aber ich wusste es damals einfach nicht besser. Was Liebe wirklich bedeutet, habe ich erst viel später gelernt.«

Viel später ist 2007 – der Umzug nach Las Vegas. Stunde Null. Metamorphose. Die Stadt war für ihn wie ein Versprechen auf bessere Zeiten und einen vollen Geldbeutel.

Er stürzte sich ins Nachtleben, nahm Drogen, echte Glückspillen waren darunter, die die Freude regelrecht erzwingen, holte alles nach, was junge Leute gerne tun und er nie getan hatte. Und er arbeitete in einigen Hotels als Dealer: Dem New York-New York, dem Encore, dem Palazzo und schließlich im Mirage.

Mit jedem Wechsel verbesserte er sein Einkommen. »In Vegas war mir schnell klar: Ich wollte nicht mehr dick sein. Also habe ich mein Leben komplett umgekrempelt.«

Wie er das gemacht habe, frage ich ihn und schaue runter auf meine eigene Plautze.

Blaze stellte seine Ernährung um, begann zu joggen, Klimmzüge und Liegestützen zu machen, nahm fünfunddreißig Kilo ab. Stolz zeigt er die Vorher-Nachher-Fotos auf seinem iPhone. Die Botschaft: Es ist nichts mehr, wie es war.

Blaze liebt es, wie ein Student zu leben. Sein kleines Vierzig-Quadratmeter-Apartment auf dem Campus, für das er fünfhundertfünfzig Dollar Miete im Monat bezahlt, ist karg eingerichtet: Ein Fernseher mit X-Box, eine Couch in Hellbeige, der Computertisch, auf dem fünf Bücher stehen, vier davon über Fitness und Ernährung, eines mit Vampirgeschichten, und ein Bett.

Ansonsten: seine wenige Habe in Kisten gepackt. Die Klimaanlage läuft. Draußen ist es erdrückend heiß – dem Studium ist das nicht unbedingt zuträglich, denn die Hitze macht schlapp und müde. Ausgerechnet in Vegas zu studieren, hat auch seinen Preis.

Sein Gehalt vom Mirage spart Blaze, so gut er kann, vor allem auch, um die fünftausend Dollar Studiengebühren pro Semester bezahlen zu können.

Flaniert man mit Blaze über den weitläufigen Campus der UNLV, an der rund fünfzigtausend Studenten eingeschrieben sind, trifft man ständig auf Leute, die ihn kennen.

Während seine Altersgenossen Kinder großziehen, heiraten, Häuser bauen, geht Junggeselle Blaze darin auf, wieder zu daten, zu flirten, zu clubben und zu trinken wie ein juveniler Lebemann.

»Es ist eine geläufige Vorstellung, dass die Jugend immer progressiv ist. Das ist falsch; sie ist nur immer – vital«, schreibt Ludwig Marcuse in seinem Buch »Philosophie des Glücks.« Auch ich glaube: Blaze ist auf dem Holzweg.

Aber vielleicht ist er ein Beispiel für den Menschen, der erst dann ein Glücklicher werden kann, wenn er genügend Bildung genießt und weiß, wie er sein Schicksal lenken kann. Viele Philosophen von der Antike bis heute hatten diese Vision.

Blaze kommt von ganz unten und schafft es vielleicht nach ganz oben. Er muss es nur genug wollen.

Nach meinem Eindruck steht Blaze aber vielleicht auch stellvertretend für eine moderne Gesellschaft, über die der Soziologe Robert Hettlage schreibt, sie habe eine erbarmungslose Glückssuche in Gang gesetzt: »Dem Fortschrittsrausch der Moderne folgend, hat sie sich nämlich dazu verleiten lassen, das Glück für erzwingbar zu halten: durch Beharrlichkeit, Willenskraft, Aufklärung, Berechnung, Rationalität, Rausch, Genuss, Sport, Fun, Konsum, Diät etc.«

Besonders gern geht Blaze auf die Poolpartys der großen Hotels in Vegas. Die legendärste davon findet allwöchentlich im Hard Rock Hotel statt. Weniger Kilos, mehr Selbstbewusstsein – dort führt Blaze seinen trainierten Body vor und schaut, was mit den Mädels so geht. Eine Party nach der anderen; noch ein Grund, warum das Studium hier leicht zu kurz kommt.

Am Ende aber bleibt Blaze einsam. Der Soziologe Günter Burkart ist der Ansicht, dass das Singledasein nur als begrenzte Lebensphase ein wenig Glück spendet, als dauerhafte Lebensform dagegen problematisch erscheint. »Sexueller Erfolg oder Misserfolg auf dem völlig individualisierten Partnermarkt – das scheint hier gleichbedeutend mit der Alternative Glück/Unglück.«

Freiheit, nicht nur Wohlstand – das ist es, was auch Sindra an Vegas angeblich so gefällt.

»Die Schamgrenzen verlierst du hier ganz schnell, wenn du merkst, dass du es schaffen kannst. Dass du reich werden kannst«, meint sie.

Auch Leopoldine antwortet ihrem Liebhaber, dem Leutnant Kasda aus Schnitzlers »Spiel im Morgengrauen«, auf die Frage, ob sie denn glücklich sei: »Ich glaub' schon.« Und erklärt ihr Glück dann so: »Vor allem bin ich ein freier Mensch, das hab' ich mir immer am meisten gewünscht, bin von niemandem abhängig, wie – ein Mann.«

Es ist der nächste Abend, Sindra trägt ein grünes Cheerleader-Oberteil, auf dem mit vertauschten Buchstaben das Wort »FUCK« steht, dazu Hotpants. Ihr blondes Haar hat sie zu einem Zopf geflochten, den sie um ihren Kopf gelegt hat. Schulmädchen-Look – darauf stehen die Kunden.

Wie immer ist sie heute mit dem Taxi zum Club gefahren, einen Führerschein hat sie nicht, der tut bei ihrem Einkommen auch nicht Not. Sindra sagt, sie sei eine der besten Stripperinnen hier im Club, vielleicht sogar die beste. In Sachen Ego steht sie Blaze in nichts nach.

Es ist nach Mitternacht, über hundert Mädels sind jetzt im Raum und Sindra führt vor, was ein rechter Lapdance ist. Die Lichter werfen ihr bunte Punkte auf den blanken Busen, über ihr, an der schwarzblauen Decke, leuchten kleine Lampen wie die Sterne in einer klaren Sommernacht.

Nur im Höschen hockt Sindra auf dem Schoß eines ältlichen Besuchers, räkelt sich in alle Richtungen und macht im Takt zur Musik Bewegungen, als würde sie ihn reiten. Nach fünf Minuten ist der Spaß für den Herrn vorbei und er wird mit hundertfünfzig Dollar zur Kasse gebeten. Alterszuschlag.

»Ich liebe diesen Moment, wenn ich merke, dass ein Gast gerne mit mir schlafen würde«, sagt Sindra.

»Warum denn das?«, frage ich mit einer Mischung aus Mitleid und Ekel.

KAPITEL 9

»Es gibt mir ein Gefühl von Macht!«

Sindra geht auf in der Rolle des Vamps, zumindest redet sie das sich und mir ein. Unangenehm seien nur die Betrunkenen. Denen müsse man auf die Finger hauen und notfalls abbrechen.

Sie sieht ziemlich verlebt aus für ihre dreiundzwanzig Jahre. Oder hat sie mich angelogen, was ihr Alter angeht? Natürlich frage ich sie das nicht, ich will respektvoll bleiben, wo sie doch mit mir spricht, ohne etwas davon zu haben. Aber eines ist mir hier lange klar geworden: Las Vegas macht wenige Leute schnell reich und viele Leute schnell alt.

Ihre Zukunft stellt sich Sindra blumig vor: viel Geld, drei Kinder, ein großes Haus und natürlich Gesundheit. So naiv Sindra manchmal tut, ist sie vor allem abgezockt.

»In einen armen Studenten könnte ich mich nicht verlieben. Wenn ich auf dem Campus angemacht werde, blocke ich immer sofort ab.«

Sindras Kollegin Avalon, die Jura studiert und nicht interviewt werden möchte, hat für die Besucher nur Verachtung übrig: »Die müssten hier nur in eine Bar um die Ecke gehen und einem Mädel einen Drink ausgeben, sie dann mit nach Hause nehmen. Stattdessen kommen die hierher und geben ein Vermögen dafür aus, dass sie uns nicht einmal anfassen dürfen.«

Zwei Tage später trifft sich Blaze mit einem Mädchen in einer Shisha-Bar. Die Wasserpfeife gurgelt, Blaze raucht Schokolade-Minze, die Deckenventilatoren ziehen den Rauch nach oben. Blaze stand wieder bis nachts um vier hinter dem Spieltisch im Mirage. Er ist hibbelig, spielt ständig mit seinem Telefon.

Die junge Dame, sie heißt Laura, hat Blaze auf einer der besagten Poolpartys kennengelernt. Sie hat lange schwarze Haare und gibt sich offen und redselig. Blaze weiß, wie sie im Bikini aussieht, und gibt deshalb noch mehr Gas.

Bestimmt will er mich auch beeindrucken, seine ganze Kunst als Frauenflüsterer darbieten. Sie lassen mich links liegen, reden über Ecstasy, Black Jack und ihren Ex-Freund. Mir ist das ganz recht, denn dann kann ich tun, was Reporter im besten Fall immer tun: beobachten und abspeichern.

Dann fängt Blaze an, ihre linke Hand zu massieren. Blaze sagt, andere Frauen sagten, er habe magische Hände. Und zu seiner hübschen Bekanntschaft gewandt: »Die Kraft der Berührung wird häufig unterschätzt.« Die Uni hat er heute Morgen geschwänzt. Er musste einfach mal wieder schlafen.

Ein paar Monate später treffe ich Blaze wieder in der Shisha-Bar. Er bestellt Tabak mit Bonbon-Geschmack. Blaze sieht abgekämpft aus und hat wieder etwas zugenommen.

»Ich arbeite nicht mehr als Dealer«, sagt er.

Jetzt sei er an der Bar bei der Beachparty im Hotel Encore, wo vor allem junge reiche Yuppies und ›Söhne und Töchter von ...‹ hingehen.

Er verdiene sehr gut, besser als im Mirage, sagt Blaze. Vor allem das Trinkgeld rette jeden Abend.

Außerdem habe er sein Studium geschmissen, kurz vor dem Examen. Dr. Blaze, das war einmal.

»Ich will die Welt bereisen mit meinem Erspartem. Und dann will ich vielleicht auf einem Bauernhof leben und arbeiten. Ganz ohne Geld. Geld ist nicht wichtig! Oder ich werde Sänger und Songwriter. Oder Schriftsteller wie du. Würdest du mir helfen?«

Warum er sich anders entschieden habe, frage ich. Blaze würde nie zugeben, dass er durch Prüfungen gefallen ist, dass der Druck zu groß war, so gut kenne ich ihn. Er sagt lapidar: »Doktor und Krankenhaus – das bin einfach nicht ich!« Ob er mich denn in Hamburg besuchen dürfe, fragt Blaze und besteht darauf, dass die Rechnung heute auf ihn geht. Ich sage Ja und wundere mich über diesen dreisten Typen.

Kapitel

10

Der Glücklichmacher

»Vision ist die Kunst, Unsichtbares zu sehen.«
JONATHAN SWIFT, IRISCHER THEOLOGE
(1667–1745)

Als frech wird mir auch Tony Hsieh beschrieben. Visionäre sind immer frech und vorwitzig. Sonst wären sie keine Visionäre.

Als ich Hsieh treffen will, stehe ich auf einmal mitten im Regenwald. Farne und Bromelien wachsen im Apartment. Kletterpflanzen und Moos bedecken die Wände. Die hohe Luftfeuchtigkeit wird über Wasserzerstäuber an Decke und Wänden reguliert. Ich merke, wie mir warm wird und ich doch hier verweilen will, weil der Raum die Sinne kitzelt.

Also Tony Hsiehs Wohnzimmer: Hinter dem Dschungel, an der Kopfseite des Raumes, ist die Küche eingebaut. Es gibt einen Automaten, der auf Wunsch Pancakes ausspuckt, einen großen Kühlschrank voller Energydrinks und einen Tresen, an dem man auf mit rotem Leder bezogenen Barhockern Platz nehmen kann.

Tony Hsieh, CEO beim Schuh-Onlineshop zappos.com, hat seinem Praktikanten Levi Schonfeld den Wohnungsschlüssel in die Hand gedrückt, damit der mir seine Behausung zeigt.

Eigentlich wollte ich Hsieh selbst interviewen, aber er hat selten Zeit, ist angeblich gerade in Asien unterwegs. Ich will trotzdem über ihn schreiben, weil es gerade niemanden gibt, der Vegas so verändert.

Der Praktikant führt mich herum. Ich werte es als galanten Zug, dass Hsieh auch dann Menschen hereinbittet, wenn er gar nicht da ist. Ich würde das bei meiner Wohnung nicht tun.

Ich wundere mich auch sonst, denn die Wohnung ist ganz anders, als ich sie mir vorgestellt habe. Irgendwie ist sie zu gewöhnlich, zu wenig extravagant und *posh*.

Sicher, das alles war wohl nicht billig, aber haust so ein Multimillionär? Wo sind die Corbusier-Sessel, die teuren Einzelstücke, wo ist der echte ›Neo Rauch‹ an der Wand?

Der blau getünchte Nachbarraum ist ein kleines Kino mit Beamer und Leinwand. Dann kommt das hellste Zimmer der Wohnung, so etwas wie die Kommandozentrale mit Fenstern nach Süden und Westen und wiederum eigener Küche.

Der Blickfang ist die Wünsche-Wand, an der Post-its kleben, beschrieben mit Wünschen und Träumen der Nachbarn. Tony Hsieh fragte sie, was sie sich für ihr Viertel wünschen. »Eine Hundewiese«, hat einer geschrieben, »einen Massagesalon« eine andere. Die Wand sieht aus wie die gesammelten Wunschzettel vieler Kinder vor Weihnachten.

Hsieh meint es offenbar ernst mit den Wünschen. Er hat ein großes Team um sich geschart. Das Ziel ist nicht nur, möglichst hohe Renditen für Zappos rauszuholen; es geht auch darum, Leute glücklich zu machen, wie er oft betont.

»Er will möglichst viele der Wünsche erfüllen«, sagt Liz Gregerson, seine Assistentin.

Christliche Menschen hoffen auf das Jenseits; sagte Jesus nicht: »Mein Königreich ist nicht von dieser Welt«? Hsieh ist meines

Wissens nach überhaupt nicht religiös, aber kennt dank seiner Herkunft sicherlich die Grundzüge des Buddhismus und der traditionellen chinesischen Weltsicht aus dem Taoismus und Konfuzianismus. Vielleicht will er deshalb das Glück ins Diesseits holen.

Nach dem Prinzip von Yin und Yang, jenen Gegensätzen, die sich gegenseitig bedingen und deren jedes den Keim des anderen in sich trägt, kann in jedem Glück ein Unglück stecken oder umgekehrt. Und der Buddhismus postuliert, dass schlechte Taten schlechtes und gute Taten gutes Karma erschaffen – wenn auch vielleicht erst für das nächste Leben. Letztlich jedoch sind Glück und Unglück vom Menschen beeinflussbar. Und nichts auf der Welt passiert ohne Grund.

Hsieh lässt sich nicht vertrösten. Jeder ist seines eigenen Glückes Schmied.

Alfred Bellebaum, der Glücksforscher, schreibt von den vielen Paradiesvorstellungen, nach denen das Glück, auf der Erde wie im Himmel, etwas Gegebenes ist, das wir nicht beeinflussen können. Die Gegenposition würde Hsieh gefallen: »Finden kann man sein Glück nur, wenn man es zuvor erfindet.«

Hsieh tut genau das. Bei ihm reiht sich ein Glück ans nächste und man bekommt das Gefühl, dass er es sich verdient hat.

Der achtunddreißigjährige Hsieh hat Zappos groß gemacht – der Jahresumsatz liegt bei über einer Milliarde US-Dollar – und 2009 dann an den Amazon-Konzern verkauft. 1,2 Milliarden Dollar hat Amazon bezahlt und Hsieh als Chef gehalten, mit der Garantie, die Firmenphilosophie unangetastet zu lassen – eine Win-win-Situation, geht es nach Hsieh.

Er hat jetzt nicht nur sehr viel Geld, er will etwas damit tun. Weil er in großen Dimensionen denkt, will er nicht weniger als eine ganze Stadt neu erfinden: Mit einem Investment von dreihundertfünfzig Millionen Euro plant er, aus dem heruntergekommenen Stadtzentrum von Las Vegas eine hippe Arbeits- und Wohngegend zu machen.

Downtown soll schöner werden und Tony Hsieh weiß genau, wie – er ist wirklich ein Visionär. Er will der Welt zeigen, dass Vegas mehr kann als Zockerstadt. Er befeuert also meine These und deshalb muss ich mir das unbedingt genauer ansehen.

Blickt man aus dem Fenster von Hsiehs Wohnung, sieht man die City Hall, das alte, zwischenzeitig leerstehende runde Rathaus. Das Gebäude ist die neue Firmenzentrale von Zappos, der erste Schritt des »Downtown Project«. Hier wird die Macht gebündelt. Aber Macht wird bei Zappos völlig neu verteilt, jeder im Unternehmen soll ein Stück davon bekommen.

Hsiehs Ziel: »Helfen, die Welt zu einem besseren Ort zu machen«, schreibt er in seinem Buch »Delivering Happiness«, einer Mischung aus Autobiografie und Firmenporträt. Er meint damit smarte Unternehmensführung, aber auch seine Pläne für Las Vegas. Hsieh mag es nicht klein-klein, er will große Fußstapfen hinterlassen.

Frank Schulz-Nieswandt, Professor für Sozialpolitik meint Menschen wie Hsieh, wenn er beschreibt, dass Arbeit zum utopischen Ort der Befreiung und der Selbstverwirklichung werden kann. Das kleine Glück war Hsieh nie groß genug. Man könnte auch sagen: Er leidet an Arbeitssucht.

Der Streifzug durch seine Wohnung, eigentlich sind es drei Wohnungen, die er im höchsten Stock eines Hochhauses in Downtown zusammengelegt hat, zeigt, dass Hsieh nie nur an sich denkt.

Den Kinoraum macht er regelmäßig mit Freunden voll. Ein weiterer Chill-out-Raum ist voller gemütlicher Sitzsäcke.

»Hier kann man in der ganzen Wohnung Pläne spinnen und weiter und weiter spinnen. Genau dafür hat sie Tony eingerichtet«, sagt Praktikant Schonfeld.

Es gibt zwei Gästezimmer und einen zusätzlichen Besprechungsraum. An der Wand hängen Skizzen für neue Bauprojekte, die Zukunft auf Papier. Diese Pläne wollen so gar nicht nach Las

Vegas passen. Sie sind modern, aber bodenständig. Futuristisches Design ja, Schnickschnack nein.

Die Idee: Ein soziales und unternehmerisches Experiment wagen. Soziologie, Psychologie, Demografie und Stadtentwicklung – Tony Hsieh denkt in allen Kategorien.

Er will die Puzzleteile zusammensetzen und die Menschen einfangen, will sehen, dass die Locals und die Mitarbeiter Leidenschaft für das Projekt entwickeln, betont er in Interviews stets. Ich habe sie alle gelesen und muss nicht noch einmal betonen, wie gern ich selbst eines mit ihm geführt hätte. Seit Mitte 2013 wird das »Downtown Project« Schritt für Schritt umgesetzt. Die Firmenzentrale von Zappos zog um. Dafür waren einige Umbaumaßnahmen und Renovierungen an dem riesigen Gebäude nötig. Zudem musste ein großer Parkplatz für die Mitarbeiter angelegt werden. Ein altes Bauwerk bekommt wieder Seele eingehaucht.

Aber das reicht Hsieh lange nicht. Er will, dass die gesamte Zappos-Entourage auch ihren privaten Wohnsitz nach Downtown verlegt. Vegas ist mit seinen über eine Million Einwohnern heute eine Stadt, die enorm in die Breite geht.

Natürlich gibt es den Strip – mit ihm assoziiert die ganze Welt die Stadt. Ansonsten verteilen sich die Wohngegenden schachbrettartig in alle Himmelsrichtungen. Es gibt den Unicampus der UNLV, viele Gated Communities (gesicherte Wohnanlagen), Sozialwohnungen, aber einen Stadtkern, in dem Leute richtig zu Hause sind, gibt es nicht.

Downtown Las Vegas, das historische Zentrum, ist heute vor allem die Fremont Street mit ihren Pfandleihhäusern, Bars und Clubs – hier feiern die Einheimischen gerne, die Drinks sind günstiger als am Strip und die Gegend ist etwas heruntergekommen, was für einen dreckigen Charme sorgt.

Nightlife-Zentren sind in den wenigsten Fällen beliebte Gegenden, nachdem die Sonne aufgegangen ist. Das ist in den Staaten nicht anders als sonst wo auf der Welt.

Tagsüber sieht man vor allem viele der zwanzigtausend Obdachlosen, die in Las Vegas leben. Die Gegend ist, was die Seitenstraßen und Parks angeht, auch nicht gerade sicher. Tony Hsieh findet aber: Downtown ist ein Rohdiamant.

Die Idee für das Projekt kam ihm, als er im Downtown Cocktail Room saß, seiner Stammbar, und dachte: Aus der Gegend ließe sich was machen. Er hatte mit dem Wirtspaar Michael und Jen Cornthwaite gesprochen, die schon lange an eine Wiederbelebung von Downtown glaubten und durch ihre gastronomischen Aktivitäten – sie betreiben auch The Beat Coffee House – diese mit anstießen. Heute sagen sie: »Unser Viertel wird durch das ›Downtown Project‹ neu geboren.«

Dass Hsieh geschäftstüchtig ist, ja dass er einmal Unternehmer mit Verve sein wird, war schon als Kind klar. Im Kindergarten plante er bereits sein erstes Gewerbe: eine Regenwurmzucht im Garten. Die Würmer wollte er verkaufen. Leider vermehrten sich die Kriechtiere nicht wie gewünscht.

Hsiehs Eltern stammen aus Taiwan, zogen nach San Francisco, und wie so viele Asiaten hatten sie immer ein Ziel: Ihre Kinder sollten Wunderkinder werden. So lernte der Sohn Klavier, Geige, Trompete und Horn gleichzeitig, spielte Schach, lernte früh programmieren.

Als Tony Hsieh die Highschool mit den besten Noten abschloss, bewarb er sich an den Eliteunis des Landes: Harvard, Yale, Brown, Berkeley, Stanford, MIT, Princeton und Cornell. Er wurde überall angenommen, entschied sich dann, seiner Eltern wegen, für Harvard. Die hofften, er würde Mediziner werden, aber Hsieh hatte als junger Student schon ganz andere freigeistige Pläne. Er studierte Computer Science.

Es ist heiß. Die Wüstensonne knallt wie ein Heizstrahler auf den Asphalt. Wer heute im Auto ohne funktionierende Klimaanlage unterwegs ist, hat verloren. Ich fahre im Taxi, das ist angenehm temperiert.

In Henderson, einem Vorort von Las Vegas, arbeitet noch ein Großteil der Zappos-Mitarbeiter. Zappos ist das amerikanische Vorbild von Zalando in Deutschland. Rund tausendfünfhundert Mitarbeiter sitzen in den Firmenräumen an ihren Schreibtischen. Außer Henderson gibt es noch den Standort Shepherdsville im Bundesstaat Kentucky; dort ist aber nur das Versandcenter angesiedelt.

Ich betrete den Eingangsbereich, und sofort habe ich ein Empfinden dafür, dass dies hier keine gewöhnliche Firma ist. Viermal am Tag werden geführte Touren durch die Räume des Unternehmens angeboten. Wenn Hsieh nicht mit mir spricht, fahre ich einfach dorthin, wo er rumhängt, denke ich mir.

Ich bekomme, wie jeder Besucher, beim Eintreten eine Flasche mit eiskaltem Wasser gereicht. Auf der Tour wird viel gewitzelt.

»Ich bin nur zu Zappos gekommen, weil es hier kostenloses Essen für die Mitarbeiter gibt«, sagt Reena Witherspoon, die für die interne Kommunikation bei Zappos zuständig ist und ansteckend lachen kann.

Die gute Laune hält an: In jedem Großraumbüro begrüßen die Mitarbeiter uns Zaungäste mit Applaus und Gejohle, als säßen sie gerade bei einem Baseballspiel.

Die mit niedrigen Trennwänden voneinander abgegrenzten Schreibtische sind individuell gestaltet. Es scheint, als dürfe hier gesammelt und gehortet werden, das Ganze wirkt wie eine Mischung aus Kindergarten und überdimensionierter Messi-Wohnung.

Einer sammelt Quietscheentchen, ein anderer Star-Wars-Figuren. Kuscheltiere, Brettspiele, Luftballons an den Wänden, Lamettastreifen am Bildschirm, Modellflieger, Plastikblumen, bunte Malstifte, Piratenflaggen – das Büro quillt über von Kram und Nippes.

Und natürlich Schuhe: Stilettos mit Killerabsätzen, Jesussandalen, Sneakers, riesige Modell-Halbschuhe in Größe 72. Egal ob im Marketing, im Controlling oder im Callcenter – überall ist es bunt, schrill, lebendig.

Diese Firma ist angenehm, denn hier wird etwas anders gemacht als sonst in den Staaten, wo normale Mitarbeiter oft nur Lakaien sind. Und das Unternehmen wächst weiter: Es wird ständig eingestellt. Wer auf der Homepage von Zappos surft, findet die verschiedensten Jobangebote.

Zappos will das Prinzip Holacracy im Unternehmen installieren. Es geht dabei um eine neue Aufstellung und Ausformung von Führungsstrukturen. Die pyramidenartige ›Befehlskette‹ von oben nach unten, ja, die Hierarchien an sich werden infrage gestellt und Macht wird neu verteilt.

Jeder Mitarbeiter soll sich selbst wie ein Unternehmer und Chef fühlen und damit auch mehr Verantwortung tragen. Tony Hsieh schreibt auf der Website: »Wir versuchen Zappos mehr wie eine wachsende Stadt zu strukturieren und weniger wie eine bürokratische Organisation. In einer Stadt organisieren sich die Menschen und das Geschäft selbst.«

Man wolle weg davon, dass Mitarbeiter einem Manager folgten, der ihnen sage, was sie zu tun hätten. Aus dem Shareholder-Value wird so ein Labour-Value, wie sich der Politikwissenschaftler Heinrich Fisch ausdrücken würde. Wir entdecken unser »solidarisches Gewissen«, werden dann glücklich, wenn wir Glück teilen.

Als ich Tony Hsiehs Arbeitsplatz sehe, möchte ich ihm glauben. Seine Parzelle liegt inmitten des Großraumbüros zwischen seinen Kollegen. Sein Platz ist nicht größer, seine Möbel sind nicht schicker. Ein Glas Erdnussbutter steht auf dem Schreibtisch und eine Coke Zero. Keiner würde hier den Chef vermuten, der übrigens stets in Bluejeans und T-Shirt zur Arbeit erscheint – Armani und Brioni sind seine Sache nicht, wie mir die Kollegen erzählen.

Hsieh hat geschafft, dass sich die Mitarbeiter als Teil eines großen Ganzen verstehen. Die Firma soll Familie und Freundeskreis

DER GLÜCKLICHMACHER

zugleich sein. Ein Motto von Hsieh, das er in seinem Buch zitiert: »Im Leben geht es nicht darum sich zu finden, es geht darum sich zu erfinden.«

Die Firma soll nicht nur für Kunden Kult sein, sondern auch und vor allem für das Team. Das erreicht Hsieh nicht mit Motivationsreden und Voodoozauber, sondern indem er seinen Angestellten Vorteile gewährt, *good will* beweist, wie eben das kostenlose Essen, eine Krankenversicherung für jeden, eine kostenlose Bibliothek, eine weitere Wünsche-Wand und übertarifliche Bezahlung, auch in den Callcentern und beim Pförtner.

Überhaupt kommt den Callcenter-Agenten mit die wichtigste Bedeutung bei Zappos zu: Fünfhundert Leute beantworten hier rund zehntausend Anrufe täglich und informieren über mehrere Millionen gelisteter Artikel, achtzig Prozent davon sind Schuhe, aber es werden auch Kleidung, Kosmetika und Handtaschen angeboten.

»Der Kundenservice ist die wichtigste Komponente bei uns. Unsere Philosophie ist es, das meiste Geld, das wir sonst für Werbung und Marketing ausgeben würden, dort reinzustecken«, sagt die Assistentin.

Es gehe darum, dass die Kunden »Wow-Effekte« verspüren, wenn sie mit Zappos zu tun haben, schreibt Hsieh in seinem Buch.

Der erste Wow-Effekt soll einsetzen, wenn Kunden auf die Homepage des Unternehmens gehen. Hier versteckt sich die Hotline nicht in einem Kontaktformular hinter neun Clicks – sie steht auf der Startseite. Jeder kann Zappos anrufen, vierundzwanzig Stunden am Tag, dreihundertfünfundsechzig Tage im Jahr.

In seinem Buch, das Hsieh ohne Ghostwriter geschrieben hat, denn damit könnte es ja jeder, erzählt er von einer unerhörten Begebenheit im Goethe'schen Sinne.

Die Geschichte klingt nach Hsieh und seinem Blick auf die Welt: Da rief einmal eine Frau irrtümlich bei Zappos an und wollte eine Pizza bestellen. Statt zu sagen, sie habe sich verwählt, clickte sich die Callcenter-Agentin durchs Netz und gab den Pizzaauftrag weiter. Der Kundin wurde ihr Wunsch erfüllt – und damit hatte sie ein Wow-Erlebnis, beschreibt es Hsieh und fügt hinzu, er hoffe, dass nun nicht jeder Hungrige bei Zappos anrufe, wenn er Lust auf Pizza habe.

Hsieh beschäftigt sich seit Jahren mit der soziologischen und psychologischen Glücksforschung und versucht, wissenschaftliche Ergebnisse auf sein Unternehmen zu übertragen. In Hsiehs Weltbild kann die hässliche Fratze des Kapitalismus zum freundlichen Grinsen werden. *Delivering happiness* – Glück per Lieferung frei Haus.

Nach seinem erfolgreichen Studium war Hsieh von dem Gedanken getrieben, einen Job zu finden, in dem er so viel Geld wie irgend möglich verdienen konnte. Er ging schließlich zu Oracle, wo er aber schnell wieder kündigte. Letztlich gründete er mit einem Freund die IT-Firma LinkExchange, die er 1998 mit vierundzwanzig Jahren für zweihundertfünfundsechzig Millionen US-Dollar an Microsoft verkaufte.

Danach versuchte Hsieh die verschiedensten Dinge, um sein Glück zu finden. Unter anderem lernte er Pokerspielen.

Was er dabei lernte? »Risiken einschätzen. Und die Lektion, dass man mit langem Atem gewinnt, wenn man der bessere Spieler ist«, schreibt Hsieh in seinem Buch. Außerdem: sich immer vergewissern, ob man noch am richtigen Tisch sitzt. Die Pokerrunden in San Francisco waren Hsieh schnell zu öde und er unternahm Wochenendtrips nach Las Vegas, wo er sich mit vielen guten Spielern maß, aber auch mit Fischen.

Als Hsieh schließlich bei Zappos einstieg – der Name ist angelehnt an das spanische Wort *zapatos* für Schuhe –, war der Laden nicht viel mehr als eine flotte Idee eines Bekannten.

Was Hsieh aber überzeugte, war die Marktforschung: Schon 1998, als das Internet noch eine Randerscheinung für viele war, wurden etwa fünf Prozent der verkauften Schuhe in den USA über Katalog bestellt. Der Jungunternehmer witterte den Erfolg wie ein Geier das Aas.

Hsieh fing im Jahr 2000 als CEO an, die Kosten für Werbung hielt er zunächst gering, die Möglichkeit des Schuhkaufs per Mausklick verbreitete sich auch so schnell.

Er führte die Firma 2003 in die schwarzen Zahlen. 2004 investierte das Risikokapital-Unternehmen Sequoia Capital fünfunddreißig Millionen Dollar in Zappos. Als das alles geschafft war – andere würden sich jetzt ausruhen –, stellte Hsieh wieder die Frage, ob er noch am richtigen Tisch sitze, und beschloss mit seinem Team, den Firmensitz 2004 nach Las Vegas zu verlegen.

Auch dieser Schritt war ein Erfolg; siebzig Prozent der Mitarbeiter zogen mit in die Wüstenmetropole und vor Ort lief das Recruiting neuer Mitarbeiter erfolgreich. Hsieh schreibt in seinem Buch, bis heute stelle er nur Mitarbeiter ein, mit denen er auch gerne seine Freizeit verbringen würde. Er nennt sie sogar seinen eigenen *tribe,* also Stamm, von Leuten, die er mit den Jahren um sich geschart hat wie der Anführer eines Clans.

Für Hsieh ist Stillstand gleich Langeweile. Und da ihn das Pokern auch gelehrt hat, dass man sich immer entwickeln muss, um etwas zu werden, strebte er in Gedanken 2010 nach einem neuen Ziel. Henderson als Firmenstandort schien ihm reichlich fad und viel zu weit weg vom Leben. Ein Domizil in der Mitte von Nirgendwo.

Geht es nach Hsieh, wird sich alles ändern in Downtown. Der Unternehmer ist für diesen großen Wandel aber nicht bei Politikern und privaten Spendern hausieren gegangen. Im Stile eines Warren Buffett oder Bill Gates will er selbst mit seinem Geld gestalten. Es ist seine Art von karitativem Einsatz und Corporate Social Responsability, unternehmerischer Gesellschaftsverantwortung.

»Es geht mir mehr darum, dass wir hier die richtige Community einrichten, als dass sich das Investment für mich persönlich auszahlt«, sagte Hsieh in einem Zeitungsinterview.

Hundert Millionen Dollar sind für Baugrund und Immobilien vorgesehen. Weitere hundert Millionen, um neuen Wohnraum für die Mitarbeiter zu bauen. Es sollen moderne Gebäude in Downtown entstehen, architektonische Spielwiesen, teilweise im Containerstil errichtet.

Noch ist hier nicht alles festgelegt, aber eines ist sicher: Es sollen Wohnungen werden, die von außen einladend und von innen hell wirken. »Die Leute werden mit ihren Kollegen Tür an Tür wohnen. So ähnlich wie damals im Studentenwohnheim«, wird Hsieh weiter zitiert.

Mit weiteren fünfzig Millionen will Hsieh Erfolg versprechende Tech-Start-ups fördern und diese so nach Downtown locken. Noch mal fünfzig Millionen wird er aufwenden, um beim Bau von Schulen, Kindergärten, Spielplätzen und Bildungseinrichtungen wie etwa Bibliotheken oder Nachhilfeinstituten für Schüler zu helfen.

Die verbleibenden fünfzig Millionen aus dem großen Geldtopf werden als Starthilfe auf Kleinunternehmen verteilt, etwa Restaurants, Friseure, Kunstgalerien, Yogastudios oder Blumenläden, um den zukünftigen Einwohnern von Downtown auch eine gute Infrastruktur zu bieten.

Die Stadtverwaltung sieht Hsiehs Pläne mit Wohlwollen. Aber Hsieh tut das alles nicht aus reinem Gutmenschentum.

»Das ist kein selbstloses Handeln«, sagt mir Liz Gregerson, »er lebt ja selbst in Downtown und will eine lebendige Community um sich herum haben. Er hat gesehen, dass er hier die Chance hat, diese Community mitzugestalten.«

Hsieh hat ein Unternehmen groß gemacht, einen von der New York Times zur Nr. 1 gekürten Bestseller geschrieben und jetzt baut er sich eben eine eigene Stadt. Irgendwann gebe es vielleicht einmal eine Zappos Airline, orakelt er.

Liz Gregerson freut sich auf das fertige Zappos-Viertel: »Schon heute hat sich die Stadt verändert, wenn man ein paar Monate zurückschaut. Es ist spannend, sich auszumalen, wie sie wohl in zwei oder gar zehn Jahren aussieht.« Auf jeden Fall wird sich das Gesicht der Innenstadt neu formen.

Kritik kommt von NGOs, die sich um die Armen und Obdachlosen von Downtown kümmern. Sie sehen das neue Viertel als Bedrohung für ihre Klienten und wollen kein »Disneyland« in ihrem Stadtteil.

Es ist wie in allen Großstädten, wo die Gentrifizierung um sich greift: Eine Gegend wird aufgewertet, aber es gibt dabei auch Verlierer. Der ›Stamm‹ jedenfalls wird profitieren. Hsiehs schöne neue Welt ist nicht für alle. Er wird sie trotzdem erschaffen.

Kapitel

11

Liebe statt Spieltipps

»*Was du liebst, lass frei. Kommt es zurück,
gehört es dir – für immer.*«
KONFUZIUS, CHINESISCHER PHILOSOPH
(551–479 VOR CHRISTUS)

Vom Poker fürs Leben lernen – das ist auch das Anliegen von Tobias Block.

Er hält zwei Neuner auf der Hand. Unauffällig wie ein Profi linst er auf seine Karten. Auf dem Tisch liegen ein König, eine Sieben sowie eine weitere Neun. Block freut sich über seinen Drilling, zeigt aber keinerlei Gesichtsregung. Pokerface. Hier im Red Rock Casino treffen sich vor allem Hobbyzocker, viele Einheimische, nicht die Leute, die vom großen Geld träumen. Eher solche, die nach etwas Spaß und vor allem Zerstreuung suchen.

Es ist eine andere Atmosphäre als am Strip, dem Ausgeh-Epizentrum. Ruhiger. Familiärer. Ein bisschen leiser auch. Wären die Casinos der Stadt ein Männerchor, das Red Rock wäre der Kastrat.

Tobias Block hat mich eingeladen, ihn zu begleiten. Er will mir zeigen, was die Locals hier so treiben und dass auch das Spaß machen kann. Eigentlich hatten wir überlegt, ins Kino zu gehen, irgendeinen Blockbuster zu schauen, danach etwas zu essen.

Aber Block ist ein Spieler und daher nicht davon abzuhalten, sich an einen Pokertisch zu setzen, wenn ihm danach ist. Pläne machen mit Tobias Block ist nicht einfach, das merke ich jedes Mal, wenn ich mich mit ihm verabrede.

Aber er hat so eine gewinnende Art, einen Charme, dass man es ihm nicht lange übel nehmen kann. Und er wirkt glücklich auf mich. »Glück ist Talent für das Schicksal«, schrieb der Dichter Novalis. Genau dieses Talent lässt Blocks bisheriges Leben durchscheinen. Ich will von ihm lernen, wie man sich sein Glück aneignen kann – als seien es die Regeln beim Poker. Auch er ist ein echter Epikureer, denke ich. Er hält es mit dem biblischen Gelehrten Kohelet, der schrieb: »Tue, was dein Herz gelüstet und deinen Augen gefällt.«

Ich finde das Red Rock Resort, wie es richtig heißt, sehr angenehm. Es ist erst Ende des vergangenen Jahrzehnts fertig gebaut worden für fast eine Milliarde US-Dollar. Achtundzwanzig Hektar ist das Gelände groß, es liegt am Charleston Boulevard – schön weit weg vom Strip.

Es gilt als das bestes Pferd im Stall der Kette Station Casinos, deren Firmenzentrale um die Ecke gelegen ist. Die Firma ist ein kleines Gegengewicht zu den großen Playern MGM Grand und Caesars Entertainment und allein deshalb mit meinen wenigen Dollars unterstützenswert, finde ich. Ich hatte immer etwas für die Kleinen übrig, mein Lieblingsverein ist der SC Freiburg.

Das Resort hat immerhin achthundertfünfzehn Hotelzimmer und ein in Vegas bekanntes Spa mit fast neuntausend Quadratmetern sowie elf Restaurants und Bistros, eine eigene Bowlingbahn und eine respektable Kunstsammlung mit Werken von Andy Warhol und Paul McCarthy.

LIEBE STATT SPIELTIPPS

»Du musst die Mini-Hamburger probieren«, sagt Block und zeigt auf einen Laden. Im Casinobereich wurde ein Teil des Films »21« gedreht, in dem es um das Kartenzählen beim Black Jack geht.

Zurück zum Spieltisch. Dort hofft Block jetzt auf einen Vierling, also vier Karten mit den gleichen Augen, aber die nächsten Aufdeckrunden bringen ihm keinen Treffer. Er ist mitgegangen, hat erhöht, seinen Karten großes Vertrauen geschenkt. Das Übliche. Am Ende sind nur noch Block und ein dicker, schwitzender Kerl im grünen Hemd im Spiel. Der hat einen Flush. Monsterblatt. Besser geht es kaum.

Tobias Block, dreiunddreißig Jahre alt, der ein bisschen aussieht wie die deutsche Version von Leonardo DiCaprio, groß und smart, hat heute kein Glück im Spiel.

Glück in der Liebe schon. Seit vier Jahren lebt Block in Las Vegas. Er ist verheiratet mit der dreißigjährigen Peruanerin Megalit Macon. Das Pikante dabei: Sie ist professionelle Stripperin. Für seine Liebe hat Block einiges riskiert und noch mehr aufgegeben – und ist dafür belohnt worden.

Angefangen hatte alles im Urlaub. Block war mit Freunden nach Las Vegas gereist, wollte Urlaub machen, zum ersten Mal ein paar Turniere bei der WSOP spielen, ein wenig in den Casinos zocken. »Vielleicht Profit machen und ansonsten die Stadt genießen«, fasst er es zusammen. Block hat nur gute Erinnerungen an diese Zeit. Da war er noch ein Draufgänger und Hasardeur, wenn's sein musste.

Alles sei leicht gewesen, er habe das süße Leben gekostet. Sie waren ab dem späten Nachmittag in den Casinos am Strip unterwegs, zockten, was die Portemonnaies hergaben, lustwandelten nachts durch die Clubs, bis die Sonne wieder aufging. Es war eine Schwarmbewegung von Menschen mit den gleichen Leidenschaften.

Mal war es das schicke Pure im Caesars Palace, mal das Tao im Venetian, wo man mit Turnschuhen nicht hineinkommt, mal das

Surrender im Encore, dem Riesenclub mit In- und Outdoor-Bereich und Swimmingpool.

»Es lief gut mit den Kumpels und es lief auch gut mit den Frauen.«

»Was heißt: Es lief gut?«, frage ich.

»Wir haben uns eben amüsiert.«

Block spricht oft Sätze aus, die wie ein Fazit klingen, ein Fazit mit Ausrufezeichen. So ist das Leben, klingt in diesen Sätzen mit. Ich habe es hier mit einem guten Rhetoriker zu tun.

In einer dieser selbstvergessenen Nächte zog es Block und seine Kumpels in den Playboy Club im Palms Hotel, direkt an der Flamingo Road, ein paar Steinwürfe vom Strip.

Obwohl man es gerade dort annehmen sollte, lief es mit den Frauen diesmal nicht so gut, keine Flirts, keine Blicke, aber Block tanzte zu den harten Beats, die in seiner Brust vibrierten wie die Vorboten eines Erdbebens.

Das Erdbeben kam auch. Plötzlich sah er auf der Tanzfläche eine Frau, die ihm vom ersten Moment an gefiel. Sie schauten sich an, tanzten nebeneinander, dann miteinander und irgendwann standen sie knutschend zwischen einarmigen Banditen in einer Ecke.

»Ich werde dich heute Nacht nicht mitnehmen!«, sagte die schöne Frau, deren Namen er noch gar nicht kannte. Die Nacht ging schnell vorbei, bei der Verabschiedung tauschten Block und Megalit ihre Telefonnummern aus. Für sie war es wohl eine Aktion mit ungewissem Ausgang, aber Block war da längst auf Freiersfüßen. »Ich wusste, dass ich diese Frau haben will.«

Er empfand das gleiche Begehren wie Dostojewskis Spieler Iwanowitsch für Frau Polina oder Schnitzlers Leutnant Kasda für Leopoldine. Noch ist es eine verrückte Liebe wie im Rausch.

Als mich Block das erste Mal zu sich nach Hause einlädt, sitzen die beiden auf dem beigefarbenen Sofa in ihrem gemeinsamen Wohnzimmer. Die Kochzeile ist schmal. Gegenüber der Couch steht ein großer Flachbildfernseher. Es läuft CNN, irgendeine Sendung über den US-Kongress. Niemand achtet darauf, in Amerika läuft der Fernseher meistens.

Von draußen her hört man das Wasser auf den Beckenrand klatschen, die Nachbarn springen gerade in den Pool. Es klingt nach Arschbombe und ich hätte große Lust hinterherzuhüpfen, so heiß ist es heute schon wieder.

Aus dem Nummerntausch ist eine Ehe geworden. Tobias Block und Megalit tragen beide einen Goldring, an der Wand hängen Hochzeitsbilder, auf dem Laptop läuft gerade ein Video von der kirchlichen Trauung. Es zeigt den Brautvater bei einer Rede.

»Es war ein Traum. Wir haben das Fest in jeder Sekunde genossen!«, sagt Megalit und hat dabei einen verklärten Blick. Ich erzähle von meiner Hochzeit in Berlin und wir sind uns alle einig, dass – so schön eine Hochzeit auch ist, zumal die eigene – man danach froh ist, dass man so eine Feier hoffentlich nur einmal im Leben ausrichtet.

Auch Megalits Sätze sind oft Sätze mit Ausrufezeichen. Aber sie redet eindeutig mehr als ihr deutscher Mann, beschreibt gefühlvoller und nicht so rational-analytisch. Sie leben jetzt zusammen mit Megalits fünfjährigem Sohn Brandon, er stammt aus einer früheren Beziehung, und dem Hund Jackey im Westen von Las Vegas.

Block wusste tatsächlich schnell, was er wollte. Er rief Megalit schon am Tag nach dem Discobesuch an und sagte ihr, dass er sie wiedersehen müsse. Diesmal wollte er nicht das Spielchen ›Wer meldet sich zuerst?‹ spielen, dafür war es ihm zu ernst. Sie lud ihn nach San Francisco ein, wo sie zu dem Zeitpunkt lebte.

Block verschob seinen Rückflug nach Deutschland und fuhr mit dem Bus nach Kalifornien, erkundete San Francisco, die schöne Stadt am Pazifik. Und er erkundete Megalit, die schöne Frau aus Peru.

Er und Megalit, die er nur Mega nennt, verliebten sich schnell. Der Hobbyzocker gestand sich ein: Für diese Frau würde er sein Leben auf den Kopf stellen.

Sie beschrieb ihm ihre eigene Geschichte in allen Facetten. Wie sie einen Amerikaner in Peru kennenlernte, mit ihm in die Staaten ging, einen Sohn gebar. Anfangs hatte sie Block noch erzählt, dass sie mit Import-/Exportgeschäften ihr Geld verdiene.

Doch als klar war, dass es auf eine Beziehung hinausläuft, sagte sie ihm die Wahrheit: »Ich tanze.« Es gibt kaum eine Stripperin, die sich selbst als Stripperin bezeichnet, das habe ich schon bei den Mädchen im Treasures und bei Sindra gemerkt. Die Girls wollen Tänzerin genannt werden, vielleicht weil das harmloser klingt, die Wahrheit ein Stück weit aufhübscht.

Block störte sich nicht an dem Beruf seiner neuen Freundin. Für sie brach er sein Geschichts- und Politikstudium in Deutschland ab, kündigte seine Wohnung in Krefeld, zog in die USA, heiratete Megalit zuerst standesamtlich, erst einmal vor allem wegen des Visums.

Gemeinsam verlegten sie dann ihren Wohnsitz nach Las Vegas. Es war klar, dass sie dort besser verdienen und er dort besser würde zocken können. Viele Freunde und Bekannte sagten damals zu ihm: »Tobi, du bist verrückt.«

Das Glück in der Liebe steht bei Glücksforschern ganz oben auf der Liste der zu untersuchenden Momente. Eine gelungene Beziehung und eine erfüllte Sexualität gehören zum Zufriedenheitskosmos der Menschen in westlichen Demokratien. Das Konzept der romantischen Liebe wurde im Mittelalter von den Minnesängern entdeckt. Aber auch sie kann krank machen und ins Verderben führen, vielleicht geht in den USA der Trend deshalb zur Drittehe.

Der Soziologe Günter Burkart schreibt: »Die Lösung liegt wohl darin, das Glück als dauerhafte Lebensform, als Verwirklichung eines Lebensentwurfs und Paarbeziehungskonzepts, zu begreifen.« Autonomie und Distanz müssten gelernt, eine Balance zwischen Hingabe und Selbstverwirklichung gefunden werden. Ich glaube, Block und Megalit sind darin recht erfolgreich, sie kommen diesem Ideal nahe, so wirkt ihre Liebe zumindest auf mich.

Am Abend erklingen laute Beats im Cover Girls, es ist ein neuer Stripclub, der angeblich einem reichen Russen gehört. Man fühlt sich ein bisschen wie im Film »Gladiator«, so bombastisch ist alles gestaltet. Die Arena besteht aus einer Bühne, auf die mehrere Spotlights gerichtet sind.

Auftritt Megalit, die sich bei der Arbeit Thally nennt. Der Beat setzt ein und die Tänzerin stampft mit den Füßen auf den Boden, dreht sich um die Stange, setzt einen strengen Blick auf. Langsam zieht sie sich aus, bis sie im Höschen und barbusig auf der Bühne steht. Die Männer im Publikum schauen gebannt auf die Frau, klatschen und nicken mit dem Kopf.

»Stört dich das jetzt gar nicht?«, frage ich Block.

»Nö.«

»Ich würde ausflippen an deiner Stelle.«

»Nein, ich bin überhaupt kein eifersüchtiger Typ«, antwortet er.

»Glaub ich dir nicht!«

Ich zweifle an seiner Antwort, auch wenn er diese sehr cool vorträgt.

An dieser Stelle lohnt es, einmal etwas Grundsätzliches zu den Stripclubs in Las Vegas zu sagen. Es gibt die ›Sauberen‹ und die ›Dreckigen‹. Zwei Arten von Clubs, sie heißen *topless* und *nude*. Hier unterscheidet ein kleines Detail, ein dünner Stringtanga, die eine von der anderen Sorte Club – und ob die Mädchen ihn ausziehen oder nicht.

Clubs, in denen die Damen ganz nackt posieren, dürfen nach den lokalen Gesetzen keinen Alkohol ausschenken. Da viele Vegas-Besucher definitiv am liebsten saufen, sind die Topless-Clubs daher beliebter und näher am Strip gelegen. Der einzige Ganznackt-Club, in dem es Alkohol gibt, heißt Palomino Club und liegt im Norden der Stadt. Hier haben sie eine Sondergenehmigung und es kommen, ganz wie im Red Rock Resort, vor allem Einheimische vorbei.

Die beiden bekanntesten normalen Stripclubs sind Spearmint Rhino und Sapphire. Letzterer wirbt damit, der größte Stripclub der Welt zu sein, mit sechstausend Tänzerinnen, die regelmäßig dort ein- und ausgehen.

Ich habe es schon erwähnt: Prostitution ist im Bundesstaat Nevada in allen größeren Städten verboten. Aber natürlich gehen hier trotzdem viele Frauen anschaffen. Der üblichste Weg, wie Freier und Frau zusammenfinden: Sie sprechen sich in den Bars der großen Casinos an, verhandeln den Preis und gehen aufs Zimmer.

Anzeigen, in denen sich »Private Dancers« und »Adult Entertainers«, wie sie ihre Tätigkeit umschreiben, darbieten, gibt es in jedem Stadtmagazin oder den Gelben Seiten. Auch auf den Straßen werden kleine Visitenkarten mit einschlägigen Kontakten verteilt. Erwischen lassen sollte sich aber beim Liebeskauf niemand.

Wer es denn unbedingt braucht, der fährt per Limousinenservice in die nahe gelegene Stadt Pahrump. Hier ist Sex für Geld ganz legal. Der größte Laden dort heißt Chicken Ranch. Und auch in Beatty, der Stadt der Autotester, gibt es Bordelle.

Er sei stolz darauf, dass seine Frau so vielen Männern gefalle, sagt Tobias Block. Für ihn ist das Strippen ein Job, mehr nicht.

»Solange sie mit denen nicht ins Bett geht«, fügt er hinzu.

Das tut Megalit nicht. Sie verdient schon mit dem Tanzen sehr viel Geld: Sie lebt von den Scheinen, die ihr die Gäste zustecken – oft liegt das Monatssalär weit über zehntausend Dollar. »Tanzen ist meine Leidenschaft. Ist doch genial, dass ich damit so viel Geld verdienen kann«, sagt Megalit.

Block kann finanziell nicht mithalten. Er verdient ganz ordentlich beim Online-Poker, das er leidenschaftlich betreibt. »Live spielen macht mir nicht so viel Spaß wie am Computer, weil das Spiel deutlich langsamer ist«, sagt er.

Seit einiger Zeit hat er noch ein zweites Standbein: Er berichtet für eine Online-Pokerschule als Fachjournalist aus Las Vegas, vor allem von der WSOP. Seine Blogs, Videointerviews und Podcasts sind dem Fachpublikum schon lange ein Begriff und sehr beliebt.

Er erklärt denen, die eh schon viel wissen, die Welt des Pokers noch ein bisschen detaillierter. Schaut man sich die Interviews im Netz an, versteht man als Laie kaum etwas. Aber für die Spieler und Fachleute sind Blocks Beiträge so hilfreich wie amüsant – das bestätigt mir jeder, den ich in der Szene dazu befrage.

Seine Gabe, geschliffen zu sprechen, kommt Block bei diesem Job zupass: Er kann improvisieren vor der Kamera, hält sich nicht an einen feststehenden Text oder Interviewfahrplan. Er lässt zu, dass Gespräche sich entwickeln, während sie laufen.

Zwei Jahre später, als wir uns noch einmal auf ein Bier treffen, wird er mir erzählen, dass er schließlich bei einer Softwarefirma gelandet ist, die eine eigene Pokerseite entwickelt. Das Besondere an dieser Seite: Jeder Spieler bekommt einen Avatar, den er nach seinem eigenen Geschmack ankleiden und ausstatten kann.

Block konnte sich davor noch gut vorstellen, eine Weile Journalist zu bleiben, auch über andere Themen als Glücksspiel zu schreiben und zu bloggen oder fürs Fernsehen zu arbeiten. Aber er war offen für Neues und dann kam eben dieser lukrative Job um die Ecke. Poker bleibt für Block die Wabe, die ihn nährt.

Er ist froh, dass er sein Leben gefunden hat. Bei der kirchlichen Hochzeit im deutschen Münster waren viele Pokerfreunde eingeladen, natürlich waren auch Blocks ganze Familie und die von Megalit aus Peru geschlossen da; danach zeigte Block seiner

Frau Deutschland, Österreich, die Schweiz und Italien. Ein Roadtrip durch Europa als Hochzeitsreise.

Für die beiden läuft alles bestens, bis heute. Megalit genießt ihren Job, ihr Geld spart sie. Vielleicht wird sie mit Tobi irgendwann ein Business eröffnen, was genau, wollen die beiden nicht verraten. Und sie haben ein Haus gekauft.

Block ist beschäftigt mit seinem neuen Job. Und er geht immer noch leidenschaftlich gerne ins Red Rock. Ganz selten ist er auch im Aria, wo Doyle Brunson, eine amerikanische Poker-Ikone und mehrfacher Bracelet-Gewinner, mit Cowboyhut um hohe Limits spielt.

Dem würde folgendes Block-Zitat sicher gefallen: »Ich habe vom Pokerspiel viel für mein Leben gelernt. Mit Niederlagen umgehen, Durststrecken überstehen, maßhalten.«

Irgendwann wird es schon auch bei Block klappen, dass auch er richtig viel Glück im Spiel hat. Bis dahin begnügt er sich mit der Liebe.

Kapitel

12

Die Tunnelmenschen von Las Vegas

»*Lieber ein lebender Bettler als ein begrabener Kaiser.*«
JEAN DE LA FONTAINE, FRANZÖSISCHER DICHTER
(1621–1695)

Ob es auch die wahre Menschenliebe ist, die ihn antreibt, habe ich mich bei Matt O'Brien oft gefragt. Auch wenn ich ihn über die Jahre oft getroffen habe, werde ich nicht schlau aus diesem Kerl.

Wenn O'Brien seine schwarze Wollmütze über den Kopf schiebt, ist es, als setze er einen Sturzhelm auf. Eine Wollmütze schützt: vor dem Dreck an der Decke im Tunnel, vor giftigen Spinnen und vor Wasser, das von den Kanaldeckeln heruntertropft. Eine Wollmütze schützt nicht: vor dem Gestank nach Moder und Kot, vor dem Spritzbesteck der Fixer, das am Boden liegt, und vor zeternden Tunnelbewohnern, die keine Lust auf Besucher haben.

Für O'Brien, den einundvierzigjährigen ewigen Studenten und Schriftsteller aus Las Vegas, ist die Sache mit der Mütze ein Ritual geworden. Er setzt sie in der Wüstenhitze vor dem Eingang zur Kanalisation auf, zuppelt sie mit beiden Händen zurecht, dann geht er hinein, knipst die Taschenlampe an; in der Dunkelheit schickt sie einen Lichtkegel voraus.

»Wir können jetzt reingehen«, sagt O'Brien zu mir.

Man merkt, dass er Routine hat. Ich dagegen bin aufgeregt. Es wird mein erster Trip in die Unterwelt sein, viele werden folgen, das weiß ich damals noch nicht. Was wird mich da drin erwarten?

Ich höre meine eigenen Schritte im röhrenförmigen Tunnel hallen. Meine Augen gewöhnen sich nur langsam ans Dunkel. Ab und an sehe ich eine Kakerlake über den Betonboden fahren wie ein Spielzeugauto. Ansonsten alles grau und schwarz. »Beim ersten Mal hatte ich auch Angst. Und bis heute spüre ich Respekt, wenn ich reingehe«, sagt O'Brien.

Er ist doch nicht so cool, wie ich dachte.

Vor sechs Jahren hatte O'Brien das erste Mal davon gehört, dass es Obdachlose in Las Vegas gibt, die in der Kanalisation leben. Damals war O'Brien noch Reporter beim Stadtmagazin »City Life«, sein journalistischer Ehrgeiz war geweckt. Er war der Erste, der hinabstieg zu ihnen, sie interviewte, am Ende sogar ein Buch über sie schrieb, Titel: »Beneath the Neon«.

Das Thema hat ihn nicht mehr losgelassen. Matt O'Brien ist besessen von den Tunnelmenschen. Ohne sie wäre sein Leben ein anderes. Auch er ist ein Epikureer im Stile eines Tolstoi, der Armenspeisungen veranstaltete. Ein Altruist? Zumindest will O'Brien das Glück, das er hat, gern unter die Menschen bringen.

Etwa zweihundert Meter in den Tunnel hinein, dann flüstert O'Brien:

»Moment, bleib stehen. Ich rufe dich, wenn du weitergehen kannst.«

Dann verschwindet er in der Dunkelheit.

Man hört ihn fragen: »Cyril, bist du wach?«

Nach ein paar Minuten heißt es: »Kannst kommen!«

Matt O'Brien kennt den ebenfalls einundvierzig Jahre alten Obdachlosen Cyril Tallon schon lange. Er hat ihn für sein Buch befragt, trifft ihn seither regelmäßig, bringt ihm mit, was er so braucht: saubere Kleidung, Batterien und natürlich Zigaretten, Marlboro, nicht die günstigen.

»Mich fasziniert dieses Thema. Ich will wissen, warum diese Menschen da gelandet sind«, sagt er.

Heruntergekommen ist vielleicht das falsche Wort, wenn es um Cyril Tallon geht. Sicher, er riecht etwas und seine Jeans ist schmutzig, aber er hat sich doch ein Stück Würde bewahrt. Er spricht langsam, aber gewählt, macht sich nicht klein, hat Selbstvertrauen, schaut mir immer in die Augen. Mit seinem Raspelschnitt sieht er jung aus für sein Alter, aber seine Stimme klingt nach vielen Drinks und noch mehr Zigaretten.

Tallons ›Wohnung‹ kommt ziemlich nackt daher. Ein Laken, das er auf den Boden gelegt hat, ist sein Bett. Daneben steht eine Holzkiste, auf ihr eine Wasserflasche und ein durchsichtiges Tütchen mit Speed. An die Wand hat er mit weißer Farbe »Hier bin ich der Boss!« geschrieben. Ein Paar Klamotten liegen auf einem Haufen neben der Bettstatt.

»Was soll ich mich hier auch einrichten. Irgendwann kommt doch wieder das Wasser und nimmt alles mit«, sagt er.

Die Obdachlosen reden von »der Flut«. Nach starken Regenfällen schießt das Wasser in den Tunnel und schwemmt alles heraus. Beim letzten Mal hatte Tallon Glück, hielt sich an der Leiter eines Kanaldeckels fest und wartete, bis das Wasser durchgeflossen war, er drehte sogar mit seinem iPhone ein Video.

Tallon hat alles verloren, wie Hiob, der leidende Gerechte aus der Bibel. Aber Tallon fragt nicht nach Gott, er sagt nicht: »Der Herr hat's gegeben, der Herr hat's genommen; der Name des Herrn sei gelobt.« Tallon will seine Lebenszufriedenheit allein zurückerstreiten.

Wohnlich ist es dagegen zu Hause bei Matt O'Brien. »Ich hab nicht aufgeräumt«, sagt er, als er mir am Tag darauf seine Wohnungstür aufmacht, dabei etwas verlegen lächelt, wie einer, der gerade einen Witz gemacht hat, von dem er nicht weiß, ob die anderen ihn lustig finden.

Das Apartment ist so sauber wie ein bezugsfertiges Hotelzimmer im Caesars Palace. Neben der Türe steht O'Briens dunkelblaues Mountainbike, auf dem Tisch der offenen Küche eine Obstschale mit zwei Avocados, Orangen und Bananen sowie eine Packung Müsli. O'Brien mag gesundes Essen.

Der Teppich in der Maisonettewohnung mit vier Zimmern ist braun, im Wohnzimmer steht ein großer Fernseher, an der Wand hängen ein paar Bilder, mit schwarzer Tusche gemalt, düstere Stillleben und ineinander verschlungene Menschenkörper.

Nach Las Vegas kam der Journalist vor dreizehn Jahren. Ihn reizte das unaussprechlich Krude an der Stadt. Und er bekam den Job bei »City Life«, dem Magazin, das bei Reisenden wie Einheimischen beliebt ist.

»Irgendwann werde ich Vegas wieder verlassen. Aber momentan muss ich hier sein. Ich bin noch nicht fertig mit dieser Stadt.« Da haben er und ich etwas gemeinsam.

Aufgewachsen ist er mit einem Bruder und zwei Schwestern in Atlanta, Georgia. Sein Vater war Professor für englische Literatur.

O'Brien studierte zunächst Geschichte an der University of West Georgia in Atlanta und schloss 1995 mit einem Bachelor ab. Er war gut in Basketball, spielte auch an der Uni, aber für eine Profikarriere hätte es nicht gereicht.

Wie die meisten Studenten eines geisteswissenschaftlichen Fachs stellte auch er sich die Frage: Was soll jetzt aus mir werden?

»Für mich war immer klar, dass ich schreiben will. Ich musste irgendwie meinen Weg dahin finden. Traumberuf Schriftsteller – das heißt ja nicht, davon leben zu können«, sagt er.

Als O'Brien nach Vegas zog, öffnete sich ihm eine neue Welt. In seinen acht Jahren als Journalist mit Festanstellung lernte er die Stadt kennen und damit auch die sozialen Probleme.

NGOs sagen, in Vegas gebe es zwanzigtausend Obdachlose. Die Stadt dagegen sagt, es seien nur zehntausend. Viele sind es so oder so.

»Vegas tut zu wenig für diese Menschen, obwohl das Problem schon seit zwanzig Jahren auf der Agenda steht«, sagt O'Brien.

Vor allem in Downtown, der Altstadt von Vegas, dort wo Tony Hsieh gerade ordentlich aufhübscht, sieht man die zerlumpten Mitbürger an jeder Straßenecke. Manche schlafen auf dem Friedhof, andere draußen in der Wüste und schätzungsweise ein paar Dutzend in den Tunneln der Stadt.

Einer davon ist Cyril Tallon. Man kann nicht sagen, dass er ein schönes Leben hatte. Schon der Start, seine Kindheit in New Orleans, war die erste Prüfung: Der Vater soff und schlug zu. Es sei eine »Riesenscheiße« gewesen, sagt Tallon.

Irgendwann trennte sich die Mutter und zog mit dem achtjährigen Cyril in eine eigene Wohnung. Auf der Highschool war er eher unterdurchschnittlich und freute sich, als er endlich auf dem Abschlussball tanzen durfte.

Plötzlich stand ihm die Welt offen, er konnte etwas aus sich machen. Er versuchte es zwei Semester auf dem College, Schauspiel und Psychologie, aber es »rockte nicht«, wie er sagt, und er brach ab. Er hätte das Gefühl gehabt, die anderen Studenten seien ihm überlegen.

1996 kam Tallon nach Vegas. Sein Traum: Mit Glücksspiel ein ordentliches Startkapital gewinnen, dann ab nach Hollywood und Schauspieler werden. »Ich wollte der Welt beweisen, dass ich was kann. So einen richtigen Schnitt im Leben machen und alles auf Null zurückstellen.«

Am Anfang schien der Plan zu verfangen, Tallon gewann mehr, als er verlor, wähnte sich schon als Millionär, der sich vorzeitig in den Ruhestand verabschieden könnte.

Er wohnte in einem billigen Motel, schlief den Tag über und zockte in der Nacht. Er saß in Pokerrunden, spielte um hohe Beträge, die Spielchips türmten sich vor ihm. Auch beim Black Jack sowie hin und wieder im Roulette machte er den einen oder anderen Gewinn. Einmal habe er zwölftausend Dollar in einer Nacht gewonnen, sagt Tallon. Es sah gut aus.

Doch dann änderte sich alles. Tallon nahm Koks. Tallon nahm Speed. Tallon rauchte Crack. Das Leben war zu langweilig geworden, die Drogen machten es wieder spannend, eine Partynacht jagte die nächste.

Hollywood musste warten, erst mal, sagte sich Tallon, der Spieler. Als das Geld weg war, landete er auf der Straße mit einem Koffer voll dreckiger Wäsche. Kurz darauf zog Tallon in den Tunnel.

Auch wenn er sie schon oft gehört hat, lauscht Matt O'Brien aufmerksam, wenn Tallon seine Geschichte erzählt.

»Die Leute hier unten merken sehr schnell, ob du dich wirklich für sie interessierst«, sagt O'Brien später, als wolle er mich auffordern, etwas mehr Elan auszustrahlen, zumindest verstehe ich den Kommentar so.

Manchmal begleitet O'Brien auch Sozialarbeiter, wenn die sich nicht allein in die Unterwelt trauen. Und er sammelt Geld für die Tunnelmenschen; kämpft gegen das Wegsehen – O'Brien will Las Vegas ein schlechtes Gewissen machen.

Da es O'Brien ernst ist mit der Schriftstellerei, studiert er gerade noch einmal: Er macht einen Master of Fine Arts an der UNLV, Studiengang kreatives Schreiben. Das Studium dauert sechs Semester und die Teilnehmer setzen in dem Zeitraum ein Buchprojekt um.

»Ich sehe mich eigentlich schon jetzt als Schriftsteller, aber ich will an meiner Schreibe feilen und mich mit anderen über das Schreiben austauschen«, sagt er.

Mit fünfundzwanzig sei er für so ein Studium nicht bereit gewesen, aber jetzt mit über vierzig sei der Zeitpunkt der richtige.

»Studiere ich halt als alter Sack«, sagt er und lacht dabei.

Das Partyfeiern mit den Kommilitonen kommt nicht zu kurz. Er lebt momentan von seinem Ersparten und den Einkünften als freier Journalist. Er braucht nicht viel.

Der Abend bricht herein. Tagsüber bleibt Tallon im Tunnel, abends schluckt ihn der Spielermoloch. Er läuft den Strip entlang. Nach zwanzig Minuten ist er im Casino des Planet Hollywood, hier zockt er am liebsten. So schafft er es doch noch regelmäßig nach Hollywood.

Er schiebt die Sonnenbrille auf die Stirn, dann geht er durch die Drehtür. In den Casinos darf man ihn nicht als Obdachlosen enttarnen, sonst ist er ganz schnell wieder draußen. Tallon sucht Slotmachines, in denen Gäste Geld vergessen haben, mit dem er weiterspielen kann. *Credit hustler* nennt man Leute wie ihn.

Auf einem Podest in der Mitte des Casinos räkeln sich zwei Frauen in knappen Höschen zu harten Beats, ziehen geile Blicke auf sich. Für Tallon ist das Nebensache, er macht schließlich seinen Job: Er zockt, drückt die Tasten wie ein Klaviervirtuose. Tallon kommt in einem Spiel von vier auf zwanzig Dollar, aber am Ende verliert er wieder alles.

Manchmal wird er aus den Casinos rausgeschmissen, etwa wenn er dreckige Klamotten trägt. Einmal die Woche kann Tallon bei seinem Kumpel Ricky, der eine eigene Wohnung hat, duschen und Kleider waschen. »Das ist dann immer mein Festtag«, sagt er und freut sich dabei.

Nach dem erfolglosen Versuch, im Casino zu etwas Geld zu kommen, geht Tallon zurück in seinen Tunnel und setzt sich aufs

Laken. An der Wand ist noch ein Graffito aufgemalt: »Gott ist tot. Ich lebe!«

Neben dem Schlafplatz steht eine große aufgeschnittene Plastikflasche, in die Tallon uriniert, wenn er mal muss; es soll in seinem Tunnel nicht riechen wie in einer Kloake. Momentan ist die Betonröhre relativ leer, Tallon hat einen ganzen Abschnitt für sich allein, nach der letzten Flut hatten viele Angst, zurückzukommen.

Am nächsten Morgen. Gary Stroschein sieht aus wie Chuck Norris in abgefuckt: Vollbart, Schorf an den Beinen, Furchen im Gesicht. Der ausgemergelte Zweiundfünfzigjährige ist gerade vom Betteln auf dem Strip zurück, hat ein paar Dollar gemacht und sich einen Burger bei Jack in the Box geholt.

Jetzt betreibt er Fußpflege, schneidet sich die Nägel mit einer rostigen Schere. Der Tunnel ist sein Wohnzimmer, sein Schlafzimmer und seine Toilette. Stroschein ist seit zwei Jahren obdachlos, davor war er im Knast, weil er einen Mann zusammengeschlagen haben soll. Er sagt, er war's nicht.

Seine Habe: ein paar Klamotten, ein Kulturbeutel, ein Radio. Ein ganzes Leben, gepackt in einen Einkaufswagen, der neben ihm steht.

Im Gegensatz zu Tunnelnachbar Tallon, der immer noch von Kalifornien träumt, macht Stroschein keine Zukunftspläne mehr. Er werde hier sterben, sagt er, selbst wenn es keiner merken sollte, und nimmt einen tiefen Zug aus seiner Bierdose. Vor dem Tunneleingang prangt ein Schild: »Las Vegas. Immer ein Happy End!«

Ich gehe öfter mit Matt O'Brien in die Tunnel, eigentlich jedes Mal, wenn ich in Vegas bin. Ich lerne von ihm: In der Unterwelt sind Socken eine harte Währung. Sauber und trocken müssen sie sein, dann kann man mit ihnen zahlen, tauschen und Menschen glücklich machen, die ihre letzte Waschmaschine vor Jahren besessen haben.

Travis freut sich wie ein kleines Kind am Gabentisch, als wir ihm zwei weiße Paar überreichen. Wer wie Travis im Tunnel lebt, im Gedärm der Stadt sozusagen, bekommt selten Besuch und noch seltener Geschenke.

Die Bewohner sind abgetaucht, fast unsichtbar. Auch heute sieht man Spinnen, Schaben und Ratten in den Winkeln der Dunkelheit. Travis, dreiunddreißig Jahre alt, sagt:

»Ich musste mich auch daran gewöhnen, hier unten zu sein. Aber heute ist der Tunnel mein richtiges Zuhause.«

Unter anderen Obdachlosen gelten die Betonröhren als gefährlich, die meisten trauen sich gar nicht in die Kanalisation. Ein bisschen Stolz klingt bei Travis mit, wenn er das erzählt. Stolz auf die eigene Courage und vielleicht darauf, nicht ganz so abgestürzt zu sein wie andere Abgestürzte.

Abgestiegen sind in der Spielerstadt Las Vegas viele Menschen, besonders seit die Krise umgeht.

Die Kanalisation wurde angelegt, um der Wassermassen Herr zu werden, die nach starken Regenfällen von den Bergen nach Vegas schwemmen und die Fundamente der Hotels unterspülen könnten.

Die Kanäle sind aber auch ein Feigenblatt: Die Obdachlosen stören in der Stadt von Prunk und Protz; gut daher, wenn man sie nicht sieht. In den Tunneln werden sie geduldet.

Matt O'Brien kennt Travis schon einige Zeit, wie lange genau, wissen beide nicht mehr.

»Wie kann ich dir helfen?«, fragt mich Travis und ich bin mir unsicher, ob er überhaupt Lust hat auf ein Interview.

»Wie bist du auf der Straße gelandet?«, frage ich als Erstes.

Travis überlegt lange, dann antwortet er: »Es waren ungünstige Bedingungen. Das fing bei uns zu Hause an, als ich noch ein Kind war.«

Man kann sagen, dass es auch Travis nicht gut getroffen hat in seinem Vorleben. Seine Kindheit in South Carolina war alles andere als harmonisch: Der Vater versuchte, vom Billardspielen zu leben, es war nie Geld da und irgendwann verließ er die Familie.

Die Mutter war überfordert, Travis und seine ältere Schwester durchzubringen. Mit elf fing er an zu kiffen. Einen Highschool-Abschluss hat Travis nicht gemacht. Nachdem er bei seiner Mutter auszog, jobbte er in einem Restaurant, lebte mit seiner damaligen Freundin zusammen.

Dann verlor er den Job, stritt mit der Partnerin und landete auf der Straße, da war er zweiundzwanzig.

»Warum Vegas?«

»Weil ich dachte, dort hätte ich mehr Chancen im Leben.«

Über die Jahre habe ich zehn Tunnelmenschen interviewt, von denen einige in diesem Buch ihren Platz gefunden haben.

Auch in Deutschland schreibe ich regelmäßig über Obdachlose und Straßenkinder. Jeder Mensch hat seine eigene Geschichte. Oft denke ich aber: Das hast du so oder so ähnlich schon einmal gehört. Ich will nicht abstumpfen und gleichgültig werden gegenüber den Schicksalen.

Travis hat sich eine Tunnelparzelle mit langen Tüchern abgehängt, die sein ›Zimmer‹ vom Rest der Kanalisation trennen. Eine bezogene Matratze als Bett, daneben steht ein richtiger Sessel, auf den sich Gäste setzen dürfen, rechts davon ein Schränkchen, an das er eine nackte Hochglanz-Dame gepinnt hat.

In den Schubladen verwahrt Travis seine persönlichen Dinge, zum Beispiel sein Tagebuch. Eine Wand hat er weiß gestrichen, damit sie das Licht seiner Lampen besser reflektiert, und so wird es sogar recht hell in der Unterwelt. Er hat mehr Sinn für Wohnlichkeit als Cyril Tallon.

Alles ist aufgeräumt und sauber. Auch das Katzenklo. Travis hat ein Haustier: Kater Rex, den er tagsüber an einer Leine festhält und in einen Käfig sperrt, wenn er sein Heim verlässt.

»Ein aufgeräumtes Zuhause ist der Ausdruck eines aufgeräumten Lebens.«

Während mir Travis das erzählt, raucht er eine Zigarette nach der anderen und bläst Kringel in die Luft, klein und dick wie Donuts. An der Wand hängt eine Campingdusche, in deren Tank Travis einen Eimer Wasser kippt, wenn er sich morgens wäscht. Travis hat immer saubere Kleidung an und riecht nicht. Man könnte sagen, er ist so etwas wie ein ›Edelpenner‹.

Aber genau wie bei Menschen, die oberhalb der Kanalisation in akkuraten Häusern leben, ist auch bei ihm nicht alles so heil, wie es scheint. Ich kenne das von mir selbst: Wenn ich irgendeine andere Sache nicht tun will, sei es einen Text zu schreiben oder einen Anruf zu tätigen, um mich bei jemandem für etwas zu entschuldigen, mache ich erst einmal mein Büro sauber.

Wie Cyril nimmt Travis Drogen: Speed, Marihuana, Alkohol. Wenn er Speed geraucht hat, räumt er wie verrückt sein Tunnelzimmer auf. Irgendwohin muss man ja mit so viel Energie. Auch deshalb ist es sauber da unten. Und da gibt es noch eine Sucht.

Es ist zwanzig Uhr. Draußen streckt sich Travis und gähnt ausgiebig wie ein Seehund auf der Klippe. Der Tunneleingang liegt direkt hinter dem Hotel Mandalay Bay, einem der teuersten der Stadt, gegenüber dem Flughafen, hinter dessen Zaun sich ein Privatjet an den nächsten reiht.

Hier landen die Flieger der russischen Neureichen, der Jetset-Touristen und der arabischen Scheichs, die in Vegas das suchen, was zu Hause verboten ist: den grenzenlosen Rausch.

Über zehn Milliarden Dollar Umsatz machen die Casinos im Jahr, die Bevölkerung wächst. Viele Zuzügler werden spielsüchtig und verlieren alles, was sie noch zu verlieren haben.

Einer dieser Verlierer ist Travis. Ich bin ihm dankbar, dass er mich an seinem Leben teilhaben lässt. So oft schreibe ich über Menschen und denke: Da erzählt mir einer so viel, gibt alles Preis. Ich würde das umgekehrt nie machen, so ehrlich muss ich sein.

Travis verlässt den Strip in Richtung Flughafen. Er tut jetzt das, wovon er lebt, geht seiner Arbeit nach. In einem Hinterhof steigt er in einen großen Müllcontainer, er beginnt im Unrat zu graben. Manchmal findet er Dinge, die er verkaufen kann, ein paar Kopfhörer oder einen alten Plattenspieler, oft sind Lebensmittel dabei.

Seine Ausbeute an diesem Abend: Klopapier, Reis aus einer Fastfood-Schachtel, ein Ledergürtel und einige Dosen, für die er noch Geld bekommt – auch in den USA gibt es Recycling.

Travis bringt die Habe in den Tunnel. Oft stiehlt er auch Lebensmittel, Klamotten und Elektroartikel in Geschäften und vercheckt die Ware wieder.

»So ist der Job«, sagt er ganz ohne Scham.

Dann geht Travis' Arbeitstag weiter. Im Bellagio zockt er am liebsten. Auch er fürchtet dort den Rausschmiss, wenn er nach liegengelassenem Geld sucht und damit an den Automaten weiterspielt.

Travis gewinnt, verliert, gewinnt, verliert. Weiter zum Black Jack. Dort macht er aus zwanzig Dollar fünfzig und ist für einen Moment stolz auf sich.

Es geht ihm wie dem spielsüchtigen Alexej Iwanowitsch bei Dostojewski: »Merkwürdig, ich hatte noch nicht gewonnen, aber ich handelte, fühlte und dachte wie ein reicher Mann, völlig außerstande, mir andere Vorstellungen zu bilden.« Später wird Travis, genau wie sein literarischer Gegenpart, wieder alles verloren haben.

Travis ist bei Facebook, geht regelmäßig ins Internet. Was ihm im Leben wichtig ist? »Geld, Muschis, Schokolade und meine Katze«, sagt er, nachdem er lange überlegt hat. Vor ein paar Monaten wäre auch er fast bei einer Flut im Tunnel ertrunken. Das Leben da unten bleibt ein Duell zwischen Wasser und Wohnlichkeit.

Nach dem erfolglosen Versuch, im Casino zu etwas Geld zu

kommen, geht Travis zurück. Er holt die Crackpfeife raus und stopft sie mit etwas Speed – den kleinen Trip braucht er jetzt.

»Ich werde bald zu Georgia ziehen, ich vermisse sie«, sagt Travis ganz leise.

»Wer ist sie?«, frage ich.

Georgia sei keine abgelegte Lady, sondern seine fünfunddreißigjährige Freundin. Als er sie kennenlernte, entkam er den Tunneln sogar für eine Weile.

Er schaffte es, eines der wenigen Zimmer in einem Wohnprojekt für Obdachlose zu ergattern. Aber dann war Georgia auch schnell der Grund, dass er das Zimmer wieder verlor, denn Travis ließ sie bei sich übernachten, was nach der Hausordnung verboten war. Als er dann im Streit mit ihr eine Tür kaputt schlug, flog er raus.

Georgia wohnt heute in Reno, nahe der Grenze zu Kalifornien, wo es auch viele Casinos gibt; die Stadt ist so eine Art Miniatur-Vegas.

Tags darauf. Draußen knallt die Sonne auf den Asphalt. Eric A. ist gerade aufgestanden. Der Zweiundvierzigjährige mit dem dichten Backenbart und dem verschwitzten T-Shirt gehört zu den wenigen Tagmenschen, die unter der Erde leben. Und er ist vielleicht auch der Reichste unter ihnen: Er zockt nicht und ist ein guter Geschäftsmann.

Die Stellung eines Menschen bemisst sich in jedem sozialen Milieu anders. Eric ist der König der Unterwelt. Und damit wohl auch der Glücklichste unter den Tunnelmenschen. Zusammen mit seiner Freundin Toni hat er sich in neun Jahren Tunnel ein richtiges Heim geschaffen.

»Bitte nichts anfassen«, sagt er mit einer Stimme, die so leiert wie die Aufnahme auf einem alten Kassettenband. Er achtet darauf, dass ich ihm nichts durcheinanderbringe hier unten und meine Nase nicht überall hineinstecke. Mit Journalisten hat er schon schlechte Erfahrungen gemacht, vor allem mit einem Fernsehteam, das beim Dreh alles umräumen wollte.

»Hier unten fühle ich mich sicher, da raubt dich keiner aus«, sagt er.

Auf der Straße ist Eric gelandet, als seine Mutter ihre Wohnung verlor, er hatte mit zweiunddreißig noch bei ihr gelebt. Sein Vater saß für Jahre im Gefängnis, die Mutter nahm Drogen. »Aber ich hatte eine schöne Kindheit«, sagt Eric und meint es offenbar ernst. Schließlich sei er viel Skateboard gefahren, fügt er hinzu.

Als er obdachlos wurde, schlief Eric zunächst in der Wüste und saß tagsüber am Strip mit einem Schild vor sich: »Hungrig! Bitte helfen Sie!«

Heute handelt auch er mit Dingen, die er auf dem Müll findet, und betreibt ein »anderes Business«, von dem er nichts erzählen will, ich soll auch nichts darüber schreiben, sagt er. Nur soviel: Er trinke keinen Alkohol und was mit Drogen sei – das gehe niemanden etwas an.

In Erics Tunnelparzelle stehen ein richtiges Doppelbett, dazu einige Sessel, ein Tisch, große Kommoden und Regale. In denen liegen unter anderem Kleider, Damenbinden, ein MP3-Player und ein orangefarbener Akku-Schrauber.

Das Paar hat alles, was man zum Leben braucht, inklusive einer Kochecke mit einem großen Grillrost; Eric liebt Steaks. Hier kann man sich wohlfühlen, denke ich, auch wenn ich so nicht leben möchte. Aber Obdachlosigkeit würde ich diese Behausung fast nicht mehr nennen.

An der Wand hängt ein Kinoplakat von »Wrath of the Titans«, sogar ein bunter Teppich bedeckt den Betonboden. Auch eine Toilette gibt es: Der Hausherr hat einen Klodeckel auf eine große Kühlbox geschraubt. »Ich scheiße mir doch nicht in den eigenen Garten!«

Ich mag Eric für seine Ehrlichkeit und seine direkte Art. In einem anderen Leben wären wir vielleicht Freunde geworden.

Es ist sowieso seltsam: Wir Menschen befreunden uns meist mit Leuten, die uns gleichen, mit denen wir auf einer Stufe stehen, was etwa Gehalt oder Bildung angeht. Ich würde es fast Rudelbildung nennen.

Warum schließen wir Obdachlose so aus unserer Gesellschaft aus, nur weil sie anders leben? Sie könnten doch trotzdem interessante und bereichernde Menschen in unserem Umfeld werden.

In der Soziologie, das weiß ich noch aus meinem Studium, gibt es den Ausdruck der »sozialen Erwünschtheit«. Gemeint ist damit: Menschen antworten auf Fragen, etwa bei wissenschaftlichen Erhebungen, oft nicht das, was sie wirklich denken, sondern was sie für opportun halten. Das gilt auch für die Frage nach dem Glück.

Was wirklich glücklich macht, wissen wir daher nicht, obwohl wir Datenmaterial en masse besitzen. Vielleicht gibt es auch im Tunnel, auf der Straße, in der Wüste, ja, im Knast ein Glück.

Eric will jedenfalls nicht weg aus seinem Tunnel, aber auch er hat Angst vor der Flut. Manche Obdachlose erzählen Verschwörungsmären, sagen, die Stadt leite das Wasser absichtlich in die Tunnel, damit sie ertränken. Eric weiß nicht, was er von solchen Geschichten halten soll.

Er sagt: »Die wollen, dass du stirbst, das löst für sie das Problem. Bei euch in Deutschland wird sicher mehr für Obdachlose getan.«

Die Stadtverwaltung von Las Vegas pumpt wohl kaum Wasser in die Kanalisation. Trotzdem will sie die vielen Obdachlosen loswerden. Im Juli 2006 erließ sie sogar ein Gesetz, nachdem es bei eintausend Dollar Strafe verboten ist, an öffentlichen Plätzen Lebensmittel unter bedürftige Menschen auszuteilen.

Der Protest war groß, die Stadt argumentierte, man müsse Vegas attraktiv halten für die Touristen und Einwohner. Programme, die Obdachlose im Bundesstaat Nevada resozialisieren, klagen über die Kürzungen ihrer Budgets. Auch die Spendenaufkommen für Hilfsorganisationen gingen in der Krise deutlich zurück.

Eric und Travis wollen gar nicht mehr in ein Hilfsprogramm. Travis sagt, er komme gut allein klar. Nach seinem Streifzug durch die Casinos ist er müde. Die Nacht war anstrengend, jetzt will er sich auf seine Matratze legen und zwölf Stunden schlafen, mindestens. Vielleicht kommt ihn Matt O'Brien besuchen.

Jedenfalls wird er aufstehen, sich unter die Campingdusche stellen, Drogen besorgen, sich auf die nächste Nacht vorbereiten, in der er wieder Zocker und Sammler ist. Er wird im Casino landen, gern wieder im Bellagio. Er muss nur noch diese Nacht durchhalten, endlich wieder einen Batzen Geld verdienen oder zumindest die hundert Dollar für ein Busticket nach Reno. Nur noch diese Nacht. Georgia wartet.

Kapitel

13

Komm, ich verzaubere dich

»*Magie ist gleich Wille mal Vorstellung minus Zweifel.*«
ANDREAS TENZER, DEUTSCHER PHILOSOPH
(GEB. 1954)

Genau wie für die Tunnelmenschen ist das Ertrinken auch ein Lebensthema beim Magier Jan Rouven.

Kurz vor dem Ertrinken ist sein Lächeln immer besonders frech. Während die Luftblasen aus seinem Mund blubbern, macht Jan Rouven ein vergnügtes Gesicht, als befände er sich gerade in einer Plauschrunde und nicht an den Händen gefesselt in einem vollen, durchsichtigen Wassertank.

Dann geht es schnell: Nach einigen Verrenkungen hat er sich befreit und steht wieder auf der Bühne, wirft die Arme nach oben, badet im Applaus. Die Show wird bald vorbei sein, die Gäste werden in ihre Hotels zurückgehen oder in die bunte Nacht verschwinden, um zu spielen und zu feiern. Aber Rouven wird noch eine Stunde Autogramme schreiben, Fotos von sich und den Fans knipsen lassen und dabei weiter frech lächeln.

KAPITEL 13

Jan Rouven ist der erste Magier, den ich in meinem Leben interviewe. Eigentlich ist das seltsam, denn in Vegas gibt es rund hundert davon. Sie treten in ihren Shows auf und jeder will der neue Copperfield werden. Die meisten scheitern, natürlich.

Das Riviera Hotel hat bessere Zeiten gesehen. Einst traten hier Berühmtheiten wie Frank Sinatra oder Elvis auf. Es war der *Place to be* für die Stars der späten Fünfziger- und der Sechzigerjahre. Zweitausendeinhundert Hotelzimmer, dreiundzwanzig Stockwerke, ein Casino mit zehntausend Quadratmetern Fläche.

Filme wie »Ocean's Eleven« (»Frankie und seine Spießgesellen«) aus dem Jahr 1960, Vorlage für das bekannte Remake »Ocean's Eleven« von 2002, und der James-Bond-Film »Diamonds are Forever« (»Diamantenfieber«) mit Sean Connery wurden im Riv, wie die Einwohner von Vegas das Hotel liebevoll nennen, abgedreht.

Doch heute geht es dort ruhig zu, fast gemächlich. Das Hotel liegt am nördlichen Strip, zu weit weg vom großen Gewusel. Man sieht leere Spieltische im Riviera, an denen alte, gelangweilte Croupiers sitzen. »Komm und spiel mit mir«, mögen sie vor sich hin flüstern. Ich wäre auf das Hotel nicht gekommen, hätte ich nicht einen Tipp erhalten, dass Jan Rouvens Show etwas Besonderes ist.

Denn während das Riviera alt ist und in die Jahre gekommen, verhält es sich beim Magier Jan Rouven umgekehrt: Er ist jung und hat seine besten Zeiten wohl noch vor sich. Rouven, zweiunddreißig Jahre alt, ist der erste Deutsche nach Siegfried und Roy, der mit einer Zaubershow in Vegas am Strip auftritt. Die Leser des »Las Vegas Review Journal« wählten ihn 2013 zum beliebtesten Magier der Stadt.

Ich bin ein bisschen aufgeregt, bevor ich ihn treffe. Stars oder werdende Stars findet man selten in meinen Geschichten. Ich interessiere mich normalerweise mehr für die Leisetreter, für die

Gescheiterten oder die dem durchschnittlichen Leser einfach Unbekannten.

Als ich mit Rouven das erste Mal spreche, bei einem Cocktail in der Bar im Stratosphere Tower, dem höchsten Turm von Las Vegas, ist er entspannt und herzlich.

Für ihn ist klar: Er will ganz nach oben, will der Beste werden. Oder allen beweisen, dass er schon der Beste ist, was er so aber nie sagen würde. Denn er ist zwar frech, aber trotzdem realistisch.

Es gibt keinen passenderen Ort als Las Vegas, um zu erreichen, was Rouven erreichen will, denn die Stadt schluckt Talente, um manche von ihnen als Stars wieder auszuspucken.

Viele mögen es nicht schaffen, aber ein Scheitern kommt für Rouven nicht infrage.

»Ich will mich hier durchsetzen«, sagt er zu mir. Und wenn er einmal straucheln sollte, steht er auf und macht weiter. Da ist er schon ganz Amerikaner.

Manchmal sagt Rouven Sätze wie ein Fußballer nach dem Arbeitssieg im fremden Stadion:

»Wenn du es hier schaffst, schaffst du es überall auf der Welt!« Rouven gebart sich locker, hat dieses subtile, völlig unaufgesetzte Selbstbewusstsein, das ich ihm nicht übel nehmen will, weil er gleichzeitig so gewinnend ist.

Im Gespräch mit mir möchte ich ihm oft zustimmen, selbst wenn er einmal Blödsinn erzählt. Es kommt nicht darauf an, was er sagt, sondern wie er es sagt. Er weiß, andere Menschen von sich einzunehmen. Und ich habe nicht das Gefühl, dass er das aus Kalkül oder Taktik tut, nein, es passiert einfach.

Das gilt auch für seine Show, die über ein paar Zaubertricks hinausgeht. Sicher, Rouven wird bei seinen Illusionen fast von den brennenden Blättern einer großen Kreissäge filetiert; bei einem anderen Trick dräut ihm, von Schwertern durchbohrt zu werden.

Magier nennen solche Showelemente Monumental-Illusionen, bei denen durchaus Gefahr besteht, wenn etwas nicht funktioniert.

Da gibt es noch die Turbine eines Düsenjets, die ihn in den Rotor einzusaugen droht. Zeitungsjournalisten gaben Rouven wegen dieser Acts den Beinamen »Der Mann mit den sieben Leben«, auf Englisch gar »The Man With Nine Lifes«.

Aber Rouven ist kein abgehobener, geheimnisumwobener Zauberkünstler wie etwa ein David Copperfield. Im Vorfeld seiner Show – er gibt zwei Vorstellungen am Tag, hat nur einen freien Tag in der Woche – krächzen Lieder von Michelle aus den Lautsprechern.

Dass Glücksforscher, wie der Soziologe Günter Burkart, sagen, die Menschen suchten das Glück oft in der Trivialkunst, passt an dieser Stelle. Rouven hat die deutsche Schlagersängerin 2003 auf ihrer Tour begleitet und ist vor und mit ihr aufgetreten. Er mag Schlagermusik bis heute. Auch das macht ihn irgendwie liebenswert für mich: Er hat keine Angst vor Schrott und Kitsch.

Seine Shows waren in der Vergangenheit in Freizeitparks wie dem Europa-Park in Rust und dem Phantasialand in Brühl zu sehen. Auch der Zirkus Roncalli lud ihn ein und Rouven hat etliche internationale Auszeichnungen eingestrichen.

Er wurde von der International Magicians Society in New York, der weltweit größten Magierorganisation, als erster Deutscher mit dem Preis »Entertainer of the Year« geehrt. In Monaco erhielt er beim Festival Monte Carlo Magic Stars den Publikumspreis »Audience Award Monte Carlo Magic Stars«.

Trotzdem wirkt Rouven auf mich bei seinen Auftritten wie ein Lausbub auf dem Pausenhof. Er macht Witze, holt sich Zuschauer auf die Bühne, die er dabei auch gern vorführt, aber auf eine liebevolle Art.

Man könnte sagen, dass Rouven auch ein Comedian ist, die Leute sollen lachen in der Show, sollen ihn lieb gewinnen statt ihn zu bewundern. Er möchte immer und von allen gemocht werden, das merke ich ihm an – im Interview und in der Show gleichermaßen. Sein Glück heißt vor allem Anerkennung.

Es reicht heute nicht mehr, die Menschen hinters Licht zu führen. Das Publikum wünscht sich den Magier als Kumpel. Zumindest ist das bei Rouven so. Ohne seinen Humor und das Juvenile, manchmal Naive, das er ausstrahlt, funktioniert es nicht, funktioniert er nicht.

»Ich sehe mich nicht als großen Prominenten, wirklich nicht. Die Leute sollen einfach gut unterhalten werden. Wenn ich das erreiche, war der Auftritt, wie ich mir das vorstelle. Ich glaube, dass das eine zeitgemäße Interpretation des Magierberufs ist. Du musst heute Entertainer sein«, sagt er.

Bestimmt kokettiert er auch, aber ich nehme ihm ab, dass er trotz seiner Erfolge weder der Hybris noch dem Übermut verfallen ist.

»Jan lebt auch von seinem Charme. Ich würde ihn schon bremsen, wenn er mit dem Ego übertreibt«, sagt Frank Alfter, der Manager und Lebensgefährte von Rouven.

Alfter sitzt in der Villa am Stadtrand von Las Vegas, die Rouven und er sich geleistet haben. Er bedient sich raumgreifender Gesten, wenn er spricht. Manchmal sieht es aus, als wolle er die Luft mit seinen Händen zerschneiden.

Er, der selbst früher mit einer Zaubershow auf Kreuzfahrtschiffen auftrat, entdeckte den damals sechzehnjährigen Rouven, verschaffte ihm den ersten Job in einem Hannoveraner Varieté.

»Woran hast du gemerkt, dass er was kann?«, frage ich.

»Es war das Gesamtpaket«, antwortet Alfter. »Der Rouven gehört einfach auf eine Bühne, das habe ich sofort erkannt.«

Lange vor dem Abitur wusste auch Rouven selbst, der aus Kerpen stammt, Vater Koch, Mutter Schaffnerin, dass er wohl nicht Jura studieren, sondern als Zauberer auf der Bühne stehen wollte.

Er trat als Kind auf dem Horremer Stadtfest mit seinen Tricks auf. Später ließ er seine Lehrerin auf einem Schulfest durch die Luft schweben. Mathe und Physik waren nichts für ihn, aber zaubern und Entertainment hatte er im Schlaf drauf. Schon damals wusste er: Verrate nie, was hinter einem Trick steht.

»Am Ende funktioniert das alles recht einfach, wenn man weiß, wie.«

Eine Illusion ist ja eben die falsche Wahrnehmung der Realität. Sie wirkt wie Drogen. Zauberer täuschen von Berufs wegen. Ohne Täuschung geht es nicht.

Aber auch nicht ohne Glück, und das hat Tradition: Religion, Kultus und Magie seien in vormodernen Gesellschaften eng miteinander verwoben, sagt der Ethnologe Thomas Bargatzky. Die Magie gäbe es ohne das Glück nicht.

Und das Geschäft mit der Täuschung befeuert auch die Konkurrenz zwischen den Künstlern: Vor zwei Jahren führte der Zauberer Criss Angel einen Trick vor, der Rouvens »Bett des Todes«, der Nummer mit den Schwertern, glich.

Die Bild-Zeitung zu Hause in Deutschland schrieb von einem »Krieg der Magier in Las Vegas«, es war eine große Aufregung, die wohl letztlich beiden Künstlern nutzte, denn sie brachte Publicity.

»Ich will da keinen Ärger mehr heraufbeschwören«, sagt Rouven heute.

»Bist du nicht mehr sauer auf Angel?«

»Kaum.«

»Wirklich nicht?«

»Neee, ich schaue jetzt nach vorne. Ist ja sogar eine Auszeichnung, wenn aus deinem Repertoire geklaut wird. Das ist, als wenn einer deinen Schreibstil kopiert«, sagt er in meine Richtung.

Trotzdem will er sich seine Tricks in Zukunft schützen lassen. Sie sind für ihn wie lieb gewonnene Gefährten, die es zu verteidigen gilt.

Manager Alfter steht während der Shows immer mit verschränkten Armen hinten im Zuschauerraum.

»Ich sehe Fehler, bevor sie passieren«, sagt er.

Er wacht darüber, dass Rouven seine Tricks ohne zu stolpern durchzieht. Ihm sei wichtig, dass Rouven zu neunundneunzig Prozent stehende Ovationen nach der Vorstellung erntet. »Wir sind sehr deutsch. Wir machen die Sachen richtig.«

Ein Beispiel dafür: Nach der Show verkaufen Rouvens Mitarbeiter Zauberkästen für Hobbymagier, die ihm nacheifern wollen. Geschäftssinn ist Pflicht.

Das gilt auch für das Eigenheim. Rouvens Haus ist ein Palast: ein riesiges Gartengelände mit Pool und Springbrunnen, umringt von braunen Rattansesseln, die Villa schneeweiß. Palmen und englischer Rasen in Kombination, stetig bewässert, damit das viele Grün in der Wüstensonne von Nevada nicht vertrocknet. Und auf diesem Grün könnten elf gegen elf Fußball spielen.

In Vegas sind die Immobilienpreise krisenbedingt sehr niedrig – das Haus war ein günstiges Investment. Zumindest wohnt ein Magier mit zwölf Badezimmern standesgemäß.

Rouven kann sich gut vorstellen, erst einmal in Las Vegas zu bleiben. Wo soll er auch noch hingehen? Hier hat er das anspruchsvollste Publikum und – wahrscheinlich – auch die höchste Gage. Mit zweiunddreißig Jahren hat er schon fast alle seiner Ziele erreicht.

Drinnen im Haus viel Marmor, ein paar Skulpturen: Giraffen, Elefanten, Buddhas, von allem etwas. Erinnerungen an die vielen Reisen, die Rouven und Alfter zusammen gemacht haben. Eine Treppe, die sich in den zweiten Stock windet wie ein Lindwurm. Dazu Kamine in jedem Zimmer, Möbel aus dunklem Tropenholz und eine luxuriöse Küche. In der Garage zwei blank polierte Karossen.

Die Show im Riviera ist gut besucht. Es läuft. Deswegen denken Rouven und Manager Frank Alfter weiter. Eine größere

Bühne soll her, allein schon um größere Gerätschaften für die Illusionen einsetzen zu können. Rouvens Schuppen im Garten, besser gesagt die kleine Halle, die dort steht, ist voll mit Requisiten für die Show. Er hat sie alle per Schiff von Europa herbringen lassen.

»Zu groß darf die neue Bühne aber auch nicht sein, weil bei mir ja der Kontakt zum Publikum eine große Rolle spielt. Es muss ein bisschen lauschig bleiben«, sagt Rouven, der schon einmal mit Sinfonieorchester als Begleitung vor zwanzigtausend Besuchern in der Kölnarena aufgetreten ist.

»Was vermisst du hier, wenn du an zu Hause denkst?«, frage ich.

»Das Rheinland. Kölsch und Karneval, die Eltern und Freunde.« In Las Vegas kann man auch reich und einsam sein.

An Sonntagnachmittagen trinken Rouven und Alfter öfter Kaffee mit Siegfried und Roy, die ganz in der Nähe wohnen. Deren große Show mit den weißen Tigern, über lange Zeit im Mirage aufgeführt, ist in Vegas unvergessen. Große Magier unter sich. Aber Rouven macht eine andere Art Spektakel. Er braucht keine weißen Tiger und trägt auch selten feinen Zwirn. Manchmal reicht ihm ein freches Lächeln, um zu verzaubern. Nicht nur bei mir ist ihm das gelungen.

Ein Jahr später treffe ich Rouven wieder. Er hat jetzt eine neue Bühne, wie er es sich gewünscht hat, tritt im Tropicana auf. Auch heute ohne weiße Tiger, dafür mit einem riesigen Bergwerksbohrer. Der windet sich in Rouvens Rücken, kommt vorne aus seinem Bauch wieder heraus, dreht sich unaufhörlich, um sich dann aufzurichten und den leblosen Körper in vier Meter Höhe zu heben.

Viele Zuschauer stoßen Laute des Entsetzens aus oder reißen zumindest ihre Augenlider auseinander. Wie ein Würfel Käse an der Spitze des Zahnstochers ist der Mann aufgespießt.

Sphärische Klänge dringen aus den Lautsprechern. Nach einer Minute senkt sich der Bohrer wieder, dreht sich aus dem Körper, der Durchbohrte macht die Augen auf und verneigt sich. Tosender Applaus.

Am Ende stehen die Zuschauer auf und jubeln. Auch ich bin begeistert und klatsche mit, es ist wirklich die perfekte Illusion.

»Es ist ein Traum hier. Was soll jetzt noch die Steigerung sein?«, sagt mir Jan Rouven nach der Show.

Er lebt jetzt seit fünf Jahren fest in Vegas, fläzt sich am Esstisch seiner Villa auf seinem Stuhl und wirkt tatsächlich sehr zufrieden mit sich und der Welt. Erfolg kann alles so einfach machen. Er war ja auch vorher schon im Kommen, aber jetzt hat er einen obendraufgesetzt

Das Haus ist immer noch schnieke, alles aufgeräumt und poliert. Aus der Stereoanlage plätschern Schlager, zum Beispiel »Das rote Pferd«.

Frank Alfter sagt, während er den Königspudel Puccini tätschelt, die Villa sei im Wert seit dem Erwerb um das Zweifache gestiegen. Aber verkaufen wollen sie natürlich nicht. Vegas ist gerade der richtige Ort für die beiden.

Alfter ist stolz auf Rouven wie ein Meistertrainer im Fußball, wenn er von seinem besten Spieler spricht. »Bist du nie eifersüchtig, dass der Jan als Magier mehr erreicht hat als du?«, frage ich.

Alfter schüttelt den Kopf. Die beiden sehen sich beruflich wie privat als Team, da gibt es keine Eifersüchteleien, zumindest sind sie von außen nicht sichtbar.

Alfter ist der Schlagschatten von Rouven, kümmert sich um alles, rotiert wie ein Propeller, versucht die letzten Fehler auszumerzen und bibbert immer noch bei jeder Show. Von seiner Mutter muss er sich allerdings doch immer anhören: »Warum kommt eigentlich immer nur der Rouven ins Fernsehen?«

Alfter sieht müde aus, fast abgekämpft, er hat die vergangenen

Nächte kaum geschlafen. Es war viel Arbeit bis zur Premiere der neuen Show im Tropicana. Rouven tritt jetzt vor eintausendzweihundert Leuten auf, es ist eine der größten Bühnen der Stadt. Er ist mitgewachsen.

Das Tropicana ist ebenso wie das Riviera ein Haus mit Geschichte. Es war der erste Ort, an dem Siegfried und Roy 1967 auftraten und zwar im Rahmen der berühmten Show »Folies Bergere«.

2011 wurde das Hotel komplett renoviert. Neben Hotel und Casino, der klassischen Vegas-Kombi, ist es auch ein Tagungs- und Messehotel. Dass Vegas in den letzten Jahrzehnten eine der bedeutendsten Messestädte weltweit geworden ist, wissen die wenigsten.

Die Kreuzung zwischen der Tropicana Avenue und dem Strip ist zudem die verkehrsreichste der Welt und der Ort mit der größten Dichte an Hotelzimmern. Nebenan tritt Copperfield im MGM Grand auf.

Die Hotelmanager sind auf Rouven zugekommen, nicht etwa er auf sie, wie er mir stolz erzählt, als sie hörten, dass er den ganz großen Auftritt haben möchte. Sie kauften sich einfach ein Ticket für die Show im Riviera, schauten sie sich an und waren geflasht.

»I love his character«, sagt Fred Harmon, Chief Marketing Officer und rechte Hand vom Besitzer des in hellstem Weiß erstrahlenden Tropicana. Sie wollten Rouven hier unbedingt. Wer in den USA mithalten will, in Vegas zumal, der muss sich stetig steigern. Das ist der amerikanische Traum. Stillstand ist der Tod. Auch in der Krise.

»Weißt du, bei meiner ersten Las Vegas-Reise als Teenager war ich bei der Show von Siegfried und Roy im Mirage. Ich saß natürlich in der ersten Reihe. Und ich wusste: Das will ich auch machen«, sagt Rouven, »das ist, als wenn du endlich dein Buch schreiben darfst.«

Ich nicke und glaube, man kann das wirklich vergleichen. Es gibt Ziele im Leben, die immer etwas Märchenhaftes behalten, auch wenn sie sich erfüllt haben. Ich wollte immer Bücher schreiben – Rouven wollte immer Zauberer auf einer großen Bühne sein. Abgesehen davon, dass er damit viel mehr verdient, geht es uns beiden ähnlich mit den lange gehegten Träumen.

Siegfried und Roy kommen nicht nur zum Kaffee vorbei, sie sind bei der neuen Show immer anwesend, wenn auch nicht leibhaftig. Die beiden alten Meister haben Rouven ihren berühmten Origami-Trick überlassen, den er in seine Show eingebaut hat.

Dabei lässt er eine Frau in einer Box verschwinden, die er immer kleiner zusammenfaltet. Die Box ist plötzlich leer, ehe Rouven sie wieder auseinanderfaltet und die Frau herausspringt. Wieder großer Applaus. Wie hat er das nur gemacht?

Musik und Tanz sind in der neuen Show von Rouven ein wichtiges Element. Außer ihm drehen sieben Tänzer ihre Pirouetten über die Bühne. Alle bewegen sich geschmeidig, Rouven inklusive. Allein mit der richtigen Schminke, angemalt wie ein Pierrot, schafft man es heute nicht mehr, ein verwöhntes Publikum zu überzeugen.

Ich sitze vorn in der vierten Reihe und bekomme selbst manchmal den Mund nicht mehr zu. Am meisten mag ich immer noch Rouvens Humor. Heißt es nicht immer, wir Deutschen hätten keinen?

Eine verspätete Gruppe von Chinesen kommt ins Theater, sucht im Dunkeln nach ihren Plätzen. Rouven: »Ach, ihr kommt aus China? Wisst ihr, ich bin den ganzen Weg von Deutschland hierhergekommen, aber ich war pünktlich!«

Oder als er fragt, ob Deutsche, Österreicher oder Schweizer im Publikum seien. Er zeigt auf zwei Gäste, fragt auf Deutsch, woher sie kämen, und als die nicht antworten, meint er nur: »Wissen Sie, diese Deutschen sind manchmal schon ein sehr ruhiges Volk.« Alle lachen.

Rouven, der Klassenclown aus alten Kerpener Schulzeiten, musste sich auf die große Bühne im Tropicana hocharbeiten.

Aber es sieht so überhaupt nicht nach Arbeit aus. Der Typ hat Spaß. Der Typ ist Spaß.

»Der ist ein Einzelkind, ein verwöhntes Balg«, sagt Frank Alfter über Rouven, als wir uns unterhalten.

Rouven kontert: »Und du bist eine richtig launische Diva!«

Für die Liebe der beiden Männer kann die Geschäftsbeziehung, die sie unterhalten, auch eine Belastung werden, das wissen sie beide. »Duldsamkeit ist wichtig. Wir schaffen das schon zusammen. Wir haben gar keine Zeit, uns zu trennen«, sagt Alfter.

Man kann sagen, dass die neue Show doppelt so groß ist wie die alte. Eine halbe Million Dollar hat Rouven nur für den Umzug und die Logistik investiert.

Die Kostüme für ihn und die Tänzer haben einhunderttausend Dollar gekostet. Für die Tanzeinlagen wurde eigens ein Choreograf aus Deutschland eingejettet. Dreißig Leute sind rund um die Show beschäftigt. »Das ist bei diesen Dimensionen schon fast Pipifax«, sagt Manager Alfter.

Ein bisschen traure ich der alten Show mit ihrer Enge und der Gemütlichkeit auch hinterher.

Jetzt muss sich Rouvens Investment rechnen, er braucht Zuschauer. Die Tickets kosten sechzig bis einhundertzehn Dollar pro Person. An einen Misserfolg wollen Rouven und Alfter gar nicht denken. Sie sind in Las Vegas. Eifrig und behände wie Akkordarbeiter haben sie alles durchgezogen. Es muss einfach klappen.

Rouven sagt: »Ich könnte das gern so die nächsten zwanzig Jahre weitermachen. Komm doch weiterhin regelmäßig nach Vegas und schau dir an, wie sich die Show entwickelt. Da ist noch viel drin.«

Diese Einladung werde ich nicht ausschlagen. Manager Alfter will derweil auch eine Entwicklung zum Guten. Er hat Rouven ins Fitnessstudio geschickt, damit er nicht mopsig wird.

Irgendwie war alles anders als beim letzten Mal. Nicht, dass Rouven mich schlecht behandelt hätte oder weniger respektvoll.

Aber abends, als wir uns trennen, habe ich diesmal doch das Gefühl, einen Star interviewt zu haben.

Als der Abend in die Nacht gleitet, als alle Hände geschüttelt und alle Fotos geknipst sind, steigt Rouven in sein Auto und fährt nach Hause. Es ist ein Jaguar F-Type, davor hatte er einen alten Benz, aber man sagte ihm, er müsse als Star mehr Status zeigen. Also ein Jaguar. Auf diesem Weg ist er, der die weißen Tiger nie brauchte, doch noch bei den Raubkatzen angekommen.

Kapitel

14

Es kann nur einen geben

»*Wenn du Angst hast, dein Geld zu verlieren, wirst du nicht gewinnen können.*«
JOHNNY MOSS, AMERIKANISCHE POKERLEGENDE
(1907–1995)

Und dann war ich ganz dicht dran, als ein anderer deutscher Star in Las Vegas geboren wurde. Er war ein ganz anderer Typ als Jan Rouven, zwar auch aus der Nähe von Köln stammend, aber viel ruhiger und zurückhaltender. Ein Pokerspieler eben.

Pius Heinz zieht mit der Hand seinen Scheitel glatt und denkt nach. Es ist der Anfang oder das Ende. Vielleicht war es nicht genug: das Kartentraining, die Ernährungsumstellung, das Fitnessprogramm. Er lässt seine Spielchips durch die Finger gleiten, verteilt sie vor sich, schiebt sie wieder ineinander; es klingt abermals, als drehte man einen Regenmacher um oder als zirpten die Grillen.

Es ist noch nicht lange her, da konnte er das Hantieren mit den Chips noch nicht so gut, er, mit seinen zwei linken Händen.

Sein Gegner, der Tscheche Martin Staszko, schaut ihn forsch an. Ihr Kampf dauert jetzt schon gute sechs Stunden. Heinz zögert lange.

Ich sitze im Penn and Teller Theatre im Hotel Rio, es ist das Finale der WSOP. Heinz kann hier Weltmeister im Poker werden. Keiner – auch ich nicht – hat ihm zugetraut, dass er einmal an diesem mit grünem Filz bezogenen, ovalen Tisch Platz nehmen würde.

Der Zweiundzwanzigjährige ist der erste Deutsche überhaupt, der es beim größten Pokerturnier der Welt unter die besten neun geschafft hat, an den Final Table.

Der zweite und letzte Finaltag läuft – außer ihm hat nur noch Staszko überlebt. Der hatte an diesem Abend lange dreimal so viele Chips wie Heinz. Es sieht nicht gut aus.

Jetzt ist die Anspannung im Saal kaum auszuhalten, das Publikum gibt keinen Laut von sich. Sogar mein Herz klopft wie eine Basstrommel beim Schlagzeug, obwohl ich hier nichts gewinnen kann. Dann sagt Heinz, ganz leise, die beiden Worte, die im Poker alles umwerfen können: »All in!« Heinz setzt alle Spielchips auf seine Karten. Mut oder Wahnsinn?

Die Zuschauer schreien. Heinz gewinnt das Spiel, er hält ein Ass und eine Dame auf der Hand, Staszko nur eine Dame und eine Neun. Dieser Showdown ist der Wendepunkt. Eine Viertelstunde später ist Pius Heinz Poker-Weltmeister. Es ist der Anfang.

Mitternacht. Draußen strömen Touristen in die Nachtclubs. Am Strip verteilen wieder die Mexikaner Kärtchen, auf denen Frauen ihre Körper anbieten. An einer Fußgängerbrücke sitzt ein Obdachloser, vor sich einen Karton mit der Aufschrift: »Geschieden! Meine Frau hatte den besseren Anwalt.« Es geht ums Geld in Vegas. Immer.

Für Pius Heinz geht es um 8,7 Millionen US-Dollar. So viel gewinnt der WSOP-Sieger in diesem Jahr. Dazu bekommt er das Bracelet – das goldene Armband, Insigne der Pokerkönige.

ES KANN NUR EINEN GEBEN

Der junge Rheinländer, aufgewachsen in Odendorf bei Bonn, hat seine große Chance. Anfang Juli hatte er, wie alle 6865 Teilnehmer, zehntausend Dollar Startgeld bezahlt und sich danach im Hotel Rio in einen Rausch gespielt. Seine Kumpels zu Hause hatten ihn für verrückt erklärt, als er sagte, dass er Pokerprofi würde.

»Hatten sie nicht recht damit?«, frage ich.

Heinz lächelt verhuscht und doch vielsagend.

Die WSOP ist in den USA ein so großes Ereignis, dass es vom Sportsender ESPN live übertragen wird, sie hat mehr Fernsehzuschauer als etwa Fußball. Poker ist fett.

Beim Finale wird viel applaudiert, aber zwischendurch ist den Leuten auch langweilig, weil auch mal zwei Stunden am Stück nicht viel passiert, außer dass die Chips hin und her gehen.

Aber in den All-in-Situationen springen die Zuschauer sogar auf und rennen teils vor die Bühne, um ganz nah dran zu sein. Dazwischen hüpft immer ein Maskottchen im Fellkostüm herum, das so ähnlich aussieht wie Chewbacca aus »Star Wars«.

Im Theater sieht es fast aus wie in einer Tanzbar der Achtzigerjahre mit blauen, roten und weißen Scheinwerfern. Dazu gibt es mehrere Kameras auf der Bühne und zwei Krankameras, die den Tisch von oben filmen.

Auf der Bühne laufen vor dem großen Finale Frauen in knappen Hotpants und mit angeklebten Riesenwimpern hoch und runter, schießen mit einer kleinen Druckluftkanone T-Shirts in die Menge.

Männer wie Heinz sind der Beweis, dass beim Poker nicht nur das Glück entscheidet. Es zählen Strategie, Geschicklichkeit und Psychologie. Poker ist ein Denksport. Nur dass der Glücksfaktor hinzukommt.

Ich habe Heinz vor dem Turnier in einem Café an der Domplatte in Köln getroffen.

»Was bedeutet dir diese Chance?«, habe ich ihn gefragt.

»Natürlich ist die WSOP das Beste, was je in meinem Leben passiert ist«, sagte Heinz.

Er ist gerade zu Besuch bei seinen Eltern, in deren Haus er bis vor Kurzem noch wohnte und mit Katze Tiddy spielte. Im Sommer ist er zu einem Freund nach Wien gezogen, hat sein Studium der Wirtschaftspsychologie nach zwei Semestern geschmissen. Der Umzug hatte auch steuerliche Gründe, werden Gewinne aus Pokerspielen doch dort vom Finanzamt, anders als in Deutschland, nicht angerührt.

Pokern ist jetzt Heinz' Hauptberuf. Aber er vermisst den Reibekuchen seiner Mutter, die bei der Autobahnmeisterei arbeitet, der Vater ist Möbelverkäufer. Gute Erinnerungen hat er auch an seinen Zivildienst, den er in den örtlichen Behindertenwerkstätten geleistet hat. Da half er als Stärkerer den Schwachen – anders als beim Pokern.

Heinz ist extrem hibbelig. Er wackelt mit dem Fuß, als wolle er damit Beton anrühren, weiß oft nicht, wohin mit seinen Händen, steckt sie in die Hosentaschen, holt sie wieder raus, knubbelt die Finger umeinander.

Sein Arzt hat bei ihm ADHS diagnostiziert, das Zappelphilipp-Syndrom. Poker ist auch deswegen das ideale Spiel für Heinz, weil dabei die Action immer schnell wechselt, die Konzentrationsphasen kurz und punktuell sind.

Schon früher in der Schule konnte sich Heinz schlecht konzentrieren, galt bei den Lehrern als faul und desinteressiert. Im Deutsch-Leistungskurs las er kein einziges Buch, sondern besorgte sich Zusammenfassungen aus dem Internet. Sein Abi-Durchschnitt: 3,2.

Heinz wirkt in unserem Gespräch manchmal fast ein bisschen verschüchtert.

»Ich bin eher introvertiert«, sagt er selbst.

Vielleicht ist das ein Panzer, der ihn vor allem Unglück dieser Welt schützt. Er weiß genau, was er will und was nicht. Und zu viel

Glück ist dem Spieler, wie auch dem Künstler, oft abträglich. Oscar Wilde sagte: »Wenn ich glücklich bin, bin ich stets gut; aber wenn ich gut bin, bin ich selten glücklich.« Depression und Introspektive waren oft die Triebfedern zu außergewöhnlichen Leistungen.

Pius Heinz' Mutter, Maria-Theresia Heinz, erzählt eine Geschichte: Als Pius vier Jahre alt war, wollte er ein Eis. Sie sagte zu ihm, er müsse zuerst sein Zimmer aufräumen, die Legosteine vom Boden sammeln.

Ihr Sohn darauf: »Ich hab kein Bock!« Es dauerte Tage, bis sich Mutter und Sohn einig wurden, Pius reinemachte und schließlich sein Eis bekam. »So ist Pius«, sagt seine Mutter.

Er hat auf vieles keinen Bock. Anfangs, als die Medien auf ihn aufmerksam wurden, blockte er zunächst alles ab, verweigerte Interviews. Kein Mittelpunktmensch, dieser Heinz.

Was ihn nervt: Wenn Journalisten Falsches verbreiten, zum Beispiel, dass seine Eltern ihn nach den Päpsten benannt hätten oder dass er viele Coaches beschäftige.

»Wer in den Medien sein Glück sucht und erhält, muss es entsprechend der Logik des Mediums darstellen, also immer auch theatralisieren«, sagt der Kommunikationswissenschaftler Jo Reichertz. Genau das ist Heinz' Sache nicht. Für Theatralik ist er zu unscheinbar und leise. Wäre Heinz ein Stück Literatur, dann der Gattung Biedermeier.

Nach seinem Sieg bei der WSOP wirkt er in Gesprächen mit der Presse plötzlich fast abgebrüht, im nächsten Moment wieder unsicher wie ein Teenager. Er wechselt zwischen den emotionalen Tonleitern. Auch was seinen Musikgeschmack angeht: Auf seinem MP3-Player hört er Eminem und Johnny Cash.

Als kleiner Schuljunge hat er eifrig Monopoly gespielt. Das mit den Spielchips gefiel ihm schon immer, er war keiner von denen, die vergessen, die viertausend Mark einzustreichen, wenn sie über Los marschieren.

Vor dreieinhalb Jahren probierte Heinz mit seinen Kumpels das Pokern aus; er hatte es im Sportsender DSF gesehen. Alle Pokerspieler denken am Anfang, sie seien gut. Aber bei Heinz war schnell klar: Er hat ein echtes Talent dafür, denn er gewann nicht nur, wenn er gerade Glück hatte.

»Man kann fragen: wie werde ich glücklich? Aber nicht: wie werde ich ein Glückspilz?«, schreibt Ludwig Marcuse in seiner »Philosophie des Glücks.«

Heinz bemühte sein Glück weiter. Er fing an, Online-Poker zu spielen. Heute zockt er an bis zu sechzehn virtuellen Tischen gleichzeitig, in den Hochzeiten vierzig bis fünfzig Stunden die Woche, gewinnt viel Geld bei den verschiedensten Turnieren. Sein Nickname: MastaP89.

Die WSOP ist für Heinz, was Wimbledon für Boris war. Sein Ziel vor dem Final Table: Euromillionär werden. Am Tag nach der Ankunft in Las Vegas musste er sich erst einmal übergeben, hatte schon Angst, dass er krank würde und ausfiele. Aber es war nur das Wasser aus dem Hahn, das er getrunken hatte.

Was er mit dem Geld macht? Seine Schwester Ronja wünscht sich einen Mini, sein Bruder Marc bekommt ein anderes Auto, die Marke ist noch offen, und den Eltern will er beim Kauf eines neuen Hauses helfen.

»Ich selbst werde mir aber sicher keinen Lamborghini zulegen«, sagt Heinz. Er wolle klug investieren, vielleicht auch in Aktien und andere Börsengeschäfte, sein Geld zusammenhalten. Ob er etwas spenden wird? »Mal schauen«, sagt Heinz und macht dabei ein Gesicht, als hätte er sich gerade auf die Zunge gebissen. Schon bei Dostojewskij spricht der russische Spieler von »der deutschen Methode, Reichtümer zusammenzusparen«.

Heinz sitzt am Pokertisch, der erste Finaltag läuft schon seit ein paar Stunden. Vier der neun Spieler sind bereits ausgeschieden. Heinz wirkt hoch konzentriert. Wo ist seine Fahrigkeit geblieben? Er strahlt plötzlich Ruhe aus am Tisch. Hier ist er Heinz, hier darf er's sein.

In seinem heiß geliebten weißen Kapuzenpulli fühlt er sich sicher wie in einem Kokon. Vor dem Final Table hat er sich festgelegt: Ben Lamb und Phil Collins, er heißt wie der Popstar, seien seine größten Rivalen.

Lamb hat dieses Jahr mehrere Topplatzierungen bei Turnieren, vor allem bei der WSOP erreicht, er macht kaum Fehler. Der Sechsundzwanzigjährige wohnt in Las Vegas, ihm haben sie den Titel »Player of the Year« verliehen.

Er ist bekannt für seinen exzentrischen Lebensstil mit schnellen Autos und teuren Uhren, einer, der sich den Lamborghini eben doch leistet. Als Lamb noch im Turnier ist, hüpft einer seiner Fans im Schafskostüm über die Bühne, *lamb* heißt Lamm, die Security bringt den Supporter wieder auf die Zuschauertribüne.

Collins, ebenfalls sechsundzwanzig Jahre alt, ist schwer auszurechnen. Manchmal geht er im Spiel nur mit, statt zu erhöhen – auch wenn er eine sehr gute Hand hat. Bei ihm muss sich Heinz auf windige Tricks gefasst machen.

Pokerspieler errechnen – wie es mir Coach Kalhamer erklärt hat – Wahrscheinlichkeiten, indem sie ihre Karten in Relationen zu denen setzen, die auf dem Tisch liegen, und denen, die sie bei ihren Gegnern und im Stapel vermuten. Wie hoch ist die Wahrscheinlichkeit, dass mein Blatt stärker ist? Was, wenn mein Gegner zwei Asse hat?

Sie spielen die Karten ihrer Gegner im Kopf mit. »Ich war aber nie ein Mathegenie«, gibt Heinz zu. Zu Hause beim Online-Spielen errechnet er die Wahrscheinlichkeiten oft mit Hilfe von Computerprogrammen.

Aber Heinz hat andere Qualitäten: Er ist vollkommen angstfrei und traut sich was am Tisch. Nachdem einige Hände gespielt sind, hat er mit 67,3 Millionen die meisten Chips.

Phil Collins dagegen muss etwas tun, das Spiel droht an ihm vorbeizulaufen. Nachdem Heinz auf 2,1 Millionen Chips erhöht hat, erhöht Collins wiederum, setzt mit 18,3 Millionen alles, was er hat.

Sein Blatt: ein Ass und eine Sieben – eine Ausgangslage mit zweiunddreißig Prozent Gewinnwahrscheinlichkeit. Heinz hat zwei mal Neun. Irgendeiner im Saal raunt »Gestapo« und »Rassist«.

Pius' Familie und Freunde sitzen schräg hinter ihm, fiebern mit, falten die Hände, feuern ihn an mit einem Lied. Auf die Melodie von »Baby Give It Up« singen sie: »Pius, Pius Heinz, Pius Heinz, Pius, Pius Heinz«. Dabei wedeln sie mit Deutschlandfahnen. Es sind gute zwanzig Leute, viele davon extra wegen des Events aus Deutschland angereist, darunter sein bester Freund Clemens, den er seit der zweiten Klasse kennt.

Auch dabei: Johannes Strassmann, Pokerprofi aus Deutschland und inzwischen ein Freund von Pius. Er hat ihm den Manager vermittelt und ihn auch beraten, sie reden viel über Poker.

Strassmann sagt: »Pius ist ein guter Spieler, aber nicht der beste Spieler der Welt. Gerade bei Turnieren spielt das Glück eine unheimlich große Rolle.« Noch kann niemand ahnen, dass Strassmann nicht mehr lange leben wird.

Es sind nicht viele, die das Piuslied mitsingen. Er mag nicht die lautesten Fans haben, aber er spielt das beste Poker.

Heinz und Collins machen es am ersten Finaltag unter sich aus, alle anderen Spieler haben bei dieser Hand die Karten weggeworfen. Auf dem Tisch werden zuerst eine Sechs, eine Fünf und eine Vier aufgedeckt. Collins kratzt sich am Ohr, er braucht jetzt unbedingt eine Drei oder eine Acht, dann hätte er eine Straße. Mit einem Ass hätte er ein höheres Paar. Er hofft.

Aber Collins hat kein Glück: Der Dealer deckt eine Neun auf, jetzt hat Heinz 70 Prozent Gewinnwahrscheinlichkeit. Dann kommt eine Sieben. Heinz hält dreimal Neun – ein gutes Blatt, einen Drilling, und schießt Collins damit aus dem Turnier.

Man bezeichnet Heinz' Spielweise als *loose* – das bedeutet, dass er auch viele schwächere Hände spielt und oft blufft. Heinz ist ein exzellenter Bluffer, gaukelt seinen Mitspielern ein gutes Blatt vor, das er gar nicht besitzt.

Zudem spielt er extrem aggressiv, treibt seine Mitspieler vor sich her wie ein Jagdhund die Wildsäue. Heinz setzt hohe Beträge, gewinnt eine Hand nach der anderen. Große Pötte und kleine. Heinz selbst sagt, ein bisschen kokett, er gelte unter den anderen Spielern als »geistesgestört« wegen seiner Spielstrategie.

Selbst Ben Lamb scheint eingeschüchtert, spielt gerade extrem *tight,* das heißt, er setzt nur auf sehr gute Hände und hält sich sonst zurück, steigt bei schwächeren Händen sofort aus. Am Ende des Tages erreichen Heinz, Lamb und Staszko das Finale der letzten Drei. Heinz liegt mit 107 Millionen mit Abstand vorne.

»Am Tisch habe ich kein Mitleid. Da ziehe ich mein Ding voll durch«, sagt Heinz. Das gilt auch, wenn er gegen schwache Gegner spielt, sei es live oder online. Schlechte Zeiten für die Fische.

In Las Vegas gibt es viele Fische, die das Pokern ruiniert hat. Da tauchen selbst Obdachlose wie Cyril Tallon auf, die es immer noch in die Casinos treibt, um ihr erbetteltes Geld zu verspielen.

»Wenn du einmal an so einen Mitspieler gerietest? Was würdest du tun?«, will ich wissen.

»Dann würde ich ihn besiegen und danach zum Essen einladen.«

»Wäre es nicht eine Option, ihn gewinnen zu lassen?«

»Nein. Ich glaube nicht.«

Im Poker ist das Glück erst nach einer Partie teilbar, wenn einer seine besseren Anlagen zur Schau gestellt hat.

Für Dostojewskijs Spieler ist das Leben ein Kampf dieser Anlagen: »Was Gewinn und Habgier angeht, so pflegen die Menschen nicht nur beim Roulette, sondern überall nichts anderes zu tun, als einander etwas abzugewinnen, sich gegenseitig zu übervorteilen und voneinander zu profitieren.« Thomas Hobbes drückte es so aus: »Der Mensch ist des Menschen Wolf«

Sehr wichtig beim Poker ist gerade bei Heinz die Psychologie. Was verrät die Körpersprache meines Gegners über sein Blatt? Es gibt Spieler, die wieder und wieder auf ihre Karten schauen, wenn sie die Chance auf einen Flush oder eine Straße haben. Andere trommeln mit den Fingern auf dem Tisch, wenn sie gute Karten halten.

Diese verräterischen Anzeichen nennt man im Poker *tells*. Jeder versucht, Tells zu vermeiden. Deshalb die Sonnenbrillen, die Cowboyhüte, die Basecaps. Der Gegner soll die Augen nicht lesen können. Bloß keinen *read* ermöglichen. Heinz findet Sonnenbrillen am Tisch »affig«, er bleibt beim Kapuzenpulli.

Auch bei mehreren Verlusten in Reihe darf man nicht ausflippen. Heinz hat ein Pokerface mit kalten Augen, ein Gesicht so starr wie das einer Leiche, wenn er will.

Aber auch er hat Tells: Bei einem guten Blatt schaut er Staszko während des zweiten Finaltages gezielt an, bei einem schwachen aber gelingt ihm das nicht immer.

Der bekannte Pokerspieler Phil Hellmuth sagt, er könne jeden lesen. Heinz hält das für »Schwachsinn«. Er hat keine Ehrfurcht vor großen Namen. Und eines ist sicher: Staszko hat bei Heinz keinen *read*.

Eine Freundin hat Heinz zu dieser Zeit noch nicht. Er wolle keine, die auf sein Geld aus sei, und er stehe auf »Frauen, die etwas anders sind«, kann aber nicht erklären, was er damit meint.

Ein paar Jahre später wird er sich in eine schöne Pokerspielerin verlieben und sie für sich gewinnen. Aber das ist jetzt noch ganz weit weg.

Dafür hat er einen Manager. Dessen Handy brummt jetzt pausenlos wie eine Biene, Journalisten aus aller Welt sind dran. Alle wollen ein Stück Heinz abhaben. Durch den Manager hat Heinz auch zwei Sponsoren gefunden: Einen Fruchtsaftherstellerler und einen Online Poker Room. Pius Heinz wird selbst zur Marke.

Das Thema Spielsucht ist nicht beliebt in der Szene. »Online-Poker ist noch gefährlicher als die Automaten. Es ist, was Sucht angeht, das schlimmste Spiel überhaupt«, ist sich Ingo Fiedler sicher, als ich ihn 2011 interviewe. Der wissenschaftliche Mitarbeiter forscht an der Uni Hamburg seit Jahren zum Thema Glücksspiel und hat sich auf Poker spezialisiert.

Ein Geschicklichkeitsspiel sei das Kartenspiel nur für die wenigsten, nämlich die sehr guten Spieler. Die anderen zahlten die Zeche und sind besonders suchtgefährdet, weil ihnen ständig vorgegaukelt werde, auch sie könnten die ganz großen Gewinne erreichen.

Doch sind es häufig nicht nur die Gewinne, die pathologische Spieler suchen, sondern die damit verbundene Euphorie, für die sie immer höhere Summen aufwenden.

Die gedankliche Ausrichtung, die in allen Lebenslagen fast ausschließliche Konzentration auf Poker führt zu erhöhter Reizbarkeit und Unruhe, der Vernachlässigung familiärer oder anderer Verpflichtungen mit entsprechenden Folgen wie Verlust der Arbeit, Beziehungsstress oder Verschuldung.

Hinter einer Spielsucht stehen nicht selten Gefühle von Angst, Minderwertigkeit oder Schuld; oft tritt sie in Verbindung mit psychischen Störungsbildern auf – Depressionen, Hyperaktivität, Impulskontroll- oder Persönlichkeitsstörungen – und erhöht die Anfälligkeit für stressbedingte körperliche Erkrankungen wie Magengeschwüre oder Migräne. In den USA ist die Spielsucht mit schätzungsweise ein bis drei Prozent der Gesamtbevölkerung deutlich weiter verbreitet als etwa in Deutschland (0,1 bis 0,2 Prozent), jeweils mit wesentlich höherem Männeranteil.

Als Schnitzlers Protagonist Wilhelm Kasda aus »Spiel im Morgengrauen« von einer Partie Black Jack, zu seiner Zeit heißt das

Spiel noch ›Einundzwanzig‹, aufstehen muss, empfindet er Neid auf die verbliebenen Spieler: »Die haben's gut, dachte Willi und beneidete sie vor allem um die Aussicht, sich gleich wieder an den Kartentisch zu setzen, das Glück zu versuchen, Tausende gewinnen zu können.« Er redet sich ein, selbstbeherrscht zu spielen. Dabei ist er längst ein Spielsüchtiger.

An anderer Stelle ringt er mit sich: »Wenn man jetzt aufhörte, so konnte ihm nichts mehr geschehen, und das war gut. Zugleich aber spürte er eine unbändige, eine wahrhaft höllische Lust, weiterzuspielen ...« Er ist längst verloren.

Und die Sucht wirkt körperlich. Während Schnitzlers Protagonist beim Spielen »einen Schwindel in die Stirne steigen fühlt«, heißt es bei Dostojewskij: »Noch bevor ich den Spielsaal betrete, schon zwei Säle vorher, ich brauche nur das Klingeln der ständig bewegten Münzen zu hören – und ich bekomme krampfartige Zustände.« Iwanowitsch setzt und setzt, gewinnt und verliert alles. Der letzte Satz des Buches: »Morgen, morgen wird alles ein Ende haben.«

Fiedlers Studien besagen, dass 2010 etwa 581 000 Menschen in Deutschland Online-Poker spielten und dabei insgesamt 380 Millionen Euro verloren haben. Da eine Spielsucht oft erst nach fünf bis sieben Jahren ausbricht, rechnet Fiedler mit einem dramatischen Anstieg bei den Krankhaften.

Beim letzten Finaltag der WSOP geht es nicht um Sucht, es geht um ein Vermögen. Ben Lamb, der Favorit vieler Experten, wird an diesem Abend Dritter. Bevor Pius Heinz gewinnt, muss er durch die Pokerhölle gehen. Er und der Tscheche Staszko belauern und beharken sich. Auch Staszko hat seine Fans dabei, sie singen: »Martin Staszko olé, Martin Staszko olé, olé«.

In den Spielpausen ist Heinz bei seinen Unterstützern oder beim Rauchen. Es sind nur kurze Pausen, es wird fast durchgespielt. Zwischendurch kaut Pius Kaugummi. Manchmal stützt er auch den Kopf auf den angewinkelten Arm auf dem Tisch, sieht zunehmend müde aus. Als es auf Mitternacht zugeht, trinkt er viel Kaffee.

Heinz würde gern mehr rauchen, normalerweise verbraucht er eine halbe Schachtel am Tag – jetzt muss er ohne Nervengift durchhalten. Das Finale wird zum Krimi: Mal gewinnt der eine, mal der andere, die Chips wandern hin und her. »Ja nicht ans Geld denken«, sagt sich Heinz während des Spiels.

Erst der Coup um Mitternacht bringt ihm den Vorteil. Dann geht alles ganz schnell. Staszko geht mit einer Zehn und einer Sieben ›all in‹. Heinz hat ein Ass und einen König. Die erste Aufdeckrunde bringt eine Neun, eine Fünf und eine Zwei, die zweite einen Buben, die dritte eine Vier. Vorbei ist Staszkos Traum von einer Straße, einem Flush oder einem Paar. Vorbei ist sein Traum vom Sieg.

Heinz stürmt in seine Fankurve und lässt sich von allen gleichzeitig umarmen. Die übrigen Zuschauer applaudieren – Amerikaner lieben Gewinner wie kein anderes Volk auf der Welt.

Heinz darf jetzt mit seinem Armband posieren und mit Einhundert-Dollar-Bündeln. Er hasst es normalerweise, fotografiert zu werden, aber da muss er jetzt durch.

Seine Mutter fällt ihm um den Hals: »Ich bin so stolz auf dich!« Sie weint und kann nichts weiter sagen. Später wird Heinz klarstellen, dass das der schönste Moment am schönsten Tag seines Lebens war.

Vor dem Finale fragten ihn viele Journalisten und auch ich: »Wie aufgeregt bist du jetzt?«

Heinz, mit einem ernsten Gesichtsausdruck, der mich ihm glauben ließ, sagte: »Ich spüre keinen Druck. Es sind noch gute Spieler im Rennen. Mein Turnier verlief sehr gut und in erster Linie bin ich einfach froh, hier zu sein. Was passiert, passiert eben.«

Nach dem Sieg gibt es eine hübsche Brünette, die Heinz hinterherrennt und ihm ihre Telefonnummer geben will. Viele Leute wollten Autogramme und Fotos mit ihm. Sogar ein Elvis-Darsteller steht bei ihm und fotografiert ihn. Diesmal ist nicht Elvis der Star.

Im Moment, als er gewonnen hat, fliegen Luftschlangen und Lametta durch die Luft und Lady Gaga tönt bombastisch aus den Boxen, natürlich mit »Pokerface«. Später läuft »The Winner Takes It All« von Abba.

Die 8,7 Millionen Dollar liegen in Bündeln auf dem Pokertisch, Heinz beugt sich für die Fotografen darüber, als sei er Dagobert Duck, streckt die Faust nach vorne.

Dann die große Feier. Heinz' Händedruck ist kalt und schwitzig. Freunde und Familie stoßen in einer Hotelsuite an, essen Garnelen, Sushi und Saté-Spieße.

»Ich brauche keine fünf Nutten und Koks für eine gute Party«, hat Heinz schon vor dem Turnier gesagt.

Er kennt die Klischees – und teils auch Wahrheiten – über feiernde Pokerspieler. Heinz will ein bodenständiger Millionär werden. Der Plan: erst einmal als Pokerprofi durch die Welt reisen, Turniere spielen. Bahamas, London, Prag.

Sein Aufstieg war so schnell wie der Fahrstuhl im Burj Khalifa von Dubai.

»Besser geht es nicht«, sagt Heinz zu mir.

»Und was bringt die Zukunft?«, frage ich zurück.

»Vielleicht werde ich wieder irgendwann studieren.«

Seine Schwester wird ihren Mini bekommen und er bestimmt den einen oder anderen Bettelbrief. Heinz ist heute Abend ein bisschen zum Mittelpunktmenschen geworden. Er hat jetzt richtig Bock.

Kapitel

15

Wie der Tod nach Vegas kam

»*Der Tod lächelt uns alle an, das einzige, was man machen kann,
ist zurücklächeln!*«
MARCUS AURELIUS, RÖMISCHER KAISER
(121–180 NACH CHRISTUS)

Pius Heinz hat alles gewonnen. Einer seiner Freunde wird drei Jahre später verlieren. Sein Leben verlieren.

Als Johannes Strassmann von der Brücke ins Wasser sprang, dachte er, er könnte fliegen. Sein Gehirn schießt gerade Glückshormone raus wie eine Haubitze Granaten. Die psychedelischen Pilze haben seine Wahrnehmung verschoben und ein künstliches Paradies in seinen Kopf gezaubert. Sie schmeckten säuerlich-bitter, als der Neunundzwanzigjährige sie kaute, so als würde man an einer alten Socke lutschen. Aber sie ließen Strassmann Farben sehen, die es nicht gibt.

Zuerst verschwimmt die ganze Umwelt in einem dunklen Blau, dann gießt Strassmanns Wahrnehmung sie in ein sattes Gelb. Auch mit geschlossenen Lidern sieht er Bildpunkte, die in grellen Farben fluoreszieren, ja explodieren: Granatrot, Granny-Smith-Apfelgrün, Phosphorgelb. Zu dem Farbenspiel kommen neue Formen. Alles ist in Bewegung, jeder Baum und jedes Haus hat ein Gesicht.

Die Türme der Kirchen von Ljubljana tanzen, auch die Uhr am Kirchturm bekommt Augen, Nase, Mund, gleicht einer venezianischen Larve. Strassmann bekommt Lach-Flashs, als würde er gerade totgekitzelt. Dann zieht er seine Kleider aus und springt ins Wasser.

Ich war nicht dabei, als der deutsche Pokerspieler Johannes Strassmann gestorben ist. Aber so könnte es gewesen sein.

Fast eine Woche später zieht die örtliche Feuerwehr um kurz nach zehn Uhr morgens eine Wasserleiche aus dem Fluss Ljubjanica. Das Gesicht des Toten ist aufgequollen und kaum mehr erkennbar. Es ragt aus dem Wasser heraus. Strassmann war als vermisst gemeldet worden. Die Polizei suchte mit Booten, Hunden und Hubschraubern in den Wäldern und Gewässern der Umgebung. Dann die Gewissheit per DNA-Test: Strassmann ist tot.

Die Bild-Zeitung schreibt in Deutschland am hartnäckigsten über den Todesfall. Es ist eine recht ›krawallige‹ Berichterstattung, wie gewohnt.

Aber es ist nicht nur dem Boulevard, sondern den modernen Medien allgemein anzulasten, dass sie persönliches Unglück gerne abbilden. Wir Menschen sind Voyeure. »Alle Medien haben immer wieder das Glück, und vielleicht noch mehr die dunkle Schwester des Glücks, das Unglück, thematisiert«, schreibt der Kommunikationswissenschaftler Jo Reichertz.

Ich bekomme einen Anruf des Magazins Stern, für das ich regelmäßig arbeite. Ich hätte doch die Geschichte über Pius Heinz geschrieben, den Pokerweltmeister, ob ich Interesse habe, zum Fall Strassmann zu recherchieren.

Ich überlege kurz und sage dann zu. Der Todesfall ereignete sich zufälligerweise genau zeitgleich zur aktuellen Poker-Weltmeisterschaft, der WSOP, auch Strassmann hatte ein Vegas-Ticket gebucht. Zu seiner Reise kam es dann nicht mehr.

Die meisten namhaften Spieler sind in Las Vegas. Einen Tag später sitze ich im Flieger. Ich kehre zurück in die Stadt des Rausches, um mehr herauszufinden über einen jungen Mann, dessen Rausch ihn das Leben gekostet hat.

Mit mir recherchieren noch vier Kollegen an der Geschichte: Felix Hutt, Rainer Nübel, Alessandro Alviani und eine weitere Kollegin. Jeder an einem anderen Ort. Wir wissen: im Team werden wir am meisten erreichen.

Als ich ankomme, gehe ich sofort mit Pokercoach Stephan Kalhamer essen. Der ist gerade wieder beruflich in Vegas, er berät und trainiert ein paar Spieler, zockt nebenbei selbst ein wenig und gewinnt dabei mehr als nur ein Taschengeld.

Er ist wie alle in der Szene schwer geschockt, erzählt mir, dass Strassmann ein Genius am Spieltisch war, ein echter Könner, der um Millionen gezockt hat.

Ich erinnere mich an den Sieg von Pius Heinz, als ich Strassmann selbst kennenlernte. Da wirkte er ein wenig ungelenk, was den sozialen Umgang angeht, fast naiv in seinen Aussagen und ohne Gefühl für Nähe und Distanz.

Ich werde während dieser Vegas-Reise mit unzähligen Pokerspielern sprechen. Obwohl jeder von ihnen erschüttert ist von Strassmanns Tod, sind viele darunter, die über ihn lästern.

Ein Wort, das ich ständig höre, ist *awkward*. Strassmann sei *awkward* gewesen, ein seltsamer Freak, der oft nicht gewusst habe, welches Verhalten und welche Sprüche angebracht seien und welche nicht.

Glück ist nur in gelungenen Beziehungen zu anderen erfahrbar, sagt auch die Glücksforschung. Wir wollen uns angenommen fühlen, nur dann fühlen wir uns auch wohl. Hatte Strassmann dieses Gefühl des Angenommenwerdens?

Ich werde in diesem Kapitel von einigen Gesprächspartnern nicht den richtigen Namen schreiben; manche Quellen muss ich besonders schützen, denn von ihnen erfuhr ich Ungeheuerliches über Strassmann und sein Leben. Ich will hier niemanden outen.

Bevor ich nach Vegas geflogen bin, habe ich meine Pokerkontakte in Deutschland und Österreich abtelefoniert. Einer der Gesprächspartner erzählte mir, er hätte Hinweise darauf, dass Strassmann von der »Jugo-Mafia« in den Fluss geworfen worden sei, weil er bei ihr beträchtliche Spielschulden gehabt habe; er sei völlig blank gewesen.

Verzockt habe sich Strassmann vor allem beim Pokern in High-Roller-Runden mit gigantischen Einsätzen. Es gebe Parallelen zum deutschen Pokerspieler Philipp Hochhuth, der vor ein paar Jahren spurlos auf dem Balkan verschwunden ist.

Ich kenne meinen Gesprächspartner schon einige Jahre, halte ihn für glaubwürdig. Also weder Unfall noch Selbstmord? Er sagt, er bekomme bald Beweise für seine Version. Ich weiß nicht, was ich denken soll.

Mein Kollege Alessandro Alviani ist in der Zwischenzeit nach Ljubljana gereist und hat dort mit der Polizei und Strassmanns Freunden gesprochen. Er schickt mir seine Recherche-Ergebnisse. Ich verschlinge seine Aufzeichnungen, will unbedingt wissen, was in Slowenien passiert ist.

Zwei Freunde, bei einem davon wollte Strassmann übernachten, haben ihn vom Flughafen der slowenischen Hauptstadt abgeholt. Sie spielten Poker. Dann zogen sie los. Es war Samstagabend. Strassmanns Begleiter sagten später bei der Polizei aus, dass alle Magic Mushrooms konsumiert hätten und er dann im Rausch auf einmal weggerannt wäre.

Davor, also nachmittags, hat Strassmann laut seinen Freunden im Park meditiert. Das kann ich mir gut vorstellen. Strassmanns Hang zur Esoterik ist in der Pokerszene bekannt. Das Übersinnliche hat ihn immer interessiert, gerade weil er dem Irdischen nicht mehr traute.

Er fühlte totale Leere, gierte nach totaler Fülle. Sein Plan: erst einmal in Ljubljana abhängen, für einen Moment von seinem Leben desertieren und dann doch zu tun, was er nicht lassen konnte – nach Vegas zur Weltmeisterschaft düsen. Ich denke, Strassmann suchte einen Mittelweg, den es nicht gibt.

Passanten erzählten meinem Kollegen, Strassmann habe nach dem Meditieren mit Geld um sich geworfen und geschrien: »Ich muss mich selbst finden!« Alessandro hält das aber für eine Räuberpistole.

Es gibt offenbar Gerüchte, so die Aufzeichnung meines Kollegen, dass Strassmann in Slowenien war, um eine Gruppe von High-Stakes-Pokerspielern zu treffen und zu coachen. Strassmann kannte sich in diesem Umfeld gut aus, gehörte ihm selbst an.

Als Strassmann noch vermisst wurde, lobten seine Familie und Freunde zehntausend Euro Belohnung für Hinweise aus, die zur Klärung seines Verschwindens führten. Es meldete sich ein Mann, der jemanden im Wald auf Deutsch schreien gehört haben wollte.

Zehntausend Euro wären für Strassmann Peanuts gewesen, sagen viele, die nicht glauben, dass er abgebrannt war. Ein Freund gründete eine Facebook-Gruppe, auf der sich viele Pokerspieler tummeln und meist einfach nur ihr Entsetzen preisgeben oder skurrile Gerüchte verbreiten.

Als Strassmann dann nach der Bergung seiner Leiche obduziert wurde, war klar: Die Todesursache war Ertrinken. Eines dieser Internetgerüchte, dass sein Kopf abgetrennt gewesen sei, ist falsch, zeigt mir aber mal wieder, wie ›kreativ‹ diese Szene doch ist.

Auch mir wird immer mehr über den Fall Strassmann erzählt.

Ein paar Tage später treffe ich den Amerikaner Daniel Cates, vierundzwanzig, einen der versiertesten High-Roller-Pokerspieler, er war der beste Freund vor Strassmann aus dem Pokerbusiness. Cates' Nickname beim Online-Poker: jungleman.

Es ist der 4. Juli, Amerikas Nationalfeiertag. Bevor draußen das große Feuerwerk abbrennt, öffnet Daniel Cates die Türe und schaut mich mit einem fast ängstlichen Blick an. Er hat nicht oft Besuch und wenn, dann meist nur von Vertrauten. Er gilt in der Pokerszene als autistisch. Am Spieltisch kann ihn keine Situation schocken, aber im zwischenmenschlichen Umgang ist er sehr unsicher. So wie Strassmann.

Cates logiert in einer Hochhaussiedlung, direkt hinter dem Strip am Dean Martin Drive. Die Türme stehen hinter hohen Zäunen, ich muss mich beim Pförtner vorstellen, der kontrolliert meinen Ausweis und meldet mich dann an. Cates wohnt im zwölften Stock. Oder ist das die Wohnung eines Freundes? Cates sagt zu diesem Thema nichts, als ich nachfasse.

Gäste müssen die Schuhe ausziehen. Die Drei-Zimmer-Wohnung mit großem Balkon besteht vor allem aus einem immensen Wohnzimmer mit integrierter amerikanischer Küche, marmorierter Boden inklusive. Die Wände sind weiß und nackt. Kein einziges Bild hängt daran.

Neben dem großen Flachbildschirm steht eine Wasserpfeife. Den Boden vor der Sitzecke bedeckt ein heller Berberteppich, im Hintergrund surrt die Klimaanlage wie der Flügelschlag einer Libelle. Cates saß gerade noch auf dem Stoffsofa und hat auf seinem Laptop Online-Poker gespielt.

Sein braunes Haar wird langsam schütter, er ist klein und schlank. Barfuß sitzt er da, legt sich eine Decke über den Schoß, als könnte die ihn jetzt vor seinem Unbehagen schützen, und beginnt von seinem Freund Strassmann zu erzählen. Er schaut mir dabei nicht in die Augen.

Cates hat früher exzessiv Strategie-Computerspiele gespielt, ein zurückgezogener Eigenbrötler war er schon immer, genau wie Strassmann. Sie hatten sich vor Jahren bei einem Turnier auf den Bahamas kennengelernt und ein Finale gegeneinander gespielt. Danach gingen sie essen und haben sich gleich gut verstanden.

Strassmann lud ihn nach Wien ein, wo er zuletzt wohnte. Wann immer Cates fortan nach Europa reiste, hat er Strassmann getroffen, sie waren verschworen, vielleicht, weil sie sich beide oft so unverstanden fühlten. Freak und Freak gesellt sich gern.

Johannes sei sehr ehrgeizig gewesen, sehr fokussiert, sagt Cates, habe viel Sport gemacht, vor allem fernöstlichen Kampfsport und eine Diät eisern durchgezogen.

Es sei mehr als Poker gewesen, was sie verbunden habe. Als Freunde hätten sie über alles reden können: Frauen, Reisen, Philosophie.

Cates sagt auch: »Johannes hatte schon lange vor, mit psychedelischen Drogen zu experimentieren, wollte sein Bewusstsein erweitern.« Er sagt, dass er sicher wisse, dass Strassmann und seine Begleiter »eine Droge« genommen hätten, wahrscheinlich seien es Magic Mushrooms gewesen.

»Wie war er in der letzten Zeit drauf?«, frage ich Cates.

»Johannes wurde immer spiritueller. Ich fand das komisch, aber es schien ihm gut zu tun.«

»Kannst du das näher beschreiben?«

»Er hat sich da eine eigene Welt geschaffen, eine eigene Religion, die keinen Namen hat.«

Cates ist sauer auf Strassmanns Freunde in Slowenien. »Sie hätten ihn nicht allein lassen dürfen in so einem Zustand! Und sie hätten ihn suchen müssen.« Selbstmord hätte Strassmann nie begangen, da ist er sich sicher.

Er glaubt, dass es ein Verbrechen gewesen sein könnte, habe Strassmann doch immer größere Mengen Bargeld dabeigehabt.

Was er noch wisse, frage ich. Was sei mit Frauen gewesen?

»Johannes hat viele Frauen gedatet, weil er gar kein Interesse an einer echten Beziehung hatte. Er hat nicht nach ›der einen‹ gesucht.«

Strassmanns Leben erinnerte an Ludwig Marcuses Beschreibung des heiligen Augustinus. Beide hatten einen großen ›Appetit‹ auf Geld, Frauen und Macht. Ja, am Spieltisch war Strassmann mächtig. An anderer Stelle schreibt Marcuse über Augustinus: »So wollte er gerade dieses Leben, das er lebte – und wollte es wieder nicht.« Augustinus sei dahinter gekommen, »dass das Individuum nicht ein Unteilbares ist, sondern eine Anarchie«.

Strassmann fühlte ähnlich.

Cates weiter: »Johannes war an dem Punkt, an dem er dachte, er habe alles erreicht. Irgendwann muss etwas anderes als Poker kommen, hat er oft gesagt. Poker hat Johannes nicht mehr inspiriert.«

Cates will zur Beerdigung nach Bonn reisen. Als er vom Tod von Strassmann erfuhr, habe er »Schock und Ekel« empfunden, sagt er noch.

Irgendwie bin ich erleichtert, als das Gespräch mit ihm vorbei ist. Ich atme tief durch, als ich das Hochhaus verlasse.

»Welcome to the World Series of Poker«, dröhnt es aus den überdimensionalen Lautsprechern. Ich bin wieder bei der Poker-Weltmeisterschaft.

Pius Heinz tritt nicht an in diesem Jahr. Aber er hängt – wie alle bisherigen Gewinner – als Plakat an der Wand. Vielleicht ist auch ihm sein Glück, oder zumindest Vegas, zu langweilig geworden, zu schal, und er genießt jetzt das Glück seiner neuen Liebe.

Ich könnte das gut verstehen und versuche immer, dankbar zu sein, dass mir ein Job beschieden ist, bei dem es nie Schalheit gibt, weil er mich jeden Tag auf anderen Wegen gehen lässt.

Die sonore Stimme des Moderators schallt durch den großen Messeraum Amazon im Hotel Rio. Ein paar Minuten vorher lief »Viva Las Vegas« von Elvis Presley, getrimmt mit einem Technorhythmus. Dann, um zwanzig Minuten nach zwölf Uhr mittags, geht das Turnier los.

Viel hängt jetzt davon ab, welchem Tisch Jan Heitmann zugelost wird. Sitzen da viele Fische? Oder doch echte Cracks? Im letzteren Fall kann das Turnier ganz schnell zu Ende sein. Heitmann, Pokerexperte und Spieler aus München, siebenunddreißig Jahre alt, bekannt aus dem Fernsehen, wo er Stefan Raabs Pokersendung unterstützt, wird sich heute noch wundern. Vor zwei Jahren belegte er beim Main Event Platz 26 und gewann dreihunderttausend Dollar. Diesmal wird es anders laufen.

Er sitzt an Tisch 445, im violetten Sektor des Raumes. Er ist erkältet und hustet viel. Der Teppichboden ist ein Muster von Pflanzenblättern in Braun, Beige und Schwarz, sieht nach Achtzigerjahren aus. Das Licht im fensterlosen Raum ist gerade noch so hell, dass man es nicht schummrig nennen kann.

Es ist, als sei bei der Poker-WM immerzu Nacht, den ganzen Tag lang. Zwischen den Spieltischen laufen wieder Masseurinnen herum. Je länger ein Turnier dauert, desto sinnvoller – oder nötiger – kann es sein, ihre Dienste in Anspruch zu nehmen.

Insgesamt sind knapp vierhundertfünfzig Spieler im Raum, verteilt auf mehrere Tage sind es insgesamt knapp achttausend Teilnehmer; das Preisgeld ist mit zehn Millionen US-Dollar höher ist als je zuvor.

Heitmann gehört zu den guten Spielern in Deutschland, er selbst bezeichnet sich als »Bundesliga, aber nicht Braunschweig« und zwinkert dabei. Manchmal hält er Vorträge vor Wirtschaftsbossen, auch er stellt den Zusammenhang von Ökonomie und Poker her.

Er ist ein Meister darin, seine Gewinnwahrscheinlichkeit, also seine *odds* am Spieltisch auszurechnen.

Andere Spieler, er nennt einige Namen, seien dagegen klar Champions League. »Und Strassmann?«, frage ich. »Johannes war auch Champions League. Schade, dass er nicht mitspielen kann«, sagt Heitmann und man glaubt ihm seine Anteilnahme.

Mit ihm am Tisch sitzen ein Greis mit Brille, ein Araber mit Basecap auf dem Kopf und einer E-Zigarette in der Hand, ein grauhaariger Russe und drei weitere Kerle, die allesamt jung aussehen.

Keiner trägt Sonnenbrille, das ist selten. Heitmann schaut eigentlich immer gleich drein. Er ist smart und ausgebufft, hat Wirtschaft an einer Eliteuni studiert, wollte aber nicht Manager oder Unternehmensberater werden wie viele seiner Kommilitonen.

Er braucht keine Sonnenbrille. Heitmann sagt: »Das Ziel beim Poker ist: in den Kopf der Gegner schauen. Wenn du da drin bist und weißt, warum sie wann was spielen, dann sind die Karten irrelevant.«

Dann ist Dinner Break. Heitmann und ich sitzen bei einem Chinesen, nahe dem Hotel Rio. Normalerweise geht er allein essen, um ein wenig runterzukommen. Er sieht angestrengt aus, während er sich die Rindfleischstreifen, an denen Sesamkörner kleben, in den Mund schiebt. Die Currysauce schmeckt ihm. »Not too spicy«, hat er vorher zur Kellnerin gesagt.

Im Rio hat er mittags einen Caesar Salad mit Ranch-Dressing gegessen, für sechzehn Dollar. Eine Banane kostet in der Pokerkitchen 2,75 Dollar. Heitmann will sich nicht ausnehmen lassen – am Tisch nicht und auch nicht im Restaurant.

Er erzählt, dass Strassmann nicht nur ein genialer Spieler gewesen sei, sondern auch ein dufter Typ. Verwicklungen ins kriminelle Milieu hält er für völlig abwegig, er glaubt an einen tragischen Unfall.

Heitmann verliert bei der WSOP große Pötte. Es läuft nicht. Er bricht ein, hat nur noch sechsundzwanzigtausend Dollar in Chips. Der größte Verlust: Der Kontrahent, einer von den jungen Kerlen in der Runde, hält einen Buben und eine Neun, Heitmann ein Paar aus zwei Siebenern. Der Gegner trifft beim Showdown den Buben, hat jetzt ein Paar aus Buben und gewinnt den Pot mit zwanzigtausend, von denen zehntausend von Heitmann eingezahlt wurden.

In der nächsten Pause fachsimpeln die deutschen Spieler miteinander. Es fallen Begriffe wie check-raisen und semi-bluffen oder backplayen, bei solchen Gesprächen komme ich als Nichtspieler immer kaum mehr mit. »Katastrophe«, sagt Heitmann. Er scheidet schließlich aus. »Ohne Johannes war das irgendwie ein anderes Turnier«, sagt Heitmann nachdenklich.

Ich schlafe eine Nacht schlecht und beschließe am nächsten Tag, dass ich nie wieder über Pokerturniere schreiben werde. Irgendwie ist diese Wiese für mich abgegrast.

Ich besuche einen weiteren guten Freund von Strassmann, den ich hier Markus nenne. Er ist Deutscher, dreiundzwanzig Jahre alt und ebenfalls einer der besten Spieler weltweit. Wir treffen uns in einem der nobelsten Hotels der Stadt. Markus würde niemals – so wie ich – im Mittelklassehotel Rio logieren. Er braucht ein Haus, das seinen Status unterstreicht.

Vor ihm stehen ein Kaffee und ein Orangensaft. Er trägt Scheitel, hat ein paar Pickel im Gesicht und ein grünes T-Shirt mit V-Ausschnitt an. Er ist rhetorisch wesentlich fitter als Cates, drückt sich manchmal fast etwas gestelzt aus. Ich habe trotzdem den Eindruck, dass er Angst davor hat, das Falsche zu sagen.

Er findet, dass ich die Sache mit den Magic Mushrooms nicht schreiben soll, aus Rücksicht auf Strassmanns Familie.

»Ich verstehe deinen Punkt«, antworte ich. »Aber ich bin Journalist und interessiere mich immer für die Fakten. Die muss ich dann auch schreiben. Was kannst du mir über Johannes erzählen?«

Markus sagt, dass sie sich beim Fitnesstraining in Berlin kennengelernt hätten, über einen gemeinsamen Freund. Strassmann sei ein ganz besonderer Mensch gewesen, habe immer das Maximum gewollt, habe gedacht, dass er im Poker jeden schlagen könnte.

»Das war eine Analogie zu seinem Leben. Poker ist ein Spiegel der Persönlichkeit!«

Seine Paleo-Diät und seinen Sport habe Strassmann ebenso ernst genommen, sagt auch Markus, zum Beispiel habe er jede Form von Zucker gemieden.

Strassmann sei in jedem Raum aufgefallen, durch »seine Aura«, er habe die Leute gespalten, man liebte oder hasste ihn. Eine Freundin habe Strassmann nicht gehabt, weil er befürchtet habe, dass er sonst von seinen vielen Projekten abgehalten würde.

»Er brauchte seine gesamte Lebenszeit für sich selbst.«

Strassmann war offenbar immer unterwegs, erzählt mir Markus. Ein paar Wochen vor seinem Tod war er noch in San Francisco, hat dort ein Self-Development-Seminar besucht und sich mit Geschäftsleuten im Silicon Valley getroffen.

»Was hat er dort gemacht?«

»Er wollte Business machen! Genau weiß ich es auch nicht. Außerdem war er kurz vor seinem Tod in München und Barcelona.«

Markus denkt, dass Strassmann vielleicht einfach nur schwimmen gehen wollte. An Selbstmord oder ein Verbrechen glaubt er nicht.

Zum Schluss unseres Gesprächs erzählt Markus noch eine Anekdote, die belegen soll, dass Strassmann eben ein wenig *awkward* gewesen sei, oft nicht wusste, was angebracht ist, in jedes Fettnäpfchen trat: Einmal erzählte ein gemeinsamer Freund ihnen, dass er Ärger mit seiner Freundin habe. Er war vollkommen fertig und dürstete nach tröstenden Streicheleinheiten durch seine Gesellen. Daraufhin Strassmann zu ihm: »Nenne mir mal bitte drei Gründe, warum du sie liebst.« Alle Anwesenden hätten den Kopf geschüttelt oder gegrinst.

»Er dachte, dass er auf diese Weise als Therapeut wirke, aber es war einfach nur peinlich.« Und er habe nie, von wem auch immer, die Kritik verstanden, dass sein Spruch in dieser Situation nicht angebracht gewesen sei. »Solche Situationen gab es immer wieder. Aber das hat Johannes irgendwie auch liebenswert gemacht.«

Ich denke nach meinem Gespräch mit Markus noch mal über alles nach, als ich im Hotelzimmer bin. Markus ist ein guter Freund, denke ich. Er ist nicht, wie viele meiner Gesprächspartner, doppelzüngig. Offizielle Beileidsbekundungen abgeben, um dann inoffiziell zu sagen: »Der Johannes ist ein Arschloch gewesen, aber du darfst mich damit nicht zitieren.« Viele Freunde von Markus' Format hat Strassmann nicht gehabt.

Er muss ein anstrengender Typ gewesen sein. Ich erinnere mich erneut daran, wie ich ihn selbst bei der WSOP 2011 kennenlernte und schnell dachte: bloß weg hier.

Andererseits fasziniert mich der Kerl, jetzt wo er tot ist. Es ist, ohne Zweifel, eine unbeschreibliche Tragödie, wenn ein Mensch so jung und so sinnlos sterben muss, auch wenn er selbst die Verantwortung dafür trägt.

Ob es wohl Pokertische im Himmel gibt? Zumindest gehört den Kindern bekanntlich das Himmelreich und irgendwie habe ich das Gefühl, dass Pokerspieler immer ein bisschen wie Kinder sind, wenn sie sich ganz und vollkommen in ihre Spielwelt hineinträumen und sich darüber vergessen können. Grenzen kennen doch nur die Erwachsenen!

Ganz zuletzt, bevor ich einschlafe, denke ich noch mal an die Suche nach dem Glück. Vielleicht steht kaum einer so sehr für diese Suche wie der tote Strassmann. Vielleicht hat niemand so exzessiv nach diesem Glück gefahndet, so sehr, dass er an einer Überdosis Leben sterben musste. Vielleicht ist Strassmann an seinem Glück verzweifelt. Ich weiß es nicht.

Am Ende habe auch ich das Glück in Vegas nicht gefunden. Ich verordne mir, dieses Glück vielleicht wieder mehr in mir selbst und den Menschen, die ich mag, zu suchen. Als ich in den Flieger steige, freue ich mich auf zu Hause wie selten. Ich werde für einige Zeit nicht mehr nach Las Vegas reisen.

Nachwort: Glück(sforschung)

Mit diesem Buch will ich deutlich machen, dass Glück ein subjektiv konstruiertes Empfinden ist und von jedem Menschen unterschiedlich definiert wird. Wie beschrieben, unterscheidet die deutsche Sprache semantisch nicht zwischen dem kurzfristigen, auf eine konkrete Begebenheit bezogenen *luck* (emotionales bzw. affektives Zufallsglück: Glück haben) und dem Lebensglück im Sinne von kognitiver Zufriedenheit und Wohlbefinden (*happiness*: glücklich sein). Auf alle Beschreibungen von Glück trifft zu, dass es eine positive Konnotation und mit Lebensqualität zu tun hat. Es bezeichnet mehr als die Abwesenheit von Mangel und Leid (siehe Epikur) und meint das ›schöne Leben‹.

Auch kam schon an mancher Stelle zur Sprache, dass die Vermehrung von Wohlstand nicht unbedingt eine Steigerung von Glück bedeutet; vielmehr hängt es auch vom Zeitpunkt und sozialen Umfeld ab. Die Suche nach dem objektiven Glück beansprucht allenfalls die Neurobiologie, wo es anhand von Aktivitäten des jeweiligen Gehirnareals gemessen wird.

Die Glücksforschung untersucht die rationalen oder intellektuellen Komponenten des kognitiven Wohlbefindens und versucht, subjektives Glück anhand von Kriterien aus empirischen Befragungen zu bewerten. Als recht junger Disziplin geht es ihr darum, Handlungsempfehlungen für den Einzelnen, aber auch die Gesellschaft und Wirtschaft als Ganzes zu geben. Befragungen werden anhand von Zahlen- oder Aussagenskalen geführt und beziehen sich auf momentan empfundenes oder erinnertes Glück. Zeit und Kontext spielen dabei eine große Rolle. Besonders in der Psychologie wird mit Indices gearbeitet. Die mannigfaltigen Methoden können allesamt nicht über die Verzerrungen hinwegtäuschen, die in der individuellen Beurteilung einer Situation durch unterschiedliche Personen liegen – von kulturellen Bewertungen ganz zu schweigen.

Philosophie, die sogenannte positive Psychologie, Biologie, Soziologie und nicht zuletzt die Wirtschaft beschäftigen sich mit der Frage nach dem Glück. Letztere sieht die wirtschaftliche Triebkraft im Streben nach Glück und fragt sich, wie wir mit dem knappen Gut Zeit (Input) ein höchstmögliches Wohlbefinden (Output) generieren können.

So stellte etwa der britische Ökonom Prof. Richard Layard sieben Kriterien auf, anhand derer Glück zumindest ansatzweise messbar wird.

Eine Säule ist die finanzielle Situation, die ihren Teil zum Wohlbefinden beiträgt, allerdings nicht absolut gesetzt werden kann, denn zahlreiche Studien belegen, dass ein steigendes Einkommen sowohl individuell als auch gesellschaftsweit allenfalls kurzfristig die Lebenszufriedenheit erhöht. Konkret gibt es ab einer gewissen Höhe des Durchschnittseinkommens keinen signifikanten Zusammenhang zwischen der Steigerung des Bruttoinlandsproduktes (BIP) pro Kopf und der Lebenszufriedenheit mehr.

Die Ansprüche wachsen mit und es bleibt bei der Erwartung einer besseren Zukunft, die sogenannte »hedonistische Tretmühle«. Ist die schiere Existenz eines Menschen gesichert, spielt das relative Einkommen eine größere Rolle als das absolut-tatsächliche, denn man vergleicht sich mit anderen und assoziiert mehr Geld mit einem Zuwachs an Macht und Einfluss.

Zum Aspekt Wirtschaftswachstum kommen weitere Indikatoren wie die Verteilung des Einkommens, Work-Life-Balance (Zeitwohlstand) und die (zum Beispiel ökologische) Nachhaltigkeit für künftige Generationen.

Zwei weitere Kriterien sind familiäre und sonstige soziale Beziehungen – dazu zählt auch die Einbindung in Vereine und andere soziale Gefüge – und das darin begründete Maß an Vertrauen sowie die Erfahrung von Zugehörigkeit, aber auch das Vertrauen in die Regierung und staatliche Institutionen, etwa als Garanten für gesellschaftliche Stabilität und die Einhaltung von Menschenrechten. Verschiedene Studien kommen zu dem Schluss, dass Zwischenmenschlichkeit und die Qualität der Beziehungen wichtige Faktoren für Lebenszufriedenheit und damit Glück sind. Sie finden ihren Ausdruck in gesellschaftlicher Teilhabe und gipfeln in einem ›Füreinander Dasein‹ oder, christlich ausgedrückt: in Nächstenliebe.

Das Vorhandensein und die Qualität der eigenen Arbeit, das heißt die Generierung von Einkommen und der Grad der darin erlebten Erfüllung, sind ebenfalls essenziell für Glück. Auch hier scheinen Beziehungen eine tragende Rolle zu spielen: Teamarbeit, kooperative Projekte und das Aushandeln von Konflikten machen den Einzelnen »fit« für die sich immer mehr pluralisierende Gesellschaft, in der Anerkennung zu einer dem finanziellen Lohn ebenbürtigen, emotionalen Währung wird.

Arbeitslosigkeit wird hingegen als ein zentraler Verlustfaktor für Lebensglück erkannt, da sie sowohl psychische als auch soziale Kosten einfordert: (Existenz-)Angst, gemindertes Selbstwertgefühl bis hin zu verminderter geistiger und körperlicher Gesundheit, aber auch gesellschaftliche Brandmarkung. Gesamtgesellschaftlich schürt das Phänomen Arbeitslosigkeit die Angst vor dem Verlust von Wohlstand und sozialem Frieden sowie einem wachsenden Gefälle beim Wohlstand.

Ein weiterer zentraler Aspekt von Glück ist die Gesundheit. Hier spielt weniger die objektive Einschätzung des Arztes als die gefühlte Gesundheit eine Rolle. In Zeiten von – oftmals erschöpfungsbedingten – Depressionen und anderen psychischen Erkrankungen geht es hier gerade um das unsichtbare Leiden, das Glück beeinträchtigt.

Vor allem in der westlichen Welt ist die Freiheit zur persönlichen Lebensgestaltung, Zielsetzung und Entfaltung ein hoch geschätztes Gut und wird als glücksstiftend betrachtet (Erfahrung von Autonomie).

Zuletzt nennt Layard die eigene Lebensphilosophie oder innere Haltung, also das Set aus Bildungsniveau, Wert- und eventuell religiösen Vorstellungen als Einflussfaktoren für das persönliche Glück.

Bildung erhöht die Chancen auf sowohl materiellen als auch immateriellen Reichtum. Religiosität und Spiritualität als Sinnsuche heben laut verschiedenen Befragungen die Frustrationstoleranz im Umgang mit Krisen vor dem Hintergrund einer Auseinandersetzung mit dem übergeordneten Dasein und fördern als Herangehen an das Leben die Zufriedenheit. Sie finden ihren »horizontalen« Ausdruck in altruistischem Handeln.

Die Gewichtung dieser Faktoren fällt kulturell unterschiedlich aus.

Der US-amerikanische Glücksforscher Mihaly Csikszentmihaly knüpft hier an und spricht von einem »Flow«, dem Aufgehen in einer Beschäftigung. Er stellt fest, dass die höchste Euphorie nicht im Zustand der Entspannung, sondern im größtmöglichen Engagement eintritt, wenn dieses mit einer persönlichen Zielsetzung verbunden ist, das Handeln gewissermaßen mit dem Bewusstsein verschmilzt und eine Balance aus Anforderungen, Fähigkeiten und dem Gefühl von eigener Kontrolle besteht. Dabei ist eine direkte Rückmeldung auf das Handeln, zum Beispiel Anerkennung, essenziell. Charakteristika dieses Flows, vergleichbar mit Eustress (also den Organismus positiv beeinflussende Stressfaktoren), sind laut Csikszentmihaly die absolute Konzentration auf das Tun, ein verzerrtes Zeitgefühl sowie die Selbstzweckhaftigkeit der Aktivität, sprich: Der Sinn des Tuns besteht in der Handlung selbst und nicht in einem persönlichen Vorteil, den man sich davon erwartet, also auch nicht der finanziellen Komponente.

Um den Flow zu erhalten, sollte das Verhältnis von Herausforderung zu Fähigkeiten stets in Waage gehalten werden, zumal sich beide mit der Zeit steigern. Csikszentmihaly empfiehlt außerdem, die Flow-Erlebnisse in verschiedenen Lebensbereichen anzustreben (wie Familie, Beruf, Sport).

Schon Aristoteles wies darauf hin, dass Glück nicht ein Ergebnis von Maximierung ist, sondern gerade der Verzicht, das Maßhalten eine Grundlage dafür sein kann, geht es doch letztlich um das Finden der eigenen Mitte und eines – wie auch immer gearteten – Nutzens. Es ist das Ziel allen menschlichen Handelns. Als mit Vernunft begabtes Wesen strebe der Mensch danach, die individuellen Fähigkeiten und Möglichkeiten auszubauen. Oder, in heutiger Sprache: nach der optimalen Beanspruchung.

Literatur- und Quellenverzeichnis

Amerikanische Unabhängigkeitserklärung: zitiert nach Alfred Bellebaum, Glück. Erscheinungsvielfalt und Bedeutungsreichtum. In: Alfred Bellebaum und Robert Hettlage (Hg.), Glück hat viele Gesichter, Annäherungen an eine gekonnte Lebensführung. Berlin 2010

Bargatzky, Thomas: Contemplativus in actione. Glücksvorstellungen im Kulturvergleich. In: Bellebaum, Alfred (Hg.), Glücksforschung. UVK, Konstanz 2002

Batthyány, Dominik; Pritz, Alfred: Rausch ohne Drogen. Springer, Wien 2009

Bellebaum, Alfred: Erscheinungsvielfalt und Bedeutungsreichtum. In: Bellebaum, Alfred (Hg.), Glücksforschung. UVK, Konstanz 2002

Braun, Hans: Empirische Glücksforschung. Ein schwieriges Unterfangen. In: Bellebaum, Alfred (Hg.), Glücksforschung. UVK, Konstanz 2002

Brenner, Peter J.: Das Glück in der Literatur. In: Bellebaum, Alfred (Hg.), Glücksforschung. UVK, Konstanz 2002

Brown, Aaron: Die Gesetze des Spiels. Was Trader und Poker-Asse voneinander lernen können. FinanzBuchverlag, München 2007

Brügge, Jörg; Esters, Paul: Pokern. Edition Nova, Rudersberg 2011

Burkart, Günter: Glück der Liebe. Eine unendliche Geschichte. In: Bellebaum, Alfred (Hg.), Glücksforschung. UVK, Konstanz 2002

Dostojewskij, Fjodor: Die Dämonen. Winkler, München 1967/dtv, München 2008

Dostojewskij, Fjodor: Der Spieler. Fischer Taschenbuch, Frankfurt/Main 2012

Dworschak, Michael: The Dark Side of Poker. AniMazing, Regensburg 2008

Fisch, Heinrich: Glück: politische und ökonomische Einflüsse. In: Bellebaum, Alfred (Hg.), Glücksforschung. UVK, Konstanz 2002

Freud, Sigmund: Das Unbehagen in der Kultur. Wien 1930, Fischer Taschenbuch, Frankfurt/Main 2007

Goethe, Johann Wolfgang von: Faust. C.H. Beck, München 1976

Hahn, Alois: Paradiesisches Glück. In: Bellebaum, Alfred (Hg.), Glücksforschung. UVK, Konstanz 2002

Harroch, Richard D.; Krieger, Lou: Poker für Dummies. WILEY-VCH Verlag, *Weinheim 2006*

Heinz, Pius; Kalhamer, Stephan M.: Meine Hände auf dem Weg zum Poker Weltmeister. Ani/Mazing, Regensburg 2012

Hettlage, Robert: Generative Glückserfahrungen. Biographien, Kohorten und Mentalitäten. In: Bellebaum, Alfred (Hg.), Glücksforschung. UVK, Konstanz 2002

Holden, Anthony: Mein Jahr als Zocker, Ullstein-Verlag, Berlin 2007, aus dem englischen Big Deal, Viking Adult, New York 1990

Hsieh, Tony: Delivering Happiness. A Path to Profits, Passion, and Purpose. Business Plus, New York 2010

Hufnagel, Erwin: Erziehung zum Glück. Logos, Spiel und Heiterkeit. In: Bellebaum, Alfred (Hg.), Glücksforschung. UVK, Konstanz 2002

Hufnagel, Erwin: Philosophie des Guten Lebens. Antike Lehrmeister des Glücks. In: Bellebaum, Alfred (Hg.), Glücksforschung. UVK, Konstanz 2002

Kalhamer, Stephan M.: Texas Hold'em. AniMazing, Regensburg 2006

Koch, Michael: Beiträge der Hirnforschung zum Verständnis des menschlichen Glücks. In: Bellebaum, Alfred (Hg.), Glücksforschung. UVK, Konstanz 2002

Konz, Peter: Glücksforschung. Studienarbeit an der Universität Ulm. GRIN Verlag, München 2010

Kron, Thomas; Schimank, Uwe: Glücksspiele und der Ernst des Lebens – Fortuna in Aktion. In: Bellebaum, Alfred (Hg.), Glücksforschung. UVK, Konstanz 2002

Lipp, Wolfgang: Glück und Unglück – Schicksal und Schicksalsbewältigung: Anstöße, das Leben ›gut‹ zu leben. In: Bellebaum, Alfred (Hg.), Glücksforschung. UVK, Konstanz 2002

Marcuse, Ludwig: Philosophie des Glücks. Diogenes, Zürich 1972

Mezrich, Ben: Bringing Down the House. The Inside Story of Six M.I.T Students Who Took Vegas for Millions. London 2002 (Dt.: 21. Heyne, München 2008)

Reichertz, Jo: »Ich könnte schreien vor Glück« oder: Formen des Glücks in den Massenmedien. In: Bellebaum, Alfred (Hg.), Glücksforschung. UVK, Konstanz 2002

Ruckriegel, Karlheinz: Happiness Research (Glücksforschung) – eine Abkehr vom Materialismus. Sonderdruck Schriftenreihe der Georg-Simon-Ohm-Fachhochschule Nürnberg Nr. 38, Mai 2007. URL: https://www.th-nuernberg.de/fileadmin/Hochschulkommunikation/Publikationen/Sonderdrucke/38_ruckriegel.pdf (06.02.15)

Ruckriegel, Karlheinz: Glücksforschung – Erkenntnisse und Konsequenzen. Georg-Simon-Ohm-Fachhochschule Nürnberg. URL: http://www.ruckriegel.org/papers/Gluecksforschung_wisu_8_9_2010.pdf (06.02.15).

Schnitzler, Arthur: Spiel im Morgengrauen. In: Schnitzler, Arthur, Meistererzählungen. Fischer Taschenbuch, Frankfurt/Main 2003.

Schulz-Nieswandt, Frank: Arbeit und Freizeit. Erwartungen und Enttäuschungen. In: Bellebaum, Alfred (Hg.), Glücksforschung. UVK, Konstanz 2002

Stallone, Sylvester: Rocky Balboa, USA, Columbia Pic./MGM/Rogue Marble/Revolution Studios/Chartoff-Winkler Prod. 2006, DVD Fox 2007

Witherspoon, Gary: Language and Reality in Navajo World View. In: Ortiz, Alfonso, Handbock of Nort American Indians, Vol. 10. Southwest. Smithsonian Institution, Washington D.C. 1983

Weitere Reiseabenteuer bei DuMont ...

PAPERBACK, 312 SEITEN
ISBN 978-3-7701-8254-1
PREIS 14,99 € [D]/15,50 € [A]
AUCH ALS E-BOOK ERHÄLTLICH

»*Im wahrsten Sinne eine Reise der Extreme*«
Axel Lischke, Tontechniker

Über die Anden bis ans Ende der Welt

8000 Kilometer Motorrad extrem

von Thomas Aders

»Ich segne die Motorräder mit den amtlichen Kennzeichen NG 71981 und 71988.« Der wettergegerbte Priester Julio Mamani gießt hochprozentigen Schnaps über die staubigen Straßenmaschinen des Fernsehteams, in der anderen Hand schwenkt er den getrockneten Fötus eines Lamas. Schnellsegen auf 4300 Metern Höhe, in der Nähe eines Andenpasses in Bolivien. Gleich werden ARD-Südamerikakorrespondent Thomas Aders und sein Kollege den »Camino de la muerte« hinunterfahren, eine halsbrecherische Route, die über 3000 Höhenmeter hinunter ins tropische Tal der Yungas führt. Eine enge Schlaglochpiste, glitschig wie Schmierseife, extremes Gefälle, keine Leitplanken, kein Warnschild. Nebenan geht es senkrecht in die Tiefe. Hunderte Menschen sind hier zu Tode gekommen. Der »Weg des Todes« ist die gefährlichste Straße der Welt. Eine Episode aus der fast siebenwöchigen Tour, die das Team um den Journalisten Thomas Aders von Peru über Bolivien bis nach Feuerland bringt. Spannungsgeladen und dramatisch, witzig und hautnah schildert der Autor seine Erlebnisse in Südamerika. Sie sind extrem für Technik und Team, bis hin zu Höhenkrankheit, Lungenentzündung, vollkommener Erschöpfung und mehreren Beinahe-Katastrophen.

PAPERBACK, 376 SEITEN
ISBN 978-3-7701-8256-5
PREIS 14,99 € [D]/15,50 € [A]
AUCH ALS E-BOOK ERHÄLTLICH

Empire Antarctica

Eis, Totenstille, Kaiserpinguine

von Gavin Francis

Übersetzt von Christina Schmutz und Frithwin Wagner-Lippok

Für Gavin Francis erfüllt sich ein Lebenstraum, als er die Arztstelle in Halley, dem Basislager einer britischen Forschungsstation, bekommt. Halley liegt völlig abgeschieden an der antarktischen Caird Coast und weit von allen bewohnten Kontinenten entfernt. An diesem äußersten Ende der Welt erlebt Francis im Kreis eines kleinen Forscher- und Technikerteams das ewige Schweigen der Eismassen und eine tiefe Einsamkeit – ohne Zerstreuung, ohne Abwechslung, ohne Spuren menschlicher Geschichte. Von konstant taghellen Sommertagen über den dreieinhalbmonatigen dunklen Winter führt er den Leser durch ein antarktisches Jahr. Er erlebt die physischen und mentalen Belastungen bei Temperaturen von minus 50 Grad Celsius, die Stimmungen, die das Leben im Eis auslöst, eine immerweiße Landschaft, in der die Legenden und Mythen von Polarforschern wie Shackleton, Scott, Amundson oder Admiral Byrd weiterleben. Auf seinem Außenposten im Eis verschaffen Gavin die Kaiserpinguine überraschenden Trost. »Empire Antarctica« ist eine bewegende Erzählung über die Dienstzeit eines Arztes auf dem einsamsten Kontinent unseres Planeten.

PAPERBACK, 456 SEITEN
ISBN 978-3-7701-8257-2
PREIS 16,99 € [D]/17,50 € [A]
AUCH ALS E-BOOK ERHÄLTLICH

Wolkenpfad

Zu Fuß durch das Herzland der Inka

von John Harrison

Übersetzt von Christina Schmutz und Frithwin Wagner-Lippok

Der »Wolkenpfad« verläuft hoch über dem Rücken der Anden, durch raues Land. Kälte, Niederschläge und Höhe machen Harrison während seiner mehrmonatigen Fußreise vom Äquator bis zu den magischen Ruinen der Inka-Stadt Machu Picchu wahrhaftig zu schaffen. Die Menschen, auf die er in den Bergen trifft, haben kaum je einen Weißen gesehen. Harrisons Buch lässt die extremen Landschaften, die er unter den Vulkanen der Anden durchstreift, und die extremen Lebensbedingungen der Menschen ebenso lebendig werden wie die zahlreichen Ruinen des Inka-Imperiums am Weg, die er eingehend würdigt.

Er läuft den Camino Real ab, den Königsweg, auf dem einst die Staffelläufer der Inka aus allen Winkeln des Reiches Nachrichten zu den Herrschern beförderten. Das Gelände ist eine einzige Herausforderung, der Weg beschwerlich. Die vielen Unwägbarkeiten der Reise, die Ängste und die Einsamkeit, kaum einmal unterbrochen durch kurze Aufenthalte in Gebirgsdörfern, werden einfühlig und spannend erzählt.

PAPERBACK, 272 SEITEN
ISBN 978-3-7701-8251-0
PREIS 14,99 € [D]/15,50 € [A]
AUCH ALS E-BOOK ERHÄLTLICH

»*Beste Symbiose von Krimi und Infotainment ...*«
Rüdiger Nehberg, TARGET

Der Mann, der den Tod auslacht

Begegnungen auf meiner Reise durch Äthiopien

von Philipp Hedemann

»Wer nicht reist, wird immer glauben, dass seine Mutter die beste Köchin ist«, lautet ein afrikanisches Sprichwort. Philipp Hedemann wollte wissen, wie andere Mütter kochen und reiste mit dem Geländewagen mehrere Tausend Kilometer durch Äthiopien. Er ließ sich von einem Aidsheiler den Teufel austreiben, lachte mit dem äthiopischen Lachweltmeister, besuchte die heilige Quelle des blauen Nils, bestieg den höchsten Berg des Landes und wäre beinahe Mönch geworden. Er traf Flüchtlinge in trostlosen Lagern und versuchte, das Rätsel der Bundeslade, in der die Zehn Gebote verwahrt werden, zu lüften. Er fürchtete in der Danakil, der heißesten Wüste der Welt, von Rebellen entführt zu werden, und trainierte mit äthiopischen Wunderläufern. Er feierte mit bekifften Rastafaris den Geburtstag Haile Selassies und fütterte wilde Hyänen ...

»Der Mann, der den Tod auslacht« erzählt von abenteuerlichen Reisen und spannenden Begegnungen und porträtiert unterhaltsam ein geheimnisvolles und widersprüchliches Land im Osten Afrikas.

PAPERBACK, 336 SEITEN
ISBN 978-3-7701-8250-3
PREIS 14,99 € [D]/15,50 € [A]
AUCH ALS E-BOOK ERHÄLTLICH

Die Suche nach Indien

Eine Reise in die Geheimnisse Bharat Matas

von Dennis Freischlad

Über viele Jahre hinweg hat der Dichter und Künstler Dennis Freischlad in Indien gelebt, er hat sich als Übersetzer und Bibliothekar, Farmer, Koch und Hostelmanager verdingt. Nun begibt er sich auf einen weiteren Roadtrip durch *Bharat Mata,* Mutter Indien, um jenen indischen Geheimnissen nahezukommen, die zwischen Mensch und Mythologie einen einzigartigen Zugang zur Welt bilden. Auf der Suche nach Indien reist Dennis Freischlad auf abenteuerlicher Route mit seinem Motorrad vom tempelreichen Süden des Landes über das paradiesische Kerala und das schillernd-zerstörerische Mumbai bis in die Steppe des romantischen Rajasthan. Weiter geht es mit dem Zug in den Punjab, um schließlich an den Ufern des Ganges im mystischen Varanasi anzukommen, der heiligsten Stadt der Hindus.

Hinsichtlich Erfahrungen, Begegnungen und Intensität wird es eine Reise durch das »reichste Land der Welt«. Der Indienkenner schildert den Alltag, die Geschichte und Gegenwart der Inder in spannenden, poetischen und oft skurrilen Begegnungen und erzählt aus erster Hand von ihren Träumen und Realitäten, immerwährenden Katastrophen und Hoffnungen.

PAPERBACK, 384 SEITEN
ISBN 978-3-7701-8258-9
PREIS 14,99 € [D]/15,50 € [A]

»*Ein spektakuläres Reportage-Buch*«
Stern

Mein russisches Abenteuer

Auf der Suche nach der wahren russischen Seele

von Jens Mühling

Als der Journalist Jens Mühling in Berlin den russischen Fernsehproduzenten Juri kennenlernt, verändert sich sein Leben. Juri, der deutschen Sendern erfundene Geschichten über Russland verkauft, sagt: »Die wahren Geschichten sind viel unglaublicher als alles, was ich mir ausdenken könnte.« Seitdem reist Jens Mühling immer wieder nach Russland, getrieben von der Idee, diese wahren Geschichten zu finden.
Die Menschen, denen er unterwegs begegnet, sind das echte Russland. Eine Einsiedlerin in der Taiga, die erst als Erwachsene erfahren hat, dass es jenseits der Wälder eine Welt gibt. Ein Mathematiker, der tausend Jahre der russischen Geschichte für erfunden hält. Ein Priester, der in der atomar verseuchten Sperrzone von Tschernobyl predigt. »Mein russisches Abenteuer« ist eine Reiseerzählung, die durch das heutige Russland führt. Aus ganz persönlicher Perspektive porträtiert Jens Mühling eine Gesellschaft, deren Lebensgewohnheiten, Widersprüche, Absurditäten und Reize hierzulande nach wie vor wenigen vertraut sind.

DUMONTREISE.DE

DUMONT